"树式思维"能力的培养

孔 艺 著

中国科学技术出版社

·北 京·

图书在版编目（CIP）数据

"树式思维"能力的培养 / 孔艺著. —北京：中国科学技术出版社，2021.12
ISBN 978-7-5046-9334-1

Ⅰ.①树… Ⅱ.①孔… Ⅲ.①高等学校—生物学—思维方法—研究 Ⅳ.①G642

中国版本图书馆CIP数据核字（2021）第249213号

选题策划	王晓义
责任编辑	王晓义
封面设计	孙雪鹏
责任校对	吕传新
责任印制	徐　飞

出　　版	中国科学技术出版社
发　　行	中国科学技术出版社有限公司发行部
地　　址	北京市海淀区中关村南大街16号
邮　　编	100081
发行电话	010-62173865
传　　真	010-62179148
网　　址	http://www.cspbooks.com.cn

开　　本	720mm×1000mm　1/16
字　　数	260千字
印　　张	14
版　　次	2021年12月第1版
印　　次	2021年12月第1次印刷
印　　刷	北京虎彩文化传播有限公司
书　　号	ISBN 978-7-5046-9334-1/G·933
定　　价	69.00元

前　言

　　"树式思维"能力是学习生物进化理论所需的关键能力之一。当前，美国的"树式思维"能力培养已初步形成了从小学到大学各阶段的完整体系。相比之下，我国尚未重视"树式思维"能力的培养。近年来，我国虽然已开始关注"树式思维"在学习生物进化理论中的作用，但是"树式思维"能力的相关教学实践研究尚未开展。本书从"树式思维"能力培养的国际经验与本土实践两方面开展研究，可为推动我国"树式思维"能力的培养起到抛砖引玉的作用。

　　本书共有八章：第1章介绍了"树式思维"能力培养的研究缘起、整体研究框架和思路；第2章从进化树的本质及其重要性研究、"树式思维"能力调查研究、阻碍"树式思维"能力形成的成因分析、"树式思维"能力培养的教学实践研究四方面总结了当前国内外"树式思维"能力培养的已有研究成果和最近的研究进展；第3章介绍了生物进化理论、"树式思维"与进化树、进化树知识框架体系MUET模型、迷思概念、概念转变的基本理论与教学策略等方面的研究成果，作为本书的理论依据和研究基础；第4章为依据上述理论和实践的研究成果开展的量化研究，采用量表测验了我国生物科学专业本科生的"树式思维"能力；第5章为依据上述理论依据和实践的研究成果开展的质性研究，采用访谈法对学生的进化树迷思概念进行质性描述并分析其成因；第6章基于上述实证研究结果，以及前人关于进化树迷思概念的研究成果，梳理了常见的进化树迷思概念并进行辨析；第7章为进化树教学设计及实验研究，设计了适用于基础教育阶段的进化树教学设计并采用实验法检测其教学效果；第8章基于上述各项研究结果分别从概念转变的具体教学策略，以及宏观层面等维度提出"树式思维"能力培养策略。

　　本书在撰写过程中得到了诸多同行专家学者的帮助。福建师范大学杨启光教授对如何处理全球化时期国际与本土关系提供了建议，福建师范大学吴慧萍副教授与其研究生杨键关于"树式思维"能力测验研究为本书提供了数据分析与统计方面的支持。感谢我的学生王蕾、陈燕云、林同拓、杨欣、翁悦、陈苗、陈铭尔、农璇在数据采集、数据分析、格式修订，以及文献整理等方面提供的帮助。

　　本书系福建省社会科学规划项目"生物科学专业本科生'树式思维能力'现状调查及对策研究"（项目编号：FJ2018C032）的研究成果。感谢福建师范大学教育学部全球教育学研究团队、福建师范大学教育学部学科建设项目（项目编号：Y0722200A01）经费的大力支持和帮助！因笔者研究时间和研究水平有限，书中难免会有疏漏和不足之处，敬请专家和读者批评指正。

孔　艺

2021 年 8 月

目　　录

第1章 绪 论

一、研究缘起

2018 年 1 月，教育部发布了《普通高等学校本科专业类教学质量国家标准》。该标准涵盖了我国普通高校本科专业目录中全部 92 个本科专业类、587 个专业，涉及全国高校 5.6 万多个专业点，明确了各专业类的内涵、学科基础、人才培养方向等，对适用的专业范围、培养目标、培养规格、师资队伍、教学条件、质量保障体系建设都做了明确要求。其中，生物科学专业的培养目标是培养具有良好的科学、文化素养和高度社会责任感，较系统地掌握生物学基础知识、基本理论和基本技能，富有创新精神、创业意识和创新创业能力，能够在生物科学及相关领域从事教育、科研、技术研发和管理等工作的高素质专门人才[①]。

（一）生物进化理论具有重要的生物学学科地位

著名的遗传学家杜布赞斯基（Theodosius Dobzhansky）曾言"没有生物进化论的指导，生物学就不成其为科学"[②]。生物进化理论是从科学角度探究生命起源、发展和进化的理论的总称，是生命科学体系的轴心，是生物学一切分支学科的基础，同时又是它们研究成果的总结和概括，对生物科学学科的建立和发展具有重要意义。生物进化理论的研究对揭示生命现象的本质、生命物质运动的规律等自然科学的核心命题有着重要的意义[③]。具体来讲，自然选择学说为人们了解生命的本质及其发展规律提供了科学的认识方法，共同祖先学说提供了理解生命的统一性与多样性的根本原因。因此，生物进化理论为生物学的各分支学科提供了共同的理论基础，使生物学各分支学科摆脱了原来附属于其他学科的地位，成为彼此相互联系、相互印证的统一体系，即独立的生物科学学科。

---

① 教育部高等学校教学指导委员会 . 普通高等学校本科专业类教学质量国家标准（上）[M]. 北京：高等教育出版社，2018.

② DOBZHANSKY T. Nothing in biology makes sense except in the light of evolution [J] . The American Biology Teacher, 1973, 35（3）：125-129.

③ 傅燕 . "生命起源和生物进化"专题的复习建议 [J] . 生物学通报，2002，37（12）：32-35.

（二）我国各教育阶段均重视生物进化理论的教学

生物进化理论的内容在生物学教育中处于非常重要的地位，内容主要包括生物进化的历程、生物进化的机制和原因等。作为生物科学学科的基础，生物进化理论对学生建立系统的进化观、客观看待生物学发展、内化生物学学科核心素养，以及树立科学的世界观具有重要意义[①]。例如，"进化与适应观"是生命科学的基本观点，是生物学学科核心素养中"生命观念"的重要内容，学生需要"具有生物进化观念，认识生物的适应性是长期进化的结果"[②]。

掌握生物进化理论的基本内容可帮助学生理解生命世界、理解该理论对生物学知识的整合作用、理解人类的独特性、理解遗传疾病及其可能的治疗法、理解通过遗传工程生产出来的农作物给人类带来的益处和可能的危险等[③]，还可以通过生物进化理论的高度综合性、哲理性等特点训练学生的科学思维与科学探究方法，借助生物进化理论的发展历程展现科学的思维方法与研究方法，体现出科学重视实证、重视逻辑的一致性等特点[④]，帮助学生进一步理解科学的本质。因此，生物进化理论是各国生物学教育的重要内容。

生物进化理论的教学内容在我国各阶段生物学教育中处于非常重要的地位。我国从小学到大学各个教育阶段均重视生物进化理论的教学，具体体现在我国小学科学、初中与高中生物学课程标准、《普通高等学校本科专业类教学国家标准》生物科学专业本科生培养目标均对生物进化理论提出了明确的要求。

在小学阶段，《义务教育小学科学课程标准（2017年版）》虽然未明确将"生物进化"列为18个重要概念之一，但是在生命科学领域的科学知识学段目标中要求1—2年级"认识周边常见的动物和植物，能简单描述其外部主要特征"；3—4年级"能根据有关特征对生物进行简单分类"；5—6年级"初步了解动物与植物之间的相互关系，了解生物的多样性"。而上述内容均属于生命的起源与生物的进化的基本内容[⑤]。

在初中阶段，《义务教育生物学课程标准（2011年版）》在课程内容第五部

---

① 郝俊冉，邴杰，郝晓冉.美国教材中"生物进化"内容对高中生物学教学的启发[J].生物学教学，2019，44（5）：77–78.

② 朱晓燕，郭文峰.核心素养导向下的生物概念教学——以"现代生物进化理论的由来"为例[J].生物学教学，2018，43（5）：9–10.

③ 朱立祥."生物进化–Ⅱ"的教学组织[J].生物学通报，2010，45（1）：24–27.

④ 谭永平.生物进化内容与我国中学生物教育[J].课程·教材·教法，2004（05）：93–96.

⑤ 中华人民共和国教育部.义务教育小学科学课程标准（2017年版）[M].北京：北京师范大学出版社，2017.

分"生物圈中的人"明确要求"概述人类的起源和进化"、第八部分"生物的多样性"明确列出"生物的多样性"与"生命的起源和生物进化"两项内容，具体要求包括"尝试根据一定的特征对生物进行分类""描述生命起源的过程""概述生物进化的主要历程"等[①]。

在高中阶段，《普通高中生物学课程标准（2017年版）》设置了必修课程、选择性必修课程与选修课程三类，其中"遗传与进化"模块被列为必修课程的两大模块之一。该标准明确了生物学学科核心素养包括生命观念、科学思维、科学探究和社会责任。其中，生命观念要求学生应该在较好地理解生物学概念的基础上形成进化与适应观等生命观念，能够用生命观念认识生物的多样性、统一性、独特性和复杂性，形成科学的自然观和世界观[②]。

在大学本科阶段，《普通高等学校本科专业类教学质量国家标准》要求生物科学专业本科生掌握扎实的生物科学的理论基础、基本知识和基本技能，接受系统的专业理论和专业技能训练[③]。

上述课程标准的要求表明，我国从小学到大学各阶段对学生生物进化认知水平的要求逐步提高，以生物科学本科专业对生物进化的学习要求最高。

（三）进化树是学习生物进化理论的必备工具

在生物进化理论的教学实践中，一线教师普遍认为该理论的教学内容较为抽象，仅通过教师的讲解和教材各种实例和图片的呈现，很难真正理解生物进化的原因[④]。由于学生缺乏对生物进化原因的认识，教师很难通过演绎与推理、模型与建模等方法帮助学生理解生物进化学说[⑤]。为解决这一难题，可采用直观化、形象化的方式帮助学生加深对生物进化理论本质的理解，比如借助数学方法[⑥]、

---

① 中华人民共和国教育部.义务教育生物学课程标准（2011年版）［M］.北京：北京师范大学出版社，2011.

② 中华人民共和国教育部.普通高中生物学课程标准［M］.北京：人民教育出版社，2017.

③ 教育部高等学校教学指导委员会.普通高等学校本科专业类教学质量国家标准（上）［M］.北京：高等教育出版社，2018.

④ 吴婉."生物进化的原因"（第一课时）的教学设计［J］.生物学教学，2018，43（3）：38–39.

⑤ 谢敏英."生物进化的学说"一节基于经验与思维的教学设计［J］.生物学教学，2019，44（3）：23–24.

⑥ 周余清.用数学方法实现思维课堂的构建——以"现代生物进化理论的主要内容"为例［J］.中学生物教学，2013（8）：52–54.

使用进化树模型[①]等。而在这些教学方法中，进化树是有效的教学工具之一。因为进化树作为一种树状图，是阐述生物进化最常见的方式，能够为学生提供一个组织生物多样性知识的框架[②]。

达尔文认为，物种随着时间进化的过程可以由一个分支过程来表述。在该过程中，一个物种可以分裂成两个或者更多明显不同的子物种，然后这些子物种作为不同的进化单元，直到其中一个或全部再次分裂。这个分支过程不断地进行，产生越来越多的分支。这个能表述物种进化的分支过程就称为系统发生树（phylogenetic tree），又称进化树（evolutionary tree）。[③] 简而言之，进化树是一种表述物种之间进化历程和亲缘关系远近的树形分支图。共同祖先学说是达尔文进化论的重要内容，即地球上所有的生物来源于共同的祖先。基于这个观点，生物学家可以尝试建立一棵能够囊括地球上所有生物的进化树。因此，进化树是共同祖先学说的最直接体现，是理解生物进化理论的核心工具。

进化树可表达物种的进化历程、物种之间的亲缘关系，以及物种的性状、各物种在整个历史进化历程中对应时间的尺度，等等。因此，进化树作为学习生命的起源与生物的进化的重要工具，对学生理解生物进化至关重要。例如，生物的进化经历了漫长的历史，国内外学者都意识到学习者很难从整个生物进化的历史长河的视角，对某动植物类群的起源与演变形成整体的把握与直观的感知。这样不利于生物进化理论的教学以及相关知识的普及。古生物学研究者认为，若想对某动植物类群演替的地质时间在整个历史中形成整体感知，需要一个直观形象的"地质标尺"，在此标尺上标注主要动植物类群的进化。使用这样清晰、简洁表达生物进化历程的工具使生物进化理论更易于掌握[④]。

（四）学生难以具备"树式思维"能力

"树式思维"能力是指读懂进化树的能力。生物学家奥哈拉（O'Hara）曾言"所有学习生物知识的学生都必须能读懂进化树，就像所有学习地理知识的学生都必须能读懂刻度尺一样"[⑤]。如此强调"树式思维"能力的重要性，是因为它是

---

① 闵海丽. "生物进化的历程"一节的体验式教学设计［J］. 生物学教学，2018，43（6）：38-39.

② GONTIER N. Depicting the tree of life: the philosophical and historical roots of evolutionary tree diagrams［J］. Evolution: Education and Outreach, 2011, 4（3）：515-538.

③ 巴顿，布里格斯，艾森，等. 进化［M］. 宿兵，等，译. 北京：科学出版社，2010.

④ 张尚智. "标准人体"与生物进化模型的构建［J］. 生物学通报，2008（8）：14-16.

⑤ O'HARA R J. Population thinking and tree thinking in systematics［J］. Zoologica Scripta, 1997, 26（4）：323-329.

学习生物进化知识所必备的关键能力，而生物进化又是生物学的核心概念。不仅如此，"树式思维能力"还是一种体现科学素养的重要思维能力，因为"树式思维能力"的形成要求学生准确把握生命进化树的概念、进化树构建的过程与方法，以及通过进化树了解人与自然及社会之间的紧密关系，而这些正是科学素养所强调的三个维度。

然而，国内外研究表明学生难以具备"树式思维"能力，[1][2][3] 具体表现在学生对进化树存在着错误的前概念，亦称迷思概念（misconceptions）。仅学生常见的进化树迷思概念就有 10 多种。[4][5][6][7] 以学生作答"树式思维"能力测试题的情况为例，图 1-1 显示了四种进化树，其中进化树上的大写字母 A、B、C、D、E、F 代表物种。那么图 1-1 ②、图 1-1 ③和图 1-1 ④这三个进化树中，哪些树和图 1-1 ①所表达的亲缘关系相同？[8]（正确答案：图 1-1 ②、图 1-1 ③）。学生在作答时仅通过物种之间的排列方式和物理距离来判断物种之间的亲缘关系，以致错误地认为图 1-1 ①和图 1-1 ④表达了相同的物种关系。这会导致学生建立物种外部特征与物种亲缘关系之间的错误联系，进而增加学生学习生物学的难度。

---

① SANDVIK H. Tree thinking cannot taken for granted：challenges for teaching phylogenetics[J]. Theory in Biosciences, 2008, 127：45-51.

② PHILLIPS B C, NOVICK L R, CATLEY K M, et al. Teaching tree thinking to college students：it's not as easy as you think[J]. Evolution：Education and Outreach, 2012, 5（4）：595-602.

③ KONG Y. Biologists' and Chinese pre-service biology teachers' understanding and application of evolutionary trees[D]. Indiana：Purdue University, 2015.

④ BAUM D A, OFFNER S. Phylogenies & Tree-Thinking[J]. The American Biology Teacher, 2008, 70（4）：222-229.

⑤ MEIR E, PERRY J, HERRON J C, et al. College students' misconceptions about evolutionary trees[J]. The American Biology Teacher, 2007, 69（7）：71-76.

⑥ GREGORY T R. Understanding evolutionary trees[J]. Evolution：Education and Outreach, 2008, 1（2）：121-137.

⑦ HALVERSON K L, PIRES C J, ABELL S K. Exploring the complexity of tree thinking expertise in an undergraduate systematics course[J]. Science Education, 2011, 95（5）：794-823.

⑧ KONG Y, ANDERSON T, PELAEZ N. How to identify and interpret evolutionary tree diagrams[J]. Journal of Biological Education, 2016, 50（4）：395-406.

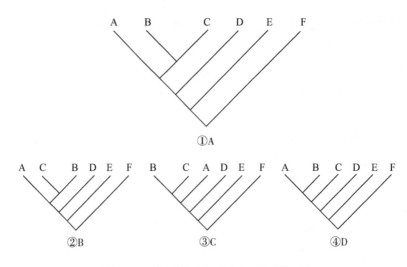

图1-1 "树式思维"能力测试例题配图

缺乏"树式思维"能力会阻碍学生真正理解生物进化理论，而生物进化理论既是生物学一切分支学科的基础，又是生物学各分支学科研究成果的总结和概括，因此，生物科学专业的学生必须具备"树式思维"能力。缺乏"树式思维"能力会给生物科学专业本科生造成什么样的影响呢？首先，缺乏"树式思维"能力意味着无法正确解读和使用进化树，而进化树是表达物种之间亲缘关系和进化历程的重要工具，不会使用进化树会导致学生对所学的生物学基础知识缺乏系统性和整体性的理解。不仅如此，缺乏合适的表达工具或者滥用进化树会使学生在表达与交流生物学知识时遇到困难。其次，不少前沿科学研究进展是以进化树的形式展示的，比如，国际学术期刊《科学》几乎每期都会刊登使用进化树来展示科研成果的文章。而我国生物科学专业的本科生由于缺乏"树式思维"能力，无法正确理解和解读进化树，导致学生读不懂或错误理解这些科研论文。最后，对那些有志于从事系统生物学、生物多样性、生命的早期起源与演化、进化遗传学、细胞和分子进化生物学、进化生态学、古生物学、进化发育生物学、生物信息学、动物行为学、生物地理学等进化生物学领域研究的学生，如不具备"树式思维"能力，那么使用科学的算法构建出进化树之后，仍可能存在错误解读自己所构建的进化树的现象。总之，由于生物科学专业的本科生基本不具备"树式思维"能力，导致很多学生对进化树的理解停留在猜测或错误的层面并带着这些误解进入企业、教学或科研等工作岗位，从而给他们的学习和工作造成障碍甚至误人子弟。

（五）我国尚未重视"树式思维"能力的培养

由于生物的进化经历了漫长的历史，学习者很难从整个生物进化的历史长河的视角，对某动植物类群的起源与演变形成整体的把握与直观的感知。这不利于生物进化内容的教学，以及相关知识的普及。为解决这一问题，我国研究者进行了一些探索。比如将地质年代各时期与一天 24 小时建立对应关系，用来说明一些主要生物化石的进化历程；将一些主要动植物的进化历程使用标准人体的高度作为参照系，帮助人们对生物的进化历史形成整体的感知与印象①。我国生物教学研究者在如何直观地进行生物进化知识教学方面也进行了一些探索，例如，唐晓春采用时间轴、流程图、故事板、鱼骨图和韦恩图等可视化思维工具进行教学实践，帮助中学生对抽象的生物进化知识加深理解，从而突破了学生的思维障碍，促进了学生的思维认知。具体来讲，时间轴可用来呈现不同时期各生物进化学说发展的科学史；流程图可以帮助学生理解自然选择学说的内在逻辑关系；通过展示物种基因频率变化的故事板，可以让学生探究基因频率的变化与进化的关系；利用鱼骨图分析进化过程中物种的形成条件，有助于促进学生理解现代生物进化理论中物种的形成；韦恩图可以用于比较不同时期各生物进化学说之间的异同等②。

上述研究表明，我国研究者与生物教学研究者在生物进化教学方面的探索尚未重视进化树的应用。虽然我国有关于进化树的解读方面的研究，例如，学者韩凤侠以家谱树为例，阐述了家谱树的逻辑框架，再通过知识迁移的方式引导学生如何应用共同祖先原则来正确解读系统发育树③。学者朱新宇以脊椎动物的进化树为例，通过辨析几个容易理解错误的系统发育学概念，为生物进化教学和研究工作者提供教学参考④。但是，我国对进化树的关注仅停留在理解进化树这一层面上，尚未挖掘进化树作为教学工具的价值。由此可见，把进化树以及解读进化树所必需的"树式思维"能力，作为对生物类群的起源与演变形成整体把握与直观感知的关键工具和能力，并未在我国引起重视。

2005 年，鲍姆（Baum）等学者在国际学术期刊《科学》上发表了一篇题为

---

① 张尚智. "标准人体"与生物进化模型的构建［J］. 生物学通报，2008（8）：14-16.

② 唐晓春. 可视化思维工具在"生物的进化"教学中的运用［J］. 生物学教学，2017，42（6）：51-52.

③ 韩凤侠. 共同祖先原则和系统发育树的解读［J］. 生物学通报，2008，43（9）：14-15.

④ 朱新宇. 几个重要进化概念的辨析——以脊椎动物的系统发育为例［J］. 生物学通报，2009，44（11）：13-15.

《"树式思维"挑战》[①] 的论文。该文指出，即使生物背景较强的学生也可能会出现进化树解读的困难。这篇论文引起了欧美生物学教育者的广泛关注，由此展开了很多与"树式思维"能力相关的教学与实践研究。当前，国际上关于学生"树式思维"能力培养的研究主要集中在两方面：一方面致力于寻找和分析学生"树式思维"迷思概念的来源及原因。这些原因包括学生错误地使用格式塔视觉识别原则、群体思维和发展性思维来代替"树式思维"，进而造成各种"树式思维"迷思概念[②]。另一方面，致力于开发一系列适用于课堂教学和实验教学的教学资源，旨在从教学实践中培养学生的"树式思维"能力[③]。这些教学资源涵盖了学生从小学到大学各阶段的"树式思维"能力培养，且教学资源形式多样。典型的教学资源形式有网上资源教程tree-thinking.org、教学软件EvoBeaker[④]、"树式思维"训练题 Phylogeny Assessment Tool（PhAT）[⑤] 等。

从较为完备且丰富多样的教学资源可以看出，美国较为重视学生"树式思维"能力培养，且美国的"树式思维"能力培养已初步形成了覆盖小学到大学各阶段的较为完整的体系。相比之下，纵观我国从小学到大学各阶段的生物进化教学情况可发现，我国中小学并未重视进化树的教学，仅在生物科学专业本科高年级阶段介绍了进化树的构建方法。然而，掌握了进化树的构建方法并不表示具备正确解读进化树所需的"树式思维"能力。

目前，我国已有学者认识到解读进化树所需的"树式思维"对学习生命进化知识的重要性，例如，张媛媛介绍了"树式思维"对辨析进化教育中常见错误的重要作用[⑥]。但是，当前培养学生"树式思维"能力相关的教学实践研究在我国尚未见到。这表明当前我国对学生"树式思维"能力的培养还未引起足够的重视。

---

① BAUM D A, SMITH S D, Donovan S S S. The tree-thinking challenge [J]. Science, 2005, 310：979-980.

② CATLEY K M, NOVICK L R, SHADE C K. Interpreting evolutionary diagrams：when topology and process conflict [J]. Journal of Research in Science Teaching, 2010, 47（7）：861-882.

③ MEISEL R P. Teaching tree-thinking to undergraduate biology students [J]. Evolution：Education and Outreach, 2010, 3：621-628.

④ PERRY J, MEIR E, HERRON J C, et al. Evaluating two approaches to helping college students understand evolutionary trees through diagramming tasks [J]. CBE—Life Sciences Education, 2008, 7（2）：193-201.

⑤ SMITH J J, CHERUVELIL K S, AUVENSHINE S. Assessment of student learning associated with tree thinking in an undergraduate introductory organismal biology course [J]. CBE—Life Sciences Education, 2013, 12（3）：542-552.

⑥ 张媛媛. 利用"树式思维"辨析进化论教育中的常见误区 [J]. 生物学教学, 2019, 44（7）：63-64.

由于我国学生与国外学生有着不同的文化背景和知识结构，国外已有的"树式思维"能力培养的研究成果或许不适用于我国学生，因此，在我国开展"树式思维"能力的教学理论与实践研究尤为必要。

从小学到大学各个阶段，针对生物科学内容学习的各类标准以对生物科学专业本科生的要求最高，不仅要求掌握扎实的生物科学的理论基础、基本知识和基本技能，而且要接受系统的专业理论和专业技能训练。因此，针对我国生物科学专业本科生的"树式思维"能力调查及对策研究亟待开展。

二、研究目的及意义

（一）研究目的

生物进化理论是各国生物学教学的重要内容，在生物学教学中处于非常重要的地位。进化树是学习生命的起源与生物的进化的重要工具，"树式思维"能力是指读懂进化树和运用进化树进行思考的能力，也是学习生物进化理论必备的关键能力。当前，美国的"树式思维"能力培养已初步形成了从小学到大学的较为完整的体系。相比之下，我国并未重视"树式思维"能力的培养。

虽然目前我国已有学者认识到"树式思维"对学习生物进化的重要性，但是"树式思维"能力的相关教学实践研究尚未开展。本研究将以生物学专业本科生为研究对象，通过调查"树式思维"能力水平，了解所存在的"树式思维"能力误区并找出原因，分析对策，为我国培养生物学专业本科生的"树式思维"能力提供参考，以改变当前我国生物进化教学不重视"树式思维"能力培养的现状。

（二）研究意义

1. 理论意义

第一，本研究为一线课堂渗透科学前沿知识提供了一种实现路径。当前，生物学各分支学科飞速发展，科学家在各研究领域不断地拓展和深入，并在不同层次上形成了广泛的交叉、渗透和融合。如何将科学前沿研究进展及时更新并融入教学中是生物学教育研究者面临的课题。进化树由于应用广泛且变式多，经常被生物学家使用并作为研究成果发表在前沿科研杂志上。然而，这些科研杂志的内容并不适合直接用于课堂教学，教师对进化树的认识不足以及课堂教学资源的缺乏，使进化树的教学面临挑战。本研究以进化树为例，为架起前沿科学研究进展与一线科学教学课堂的桥梁提供了一种实现路径。

第二，本研究可丰富不同文化背景下生物进化教育的模式与路径。当前，有关"树式思维"能力的培养研究是以欧美国家主流的文化背景为基础而进行的，而我国与这些国家的文化差异较大，这使欧美等国"树式思维"能力的培养模式不一定适用于我国的课堂教学。比如，在对待进化理论的态度方面，我国并未形成欧美等国拒绝进化理论的文化氛围，反而形成了支持进化理论的学习氛围。本研究基于我国特定的文化背景、学习氛围的实际情况进行调查，并根据调查结果进行分析并提出对策，这不仅有助于提升我国生物科学专业本科教育的质量，还有助于丰富不同文化背景下生物进化教育的模式与路径。

第三，本研究为调查学生对视觉表征的理解提供了一种新的研究方法。一方面，基于教育测量与评价的内容，以经典测验理论（CTT）和项目反应理论（IRT）为依据通过测验卷将学生的"树式思维"能力水平进行量的描述；另一方面，采用适用于调查学生对视觉表征理解情况的三阶段访谈法（3P-SIT）对学生存在的"树式思维"能力误区进行质的描述。对学生理解视觉表征的情况同时进行质的描述与量的描述，有助于研究者更全面地把握学生对视觉表征的理解情况，为后续分析提供可信的客观证据。

第四，我国学生与欧美学生有着不同的文化背景和知识结构，通过分析我国学生的"树式思维"迷思概念的来源及原因，与欧美学生的"树式思维"迷思概念的来源及原因进行对比，可了解不同的文化背景和知识结构体系在迷思概念的来源及原因方面的异同。

2. 实践意义

第一，研究成果有助于提升我国生物科学专业本科教育的质量。通过培养生物科学专业本科生的"树式思维"能力水平，帮助学生系统性地掌握本科阶段所学的生物学基础知识，从而提高学生阅读与进化树相关的科学前沿论文，利于学生与科学前沿研究进展报告保持同步更新，同时也为打算进阶研究生学习的学生和即将步入工作岗位的生物科学专业学生打下坚实的知识基础，进而提高我国生物科学专业学生的知识结构水平。

第二，随着进化树在生物科学领域的广泛应用，将进化树引入我国中小学课堂教学是必然趋势。本研究通过分析造成当前我国生物科学专业本科生缺乏"树式思维"能力的原因，从进化树自身的复杂性、学生解读图表时的感知觉因素，以及学生在我国中小学阶段形成的已有知识和经验等方面进行分析，反思我国中小学教学方面的不足，可为我国中小学制定"树式思维"能力培养方案提供参考。

第三，本研究有助于落实我国培养学生科学素养的目标。国务院颁布的《国家中长期科学和技术发展规划纲要（2006—2020）》指出，创新型国家需要拥有科学技术的支持，无论生产力还是经济型社会的发展都在依赖于科学技术的引领和带动。在此背景下，提升我国学生的科学素养尤为重要。由于"树式思维"能力的形成要求学生准确把握生命进化树的概念、进化树构建的过程与方法，以及通过进化树了解人与自然以及社会之间的紧密关系，而这些正是科学素养所强调的 3 个维度，因此，本研究有助于提升学生的科学素养。

第四，我国正处于教育研究范式的转型期，开展实证研究是繁荣我国教育科学研究的必由之路。本研究为开展学生科学思维能力的培养研究提供了一种实证研究的范式。以严谨的研究态度、采用科学的方法、获得科学的数据，然后基于客观的数据进行科学的分析并得出科学的结论，为开展学生思维能力方面的实证研究提供参考。

第五，本研究以转变学生的进化树迷思概念为学生"树式思维"能力培养的主要路径，遵循概念转变教学体系，即探测学生的迷思概念，了解学生的认知结构——引发学生的认知冲突，对迷思概念进行解构——建构科学概念，解决认知冲突，进而实现迷思概念到科学概念的转变。本研究以学生"树式思维"能力的培养为例，提供了将概念转变教学的理论应用于实践的范例。

三、研究内容

（一）主要目标

针对当前我国生物进化教育不重视"树式思维"能力培养的现状，本研究的主要目标是诊断并提高当前我国生物科学专业学生的"树式思维"水平。以我国生物科学专业本科生为研究对象，围绕"当前我国生物科学专业本科生的'树式思维'能力水平如何"这个问题展开研究，拟通过解决以下具体研究问题来实现研究目标：

（1）当前，国际上"树式思维"能力研究的进展如何？

（2）当前，我国生物科学专业本科生的"树式思维"能力水平如何？

（3）当前，我国生物科学专业本科生存在哪些进化树迷思概念？

（4）我国生物科学专业本科生存在的进化树迷思概念可能由哪些因素导致？

（5）我国生物科学专业本科生的进化树迷思概念的转变策略有哪些？

（6）结合当前国际上"树式思维"能力培养的研究成果，可以采取哪些措施来提升我国学生的"树式思维"能力水平？

（二）主要研究内容

1. 研究一："树式思维"能力研究进展

针对"当前国际上'树式思维'能力研究的进展如何"这一研究问题，检索"树式思维"能力研究的期刊论文、专著、会议报告等文献资料，分别从进化树的本质及其重要性研究、"树式思维"能力调查研究、阻碍"树式思维"能力形成的成因分析、"树式思维"能力培养的教学实践研究四方面介绍当前国内外"树式思维"能力的研究进展。其中，"树式思维"能力调查研究部分将从调查工具和调查结果两方面进行归纳和总结，具体包括"树式思维"能力调查工具的开发和使用，以及常见的进化树迷思概念。阻碍"树式思维"能力形成的成因分析部分将从进化树自身的复杂性、解读进化树的知觉因素、解读进化树概念方面的因素，以及进化树教学方面的因素等四部分进行归纳和总结。

"树式思维"能力培养的教学实践研究部分将从进化树教学实践探索与"树式思维"能力培养的教学资源两部分进行归纳和总结。其中，进化树教学实践探索将从教学目标与教学内容的建议，教学工具、方法与策略，以及基于教学实践的实证研究等三方面进行介绍。"树式思维"能力培养的教学资源将依据教学资源的表现形式，按照传统文献形式的教学资源、在线教学资源以及教学软件等三种类型进行介绍。

2. 研究二："树式思维"能力培养的理论基础

本研究在解决研究问题（2）至（6）时，需要生物进化理论、"树式思维"与进化树、进化树知识框架体系 MUET 模型、迷思概念、概念转变的基本理论与教学策略等方面的理论基础。其中，生物进化理论、"树式思维"与进化树为本研究提供了坚实的知识基础；进化树知识框架体系 MUET 模型为"树式思维"能力水平的测验，以及进化树迷思概念的探查提供了测量工具的编制依据，以保证内容效度；迷思概念及概念转变方面的理论和教学策略为迷思概念的探查、成因分析，以及转变策略提供了理论依据。

生物进化理论将从生物进化论的产生与发展、现代综合进化论的主要观点及其学科地位、现存争议，以及生物进化的主要研究领域等方面进行介绍。"树式思维"与进化树将从"树式思维"的定义、进化树的定义及价值、进化树的构成及其主要分类进行介绍。进化树知识框架体系 MUET 模型主要从该模型的四个模块，以及各模块之间的关系进行介绍。迷思概念部分主要介绍迷思概念的定义、特征以及成因。概念转变的基本理论将从基于认知论、本体论、朴素理论、社会情感、多角度综合视角等维度分别进行介绍；概念转变的教学策略将从教学策略的定义、概念转变的具体教学策略以及概念转变的教学模式等三方面进行介绍。

3. 研究三："树式思维"能力测验研究

针对"当前我国生物科学专业本科生的'树式思维'能力水平如何"这一研究问题，开展测验研究。第一，编制适用于生物科学专业本科生"树式思维"能力测验，用于定量描述学生的"树式思维"能力水平。以研究一介绍的"树式思维"能力调查工具作为编制本研究生物科学专业本科生"树式思维"能力测验的试题库。以"树式思维"MUET 模型[①] 作为"树式思维"能力测验的知识框架体系，即从构建进化树所需要的数据来源、构建进化树常用的科学方法、进化树的表达形式、理解进化树所必需的"树式思维"四方面对试题库中的测试题进行筛选、翻译、修改，确保"树式思维"能力测验的内容效度。

第二，选取我国东南部具有代表性的本科高等院校的生物科学专业学生为测验对象，实施"树式思维"能力测验，然后根据被试的答题情况进行描述性统计分析，采用经典测验理论（CTT）对"树式思维"能力测验的难度、区分度和信度进行分析，采用项目反应理论（双参数 Logistic 模型）中的难度指标、区分度指标，以及信息量指标对"树式思维"能力测验中单选题的测试质量进行分析。依据被试的背景信息，分析师范专业与非师范专业的生物科学专业本科生的"树式思维"能力测试得分的平均值是否存在显著差异、分析被试的前期进化知识储备对学生"树式思维"能力是否存在显著差异影响。

4. 研究四：常见的进化树迷思概念调查研究

围绕"当前我国生物科学专业本科生存在哪些进化树迷思概念"和"我国生物科学专业本科生存在的进化树迷思概念可能由哪些因素所导致"这两个研究问题开展调查研究。首先，采用三阶段访谈法设计"树式思维"能力访谈提纲，用于定性描述学生的进化树迷思概念。阶段一：探测学生关于进化树已有的认知结构，即基于学生已有的知识和经验，获得对应着学生"树式思维"能力表现的访谈数据；阶段二：基于学生在研究二生物科学专业本科生"树式思维"能力测验中的推理过程和表现，获得对应着学生"树式思维"能力表现的访谈数据；阶段三：针对"树式思维"能力测验和访谈提纲的表达方式，获取表达方式与学生访谈数据之间的对应关系。

其次，选取被试实施"树式思维"能力访谈提纲。通过以下两条途径选取被

---

① KONG Y, THAWANI A, ANDERSON T, et al. A Model of the Use of Evolutionary Trees（MUET）to inform K-14 biology education ［J］. The American Biology Teacher, 2017, 79（2）：81-90.

试。其一，依据研究二中生物科学专业本科生在"树式思维"能力测验中的表现，遵循最大差异性原则，邀请研究二的参与者参与访谈；其二，邀请部分对"树式思维"能力感兴趣的生物科学专业研究生参与访谈，在访谈前所有受邀者须已经独立完成"树式思维"能力测验。

再次，选取 3 名研究者对访谈数据进行分析。采用建构主义的研究范式，依据扎根理论这一体系化的程序对访谈数据进行分析与整理，共进行三轮数据分析。第一轮数据分析确保识别并客观描述访谈数据中体现出的所有进化树迷思概念；第二轮数据分析确保研究者对进化树迷思概念的分类依据达成一致；第三轮分析确保所有研究者对所有访谈数据中迷思概念的识别和分类达成一致。

最后，结合访谈数据的分析结果，从进化树自身的复杂性、学生已有的知识和经验、解读图表时感知觉因素的使用，以及进化树的教学因素等方面分析进化树迷思概念的成因。

5. 研究五：常见的进化树迷思概念及其辨析

针对"我国生物科学专业本科生的进化树迷思概念的转变策略有哪些"这一研究问题，从解读进化树上生物分类单元的亲缘关系和进化历程两方面对常见的进化树错误概念进行梳理与辨析。辨析常见的进化树错误概念可引发学生的认知冲突，帮助学生对已有的知识和经验进行重构，形成正确解读进化树的能力，进而促进学生进一步理解生物进化的本质，形成正确的生物进化观。

6. 研究六：基础教育阶段进化树教学设计及实验研究

针对"结合当前国际上'树式思维'能力培养的研究成果，可以采取哪些措施来提升我国学生的'树式思维'能力水平"这一研究问题展开研究。我国基础教育与高等教育是教育系统当中相互联系、相互制约的两个重要组成部分[1]，学生在高等教育期间所体现的认知水平和认知能力与其在基础教育阶段所接受的教育质量和教育内容有着直接的联系。因此，大学生在基础教育阶段未接受过进化树知识的教育，因而不具备正确解读进化树的知识储备是其产生对进化树错误认知的重要原因之一。为帮助我国中小学生真正理解生物进化，本研究依据当前进化树教学的研究成果，制定了适用于中小学阶段的进化树教学目标、内容和教学策略，并采用单因素等组前后测验的实验模式检验其教学效果，以期为中小学阶段开展进化树教学提供参考。首先，基于当前进化树教学的研究成果并结合我国中小学生学情，确立了在中小学阶段开展进化树教学的教学目标和内容，运用建构主义的学习理论为进化树教学活动的组织提供了理

---

① 陶晓东. 基础教育及其对高等教育的作用 [J]. 文教资料，2007（18）：4.

论指导，合理利用学生的前概念、创设问题情境及运用心理旋转能力等策略设计了具体的教学过程。其次，将所设计的教学方案应用于5—6年级小学科学课堂。最后，依据安德森修订的布鲁姆认知教育目标编制测验卷、SOLO分类评价理论制定评价标准，采用单因素等组前后测的方式进行实验研究来检测进化树教学设计的实施效果。

7. 研究七："树式思维"能力培养策略

围绕"我国生物科学专业本科生的进化树迷思概念的转变策略有哪些"和"结合当前国际上'树式思维'能力培养的研究成果，可以采取哪些措施来提升我国学生的'树式思维'能力水平"这两个研究问题，结合上述各项研究的研究结果，分析我国生物科学专业本科生进化树迷思概念的成因，提出培养我国学生"树式思维"能力、消除"树式思维"迷思概念的对策及建议。

四、研究思路与方法

（一）研究思路

第一，收集整理与"树式思维"相关的期刊论文、专著、会议报告等文献资料，分别从进化树的本质及其重要性研究、"树式思维"能力调查研究、阻碍"树式思维"能力形成的成因分析、"树式思维"能力培养的教学实践研究4方面总结当前国内外"树式思维"能力培养的已有研究成果和最近的研究进展。第二，整理关于生物进化理论、"树式思维"与进化树、进化树知识框架体系MUET模型、迷思概念、概念转变的基本理论与教学策略等方面的研究成果，作为本文的理论依据和研究基础。第三，基于上述理论依据和实践的研究成果开展实证研究，一方面，通过量表测试我国生物科学专业本科生的"树式思维"能力水平；另一方面，通过访谈法对学生的进化树迷思概念进行质性描述并分析其成因。第四，基于上述实证研究结果，以及前人关于进化树迷思概念的研究成果，梳理常见的进化树迷思概念并进行辨析。第五，设计适用于基础教育阶段的进化树教学设计并采用实验法检测其教学效果。第六，基于上述各项研究结果分别从概念转变的具体教学策略以及宏观层面等维度提出"树式思维"能力培养策略。研究思路与流程如图1-2所示。

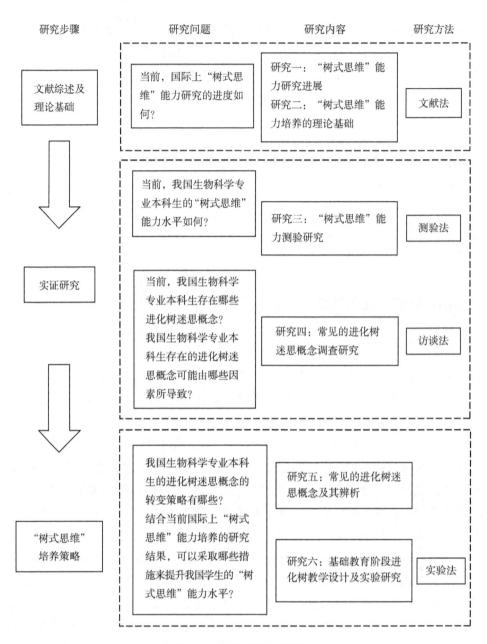

图1-2 研究思路与流程图

（二）具体的研究方法

1.文献研究法

文献研究法是根据一定的研究目的，通过调查文献来获得资料，从而全面地、正确地了解所要研究问题的一种方法。通过收集、查阅与"树式思维"相关的期刊论文、专著、电子资料等文献资料作为本研究的理论基础和依据。重点关注学生的"树式思维"迷思概念及其成因，"树式思维"能力的调查工具及分析方法、进化树的教学研究成果，为本研究设计调查工具和分析数据提供理论指导。本研究将选取"树式思维"MUET 模型作为了解学生"树式思维"水平的理论依据，现有的测量"树式思维"能力的工具将作为开发本研究测量工具的参考资源。

2. 测验法

测验是教育测量的主要手段，基本构成元素是测验的题目，也称试题。试题的功能可以描述为：首先，试题提供文献、图表、音频、视频等信息，作为刺激材料来激发学生的知识、技能和能力；其次，试题为学生提供了一个应用知识、技能和能力解决问题的机会，并提供多种方法来记录学生的反应形式；最后，学生的反应以分数的形式被记录下来并用来解释学生的知识、技能和能力水平[①]。本研究采用选择题、作图题、简答题等客观性试题编制测验，以"树式思维"MUET 模型为理论依据，通过筛选、翻译和适当修改已发表的测验卷的方式编制了"树式思维"能力测验，用于检测学生的"树式思维"能力水平。

本研究将选取具有代表性且同时涵盖生物科学专业师范类与非师范类专业的我国东南部某高校的生物科学专业本科生，进行"树式思维"能力测验。然后，使用学生的测量结果，结合经典测验理论（CTT）和项目反应理论（IRT）对"树式思维"能力测验进行质量分析，同时对生物科学专业本科生的"树式思维"能力水平进行客观的量化描述。具体来讲，本研究将采用 SPSS 和 R 软件对测量工具的质量和测验结果进行统计分析。基于经典测量理论对每道测试题做描述性统计分析，采用分半法计算测试题的信度，根据每道测试题的特点，结合通过率与极端分组法计算每道测试题的难度，采用极端分组法计算每道测试题的区分度。基于项目反应理论，采用双参数 Logistic 模型对测试题中单选题的难度指标、区分度指标和信息量指标分析各单选题的质量。

3. 访谈法

访谈法是通过研究者与被访人员之间的交谈对被访人员的行为和意义建构获得解释性理解的一种方法。本研究将使用访谈法，采用个别访谈的形式调查学生的进化树迷思概念。本研究所使用的访谈提纲，与上述"树式思维"能力测验一样，均以"树式思维"MUET 模型为理论依据进行编制。为进一步保证研究

---

① 梅松竹. 国际视野下试卷质量评价研究：理论、方法与实践 [M]. 北京：科学出版社，2015.

工具的信度与效度，本研究将结合"树式思维"能力测验，采用三阶段访谈技术3P-SIT（Three-Phase Single Interview Technique）[1]设计访谈提纲。三阶段访谈技术3P-SIT适用于探查学生对于视觉表征的理解，共分为3个阶段，其中第一阶段探查学生概念性知识的理解，此阶段将用于探查学生自身对于进化树的理解，访谈将围绕学生关于进化树已有的知识和经验来开展；第二阶段探查学生的推理过程，此阶段用于探查学生对于"树式思维"能力测验的答题原因，针对学生"树式思维"能力测验的答题表现进行深度访谈；第三阶段探查学生对模型视觉表征的理解，此阶段将询问学生对于前两个阶段中所涉及的关于进化树的视觉表征的理解，了解学生对"树式思维"能力测验以及访谈提纲本身的理解情况，用于排除学生对访谈工具本身的理解因素对研究结果带来的影响。

访谈的数据将按照定性分析的一般过程和方法进行[2]。第一，确定访谈数据分析的范围为学生在访谈中出现对进化树的错误解读；第二，对访谈资料进行初步的检验分析；第三，选择扎根理论中的三阶段编码作为访谈数据的分析方法，以学生解读进化树所示的物种之间的亲缘关系，以及学生解读进化树所示的物种历程两个维度作为分析的维度；第四，对资料进行归类分析；第五，对访谈数据分析结果的信度、效度和客观度进行评价。

4. 实验法

实验法是指研究者根据一定的研究目的，通过人为地控制无关变量，探讨自变量与因变量之间因果关系的一种研究方法[3]。实验法根据实验控制的严密程度可分为真实验和准实验。本研究采用准实验，即受到实验条件的限制，无法严格地控制无关变量。根据实验自变量的个数，可将实验法分为单因素实验和多因素实验。本研究只有一个自变量，即是否对被试开展了基于心理旋转的进化树教学活动，因此本研究为单因素实验。根据接受实验群体的组织形式，实验可以分为单组设计、双组设计和循环组设计[4]。本研究采用双组设计中的等组前后测实验设计，选取我国东南部某市两所市属公立学校M小学和Q小学5—6年级的小学生作为被试，这些被试被随机分为实验组和控制组，两组被试在实验前后都参与了"树式思维"能力水平测试。

① SCHÖNBORN K J, ANDERSON T R. A model of factors determining students' ability to interpret external representations in biochemistry [J]. International Journal of Science Education, 2009, 31（2）: 193–232.

② 裴娣娜. 教育研究方法导论 [M]. 合肥: 安徽教育出版社, 1995.

③ 金哲华, 俞爱宗. 教育科学研究方法 [M]. 北京: 科学出版社, 2011: 150.

④ 胡中锋. 教育科学研究方法 [M]. 北京: 清华大学出版社, 2011: 148.

第2章　"树式思维"能力国际研究进展

自 2005 年鲍姆（Baum）等学者呼吁将"树式思维"纳入生物进化教学[①]，欧美国家开始重视进化树教学的理论与实践研究，目前已在进化树的本质及其重要性、进化树认知水平调查研究、阻碍学生形成"树式思维"的原因分析、进化树教学研究等方面积累了一定的研究成果。我国虽然已经认识到"树式思维"在进化教育中的重要性[②]，但是尚未重视对学生"树式思维"能力的培养。已有研究表明，我国生物科学师范类专业的本科生尚不具备"树式思维"能力[③]。因此，我国进化树教学的理论与实践研究亟须开展。

一、进化树的本质及其重要性研究

自从"树式思维"引起广泛关注后，不少学者针对进化树的本质及其重要性进行了探讨，为进化树的教学研究与实践奠定了基础。这些研究可以归为论述进化树的重要性、如何理解进化树两方面。

（一）进化树的重要性

威利（Wiley）于 2010 年在《演化：教育和推广》（*Evolution: Education and Outreach*）发表论文 *Why Trees Are Important*。该文专门介绍了进化树的重要性。生命之树可以设想为由一个或多个群体组成的不同的层次体系，其中大部分差异的形成是由于新的世系的形成导致的。进化一般有两个一般过程。一个是信息的变化，最终在遗传密码的改变，以及基因在发育过程中的相互作用。随着时间的流逝，这个一般过程被称为"前进进化"（anagenesis），其机制包括自然选择、性选择、遗传漂变等在单个世系进化中起的作用。另一个一般过程是新物种的形成。尽管物种的形成有多种形式，这些形式涉及两个或多个世系，其中只有一个

---

① BAUM D A, SMITH S D, Donovan S S S. The tree-thinking challenge［J］. Science, 2005, 310: 979-980.

② 张媛媛. 利用"树式思维"辨析进化论教育中的常见误区［J］. 生物学教学, 2019, 44（7）: 63-64.

③ KONG Y. Biologists' and Chinese pre-service biology teachers' understanding and application of evolutionary trees［D］. Indiana: Purdue University, 2015.

世系曾经存在，即祖先物种通过世系分裂获得子代物种。这种世系的分裂称为"分枝进化"（cladogenesis）。进化树可以传达给我们关于有着共同历史的实体之间的历史关系的想法，并有助于我们组织和总结信息是如何在历史的长河中发生变化的。

在进化生物学中，较为常见的进化树描绘了物种的进化历史。进化生物学家试图估计具有宏观特性的生命之树，将地球上所有的生物用世系联系起来。根据达尔文的观点，地球上生活的所有生物都具有亲缘关系。达尔文在《物种起源》一书中画了一棵生命之树（Tree of Life），通过枝蔓丛生的生命之树来表达生物之间是彼此关联的。由于缺乏科学地构建生命之树的研究方法，从而导致使用生命之树来表达物种的亲缘关系并无实质性的进展。自《物种起源》出版约 100 年后，以亨尼格（Hennig）为代表的生物学家探索了一种连贯的逻辑方法论，用于持续地估计生命之树，这种估计生命之树的方法经得起使用新数据进行严格的检验。

亨尼格（Hennig）在 1966 年发表的《系统发生学》（*Phylogenetic systematics*）[1]，以达尔文的理论为研究基础，提供了一套用于构建系统发生树的科学严谨的方法，使物种分类的研究迈入了新的时代。由于系统发育树从历史叙事的角度提供了进化树上物种之间的差异与相似性，因而随着科学研究的不断深入，系统发育树的用途越来越广，不仅可以用来描述和理解物种性状的进化，还可以预测我们尚且未知的情况。威利以前沿科学研究的具体实例，分别从进化树用于探寻人类艾滋病病毒的起源、诊断癌症、提供将犯罪人员绳之以法的证据、预测全球气候变化对物种命运的影响等方面做了介绍。[2]

（二）如何理解进化树

进化树的教学研究者较为关注人们对进化树的理解，这个方向的研究可以归纳为三方面：解读进化树及其组成部分的含义，从哲学与历史根源的角度来解读进化树，从理解系统发育学的角度、通过构建和解释进化树等方面来理解进化树。其中，以解读进化树及其组成部分的含义最受关注。

从哲学与历史根源来解读进化树文化含义的论文有学者冈蒂埃（Gontier）于 2011 年在《演化：教育和推广》上发表的论文 *Depicting the Tree of Life: the Philosophical and Historical Roots of Evolutionary Tree Diagrams*。该论文指出人们普遍认为的观点——"达尔文是第一个绘出系统发育树的作者"是不成立的。其

---

① HENNIG W. Phylogenetic systematics ［M］. Urbana：University of Illinois Press，1966.

② WILEY E O. Why trees are important ［J］. Evolution：Education and Outreach，2010，3（4）：499–505.

一，达尔文从未将自己所绘制的树状图称为系统进化树。其二，甚至在达尔文之前，树状图被各种哲学、宗教和非宗教的学者用于描绘诸如树上各个元素之间的"逻辑关系""从属关系""谱系后代""姻亲关系"，以及"历史关联性"等。而且从历史视角来看，树状图本身可以聚合成更大的图，用来描绘自然和／或神圣秩序的世界。我们所知的树状图是古代哲学试图找到世界"真正秩序"并按照世界真正的本质，即本体论的视角来绘制世界本体的产物。这种哲学思考贯穿了整个西欧历史。它的基础是著名的"自然尺度"（scala naturae）及宗教与非宗教的世系思维，尤其是经常使用树状图来描绘的关于神的思想、亲属关系，以及语言谱系等。这些自然尺度融合了谱系、家谱思维，以及这两种思维的混合结果，以及从 19 世纪开始包括的时间元素。对时间这一元素的认可导致对进化论作为自然事实的认可，以及随后树的图腾被专门用于表示物种进化的后代。①

通过构建和解释进化树来理解系统发育方面的论文有学者斯塔顿（Staton）于 2015 年在《南卡罗来纳科学院学报》（Journal of the South Carolina Academy of Science）上发表的论文 *Understanding phylogenies: Constructing and Interpreting Phylogenetic trees*。该论文认为系统发育树对理解生物之间的关系、生物的特征、生态学、基因组学和发育生物学至关重要。随着进化树在基础课本中越来越多地出现，学生以及他们的老师却明显对这些系统发育树是如何构建的一无所知，甚至不知道什么可以用来分析、推断这些进化树所表达的历史。不仅这些树本身是造成人们困惑的来源，一些非专业人士对系统发育树的错误推论，及滥用试图否定进化树的有效性。基于这一观点，该论文阐述了系统发育树的基本构建方法即支序分类学，介绍了基于距离的系统发育树构建方法，并侧重从系统发育树的错误解读，以及系统发育树的错误表达两方面进行解释，以消除这些关于系统发育树的常见误解。②

研究者较为关注进化树及其组成部分的解读。我国学者韩凤侠在《共同祖先原则和系统发育树的解读》一文中以家谱树为具体实例，阐述了家谱树的逻辑框架，再通过知识迁移的方式向学生更直接地阐述了如何应用共同祖先原则来正

---

① GONTIER N. Depicting the tree of life: the philosophical and historical roots of evolutionary tree diagrams [J]. Evolution: Education and Outreach, 2011, 4（3）: 515-538.

② STATON J L. Understanding phylogenies: constructing and interpreting phylogenetic trees [J]. Journal of the South Carolina Academy of Science, 2015, 13（1）: 24-29.

确解读系统发育树[①]。朱新宇在《几个重要进化概念的辨析——以脊椎动物的系统发育为例》的论文中以脊椎动物的进化树为例，通过辨析解读脊椎动物的进化树时容易发生误解的几个错误概念，以帮助生物教育研究者进行一些描述物种进化关系的概念方面的教学[②]。格雷戈里（Gregory）从"树式思维"的重要性、进化树的定义及其基本组成部分、如何正确解读进化树、十种关于进化树常见的迷思概念等方面进行了详细介绍，以帮助读者更好地理解进化树[③]；莫拉比托（Morabito）等人[④]强调了最近共同祖先（most recent common ancestor）和非同源相似（homoplasy）或趋同进化（convergent evolution）这两个概念对学习生物进化史（evolutionary history）的重要作用；麦克伦南（McLennan）首先指出了系统发生学的产生和发展以来人们对学习大量新概念和新术语的担心，然后通过将学习系统发育树所需的知识浓缩成 3 个新词汇"自有衍征"（autapomorphy）、"同源性状"（synapomorphy）、"近祖性状"（plesiomorphy），来帮助学习者克服畏难情绪，帮助学习者解读和理解进化树。该文指出，其他学习系统发育树的概念，诸如祖先，"单系群"（monophyletic groups）、"并系群"（paraphyletic groups）、"多系群"（polyphyletic groups）等是在学习达尔文进化论时已经很熟悉的概念[⑤]；孔（Kong）等人从解读进化树和如何从各种树状图中识别进化树两方面进行了介绍和讨论，以《科学》（*Science*）上发表的两种容易被混淆为进化树的家谱树（pedigree or family tree）与热点图（heat map）为例进行辨析，以帮助读者扩宽视野，了解树状图的广泛使用现状，并在理解进化树的基础上，能从众多树状图中识别进化树，进一步促进对进化树的理解[⑥]。本书将在第三章第二节对进化树及其组成部分的含义进行详细解读。

---

① 韩凤侠.共同祖先原则和系统发育树的解读 [J].生物学通报，2008，43（09）：14-15.

② 朱新宇.几个重要进化概念的辨析——以脊椎动物的系统发育为例 [J].生物学通报，2009，44（11）：13-15.

③ GREGORY T R. Understanding evolutionary trees [J]. Evolution：Education and Outreach, 2008, 1（2）：121-137.

④ MORABITO N P, CATLEY K M, NOVICK L R. Reasoning about evolutionary history：post-secondary students' knowledge of most recent common ancestry and homoplasy [J]. Journal of Biological Education, 2010, 44（4）：166-174.

⑤ MCLENNAN D A. How to read a phylogenetic tree [J]. Evolution：Education and Outreach, 2010, 3（4）：506-519.

⑥ KONG Y, ANDERSON T, PELAEZ N. How to identify and interpret evolutionary tree diagrams [J]. Journal of Biological Education, 2016, 50（4）：395-406.

二、"树式思维"能力的调查研究

自 2005 年鲍姆（Baum）等在《科学》上发表了《"树式思维"挑战》的论文以来，欧美生物教育者开始广泛关注及重视"树式思维"能力的教学与实践研究。其中，"树式思维"能力的调查研究成为研究热点。目前，"树式思维"能力的调查研究已较为成熟，本文将从"树式思维"能力调查工具的开发与使用，以及常见进化树的迷思概念两方面进行介绍。

（一）"树式思维"能力调查工具的开发与使用

研究者已开发了各种调查工具用于检测学生的"树式思维"能力。测验对象主要为中学及以上年级的学生，调查工具可分为测验卷和访谈提纲。其中，测验卷用于量化研究，可测量学生的"树式思维"能力水平；访谈提纲用于质性研究，可深度了解学生解读进化树时所持的各种多样且具体的想法。例如，诺维克（Novick）与卡特利（Catley）[①]、桑德维克（Sandvik）[②] 采用访谈法了解学生的"树式思维"能力现状，梅尔（Meir）等人[③] 采用测验与访谈相结合的研究方法了解学生的"树式思维"能力水平。适用于调查生物科学专业本科生"树式思维"能力水平的调查工具如下所列。

1. 鲍姆（Baum）等人的"树式思维"选择题

鲍姆（Baum）等人编制的"树式思维"测试题包含 *Tree thinking quiz I* 和 *Tree thinking quiz II* 两套试题，每套试题均由 10 道选择题组成。这两套试题发表于论文 *The Tree-Thinking Challenge* 的附录部分，该论文于 2005 年发表于国际期刊《科学》。[④] 其中，*Tree thinking quiz I* 也称为 *Basic Tree Thinking Assessment*，用于测验基本的"树式思维"能力水平，测验内容包括解读进化树所示的物种与物种之间的亲缘关系远近、识别进化树的各种表达形式、解读进化树所示的物种性状的含义等。此套试题具有较大影响力，被广泛认可和使用。比如，哈尔弗森

① NOVICK L R, CATLEY K M. Understanding phylogenies in biology: the influence of a gestalt perceptual principle [J]. Journal of Experimental Psychology: Applied, 2007, 13 (4): 197-223.

② SANDVIK H. Tree thinking cannot taken for granted: challenges for teaching phylogenetics[J]. Theory in Biosciences, 2008, 127: 45-51.

③ MEIR E, PERRY J, HERRON J C, et al. College students' misconceptions about evolutionary trees[J]. The American Biology Teacher, 2007, 69 (7): 71-76.

④ BAUM D A, SMITH S D, Donovan S S S. The tree-thinking challenge [J]. Science, 2005, 310: 979-980.

（Halverson）等学者将此套题的题型修改为开放式，要求学生回答问题的同时给出理由，用于检测修读系统发育学的大学生的"树式思维"能力水平 [①]。

2. 题型多样的"树式思维"测试题

梅尔（Meir）等人采用七步法开发了"树式思维"测试题，用于捕捉学生的"树式思维"迷思概念。第一步，两位专家依据自己的教学经验列出了一份学生常见的"树式思维"迷思概念清单。第二步，依据列出的清单开发纸笔测试题，为了尽可能地了解学生的思考过程，所有的测试题被设计为开放式，学生可以自由作答。每道试题要求学生画图、写简短的随笔，或对其提交的答案提供书面说明。第三步，将所开发的纸笔测试题提交给进化生物学家寻求反馈。第四步，将所开发的纸笔测试题小范围地应用于一门进化生物学的课堂，用于提炼并扩展学生的"树式思维"迷思概念清单。第五步，学生对纸笔测试题的回答被用于修改测试题，以及更新"树式思维"迷思概念清单。第六步，修改后的纸笔测试题再次应用于 10 名大学生，待学生完成测试后立刻实施访谈。每名学生的测试与访谈结果将用于更新"树式思维"迷思概念清单，以及对纸笔测试题进行适当的修改或删减。第七步，基于学生的书面回答以及口头说明，选取常见的"树式思维"迷思概念，以及常用的理由及词汇，用于构建选择题的选项来反映学生回答每道题时各种各样的迷思概念。部分试题保留了开放式的题型，用于收集学生更多开放式的回答。

根据七步法开发的"树式思维"测试题由 21 道试题组成。梅尔（Meir）等人选取选修生物基础课程的大学生为研究对象，使用"树式思维"测试题调查学生解读进化树的能力水平。调查内容包括学生对物种进化历程、亲缘关系、生物性状的解读、进化树的构建、物种的最近共同祖先等。测试卷的题型多样，包括选择题、判断题、简答题与画图题。丰富多样的题型为学生提供了多样的刺激材料，可以更好地激发学生的认识、技能和能力。而基于学生的测验结果对其进行深度访谈，可以更全面地掌握学生对进化树的理解情况，了解学生对于进化树的真实想法。[②]

---

① HALVERSON K L, PIRES C J, ABELL S K. Exploring the complexity of tree thinking expertise in an undergraduate systematics course [J]. Science Education, 2011, 95（5）: 794-823.

② MEIR E, PERRY J, HERRON J C, et al. College students' misconceptions about evolutionary trees [J]. The American Biology Teacher, 2007, 69（7）: 71-76.

3. *Tree Thinking Concept Inventory*（TTCI）测试题

学者纳格尔（Naegle）在博士毕业论文中编制了 *Tree Thinking Concept Inventory*（TTCI）测试题与半结构式访谈提纲，用于检测学生的"树式思维"能力水平。TTCI测试题由29道选择题组成，测验内容不仅包括学生对进化树所示物种的亲缘关系、物种进化历程的解读、根据科学数据构建进化树的能力，还包括学生以前是否接触过或者学过进化树，以便快速诊断生物科学专业初学者解读进化树的能力水平，并对学生学习进化树的潜力做出判断[①]。此套试题也备受认可。例如，学者吉普森（Gibson）和霍夫纳格尔斯（Hoefnagles）在TTCI测试题的基础上进行了修改，形成一份修改版本的TTCI测试题，测试题由16道选择题组成，用于量化大学选修生物基础课程学生的"树式思维"能力水平，以便于与学生接受生物进化理论的程度进行相关分析[②]。

4. 用于高校学生的"树式思维"练习册

学者莫拉比托（Morabito）等人设计了一份由四部分问题组成的练习册。练习册的第三部分用于检测高校学生对进化史（evolutionary history）的理解，具体通过调查进化树中的最近共同祖先（most recent common ancestor），以及非同源相似（homoplasy）或趋同进化（convergent evolution）等概念的理解情况来实现。具体来讲，学生被要求首先回答关于非同源相似性状的试题，然后再回答关于进化树中最近共同祖先概念的试题。为考查学生对非同源相似概念的理解情况，试题首先提供一个表达甲壳纲动物、鱼类、哺乳类、以蛇为代表的爬行类动物与鸟类之间亲缘关系的树状进化树，在此进化树上，以蛇为代表的爬行类动物与鸟类为姐妹群，甲壳纲动物为外群。针对此进化树对学生提问："此进化树是基于分子层面的数据构建得来的。众所周知，哺乳类与鸟类都是恒温动物，这是由于哺乳类与鸟类共享同一共同祖先所造成的吗？"学生被要求首先回答是或者否，然后对其回答给出详细说明。为考查学生对最近共同祖先概念的理解情况及对同源性状的熟悉程度，试题通过提供两个表达青蛙、蜥蜴和哺乳动物之间亲缘关系的进化树，让学生选择能正确表达物种的亲缘关系进化树并说明理由[③]。

① NAEGLE E. Patterns of thinking about phylogenetic trees：a study of student learning and the potential of tree thinking to improve comprehension of biological concepts［D］. Idaho：Idaho State University，2009：155-166.

② GIBSON J P，HOEFNAGELS M H. Correlations between tree thinking and acceptance of evolution in introductory biology students［J］. Evolution：Education and Outreach，2015，8（1）：1-17.

③ MORABITO N P，CATLEY K M，NOVICK L R. Reasoning about evolutionary history：post-secondary students' knowledge of most recent common ancestry and homoplasy［J］. Journal of Biological Education，2010，44（4）：166-174.

5. 埃迪（Eddy）等人的"树式思维"选择题

学者埃迪（Eddy）等人设计了一套由 8 道单选题组成的"树式思维"能力测试题。这套题的目的是作为形成性评价，记录学生是否已经熟练掌握了"树式思维"的核心要点，而不是用于识别学生"树式思维"能力水平的差异性。这套题的内容效度由 3 名在基础生物学和高级生物学课程中教授"树式思维"的教师进行检验，检验结果认为此套题能有效解决所要检测的学习目标。这套题要求学生根据已经提供的进化树对物种的相关性、同源性状（synapomorphies）、同源相似（homology）与非同源相似（homoplasy）、是否哪些物种比另一些物种更为先进或更为原始等作出判断。[①]

6. "树式思维"能力评估工具 *A Phylogeny Assessment Tool*（PhAT）

学者史密斯（Smith）等人设计了一种开放式回答的"树式思维"能力评估工具 *A Phylogeny Assessment Tool*（PhAT）。PhAT 包括三部分内容：第一部分要求学生将已知的各个物种的性状表述在进化树上；第二部分要求学生从所提供的两种进化树中选出他们认为最能合理表达物种之间亲缘关系的进化树，即检测学生构建进化树的能力；第三部分要求学生从祖先—后代的视角来解读进化树所示物种的亲缘关系远近[②]。

7. 检测构建进化树能力的作图题

学者迪斯（Dees）和莫森（Momsen）聚焦学生构建进化树的能力，在一门大学生物基础课上检测了学生构建进化树的能力。测验工具为开放式的画图题。例如，在第六周的单元考试中，学生被要求根据一份体现了 6 种植物的形态学特征的表格，构建一棵描绘这 6 种植物之间亲缘关系的进化树，并在进化树上清晰地标明同源性状（synapomorphies），进化树的表达方式不限。根据研究得到的数据，研究者开发了一种描述学生生成的进化树的方法，这使学生对其构建的进化树是否存在不正确或者不完整等问题能得到更直观的结论。[③] 学者杨（Young）等人也在大学生物课堂上实施了让学生构建进化树的课堂活动。即让学生在这门课的开始、期中和期末 3 个阶段分别构建一棵描述 20 种生物亲缘关系的、正确

---

① EDDY S L, CROWE A J, WENDEROTH M P, et al. How should we teach tree–thinking？ An experimental test of two hypotheses［J］. Evolution：Education and Outreach，2013，6（13）：1–11.

② SMITH J J, CHERUVELIL K S, AUVENSHINE S. Assessment of student learning associated with tree thinking in an undergraduate introductory organismal biology course［J］. CBE—Life Sciences Education，2013，12（3）：542–552.

③ DEES J, MOMSEN J L. Student construction of phylogenetic trees in an introductory biology course［J］. Evolution：Education and Outreach，2016，9（3）：1–9.

的进化树，该尝试为构建高效的课堂教学奠定了基础。[①]

8. 判断进化树上物种亲缘关系的测试题

学者布勒梅内尔（Blacquiere）和霍斯（Hoese）聚焦学生判断进化树上物种之间亲缘关系的能力，基于对 16 人的深度访谈及对 205 人的纸笔测试，以及检测测试题信度与效度的方式，开发了一套可用于有效检测学生判断进化树上物种之间亲缘关系的能力的测试题。这套题由 18 道选择题组成，要求被试从选择题的两个备选选项中选出与目标物种亲缘关系更近的物种。虽然试题的问题形式单一且每道选择题均只有两个备选选项，但是测验结果可以反映学生是否使用物种相似性、进化树末端节点的邻近程度，以及内节点数等错误依据来判断进化树所示的物种亲缘关系远近，从而检测学生是否具备"树式思维"能力[②]。

（二）常见的进化树迷思概念

通过使用上述调查工具，许多学者归纳总结了学生常见的进化树迷思概念。关于"迷思概念"（misconceptions）一词，学界存在着两种不同的定义：一种认为迷思概念是前概念（preconception）、朴素信念（naive beliefs）、另有概念（alternative conceptions）等词的不同称呼方式；一种认为迷思概念是与科学概念相对的概念。前者使用迷思概念来形容学生有局限的、不完整的、不同于一般所公认的科学概念，这种关于迷思概念的定义并不完全否定学生的想法，例如诺瓦克、吉尔伯特和瓦特斯（Watts）等人。后者使用迷思概念来形容学生所拥有的不正确的想法，这种定义完全否定了学生的想法，例如弗舍尔、里普森和布朗斯福特等人。本文采用后者关于迷思概念的定义，即本文所指的进化树迷思概念是指解读进化树时体现出的错误观念。

进化树迷思概念是阻碍学生形成"树式思维"能力的直接原因。依据上述学者梅尔（Meir）等人[③]、诺维克（Novick）与卡特利（Catley）[④]、桑德维克（Sandvik）[⑤]、

---

① YOUNG A K, WHITE B T, SKURTU T. Teaching undergraduate students to draw phylogenetic trees：performance measures and partial successes［J］. Evolution：Education and Outreach, 2013, 6（1）：1–15.

② BLACQUIERE L D, HOESE W J. A valid assessment of students' skill in determining relationships on evolutionary trees［J］. Evolution：Education and Outreach, 2016, 9（5）：1–12.

③ MEIR E, PERRY J, HERRON J C, et al. College students' misconceptions about evolutionary trees［J］. The American Biology Teacher, 2007, 69（7）：71–76.

④ NOVICK L R, CATLEY K M. Understanding phylogenies in biology：the influence of a gestalt perceptual principle［J］. Journal of Experimental Psychology：Applied, 2007, 13（4）：197–223.

⑤ SANDVIK H. Tree thinking cannot taken for granted：challenges for teaching phylogenetics［J］. Theory in Biosciences, 2008, 127：45–51.

格雷戈瑞（Gregory）[1]、奈格尔（Naegle）[2]和哈尔弗森（Halverson）等人[3]的研究成果，进化树迷思概念可以归纳为以下几方面。值得注意的是，学生常常存在着多种迷思概念，这些迷思概念组合起来，起到了相互加强的效果，进一步巩固了学生所持的迷思概念。

1. 错误地解读进化树所示的进化历程

进化树显示的是从古老物种到现代物种的进化历程，进化树的时间轴是从其根部指向末端。调查研究发现学生往往对进化树所表示的进化历程感到困惑，具体表现如下。

（1）错误解读进化树的时间轴。认为进化树末端的现代物种之间显示了进化历程，即认为在进化树左端的物种比在进化树右端的物种更为古老，认为进化树的时间轴是从进化树的左端指向右端，而不是从进化树的根部指向其末端。

（2）认为物种仅在节点处发生改变。进化生物学家对物种的形成模式是快速型还是渐近型存在着争议，如果物种的间断平衡模型被认为是物种形成的唯一模型，那么可以将进化树的节点合理地解释为是物种发生较大形态学差异的时间。然而，这种观念存在着先决条件，即认同物种形成的模式为物种的间断平衡模型，因而不能认为进化树的内节点意味着物种形态学改变的时间。

（3）认为进化树上的直线没有发生进化改变。表现为将进化树上的直线看作一个物种或者一个分类单元，并未将这条直线看作是此分类单元或物种谱系的进化历程。这个表现可能与人们对物种的认识持本质主义观有关。本质主义（Essentialism）是一种儿童试图组织和理解他们的世界常用的范式。[4]柏拉图的本质主义哲学认为，本质的概念是永恒不变的，变异是偶然发生的不完美。亚里

① GREGORY T R. Understanding evolutionary trees[J]. Evolution：Education and Outreach，2008，1（2）：121-137.

② NAEGLE E. Patterns of thinking about phylogenetic trees：a study of student learning and the potential of tree thinking to improve comprehension of biological concepts［D］. Idaho：Idaho State University，2009.

③ HALVERSON K L，PIRES C J，ABELL S K. Exploring the complexity of tree thinking expertise in an undergraduate systematics course［J］. Science Education，2011，95（5）：794-823.

④ GELMAN S A，COLEY J D，GOTTFRIED G M. Essentialist beliefs in children：The acquisition of concepts and theories［M］//Hircshfeld L A，Gelman S A eds. Mapping the mind：Domain specificity in cognition and culture. Cambridge：Cambridge University Press，1994：341-366.

士多德认为物种有其固有的属性。^① 当成人面对其不熟悉的事物时，也容易使用本质主义观^②，认为物种是清晰可辨的实体，虽然他们往往并不能描述是什么使一群生物成为一个物种。如果对物种的认识持本质主义观，会认为物种在进化的过程中保持相对静止。

（4）认为当代物种具有不同的谱系年龄。所有当代物种从共同祖先进化而来，有着相同的谱系年龄。然而，由于不同的物种在生命史上可能出现的时间不同，使人们认为不同物种的谱系年龄存在差异，认为在生命史上出现较早的物种其谱系年龄较大，而在生命史上出现较晚的物种谱系年龄较小。

2. 使用错误的依据判断物种之间的亲缘关系

判断物种之间亲缘关系的错误依据有：进化树末端节点之间的邻近程度、进化树所示物种之间的内节点数量、物种的形态相似性、物种的栖息环境。具体表现如下。

（1）以进化树末端节点之间的邻近程度为判断依据。认为进化树末端节点之间的邻近程度代表了物种之间亲缘关系的远近程度，末端节点之间的距离越近，表示其所示物种之间的亲缘关系就越近，反之亦然。

（2）以内节点数量多少作为判断依据。认为进化树上显示的两个物种之间的内节点数量可以作为判断物种亲缘关系远近的依据，两个物种之间的内节点数量越多，表示这两个物种之间的亲缘关系越远，反之亦然。

（3）以物质的形态相似程度作为判断依据。依据物种之间形态的相似程度作为判断物种亲缘关系远近的依据。诚然，最早的生物分类是以身体特征作为分类依据。1735 年，林奈（Carolus Linnaeus）出版的《自然系统》（*Systema Naturae*）一书建立了现代分类学的框架，以身体特征作为生物分类的依据，将鲸归为鱼类，然而现代生物以物种的进化关系为分类标准，使物种之间身体特征的相似性不一定能作为生物分类的依据。

（4）以物种的栖息环境作为判断依据。认为生活在相似环境中的物种其亲缘关系较近，而生活在不同栖息环境中的物种其亲缘关系较远。

3. 认为并不是所有物种都有亲缘关系

进化树是以达尔文的基本观点"地球上所有的生物来源于共同的祖先"为基础而建立的。研究发现部分学生对这一基本观点持否定态度，即认为并不是

① FUTUYMA.生物进化：第三版［M］.葛颂，等，译.北京：高等教育出版社，2016：3-4.

② SINATRA G M, BREM S K, EVANS E M. Changing minds? Implications of conceptual change for teaching and learning about biological evolution［J］. Evolution：Education and Outreach 1：189-195.

进化树上所有的物种之间都有亲缘关系，或者认为距离很远的物种之间的亲缘关系是无足轻重的。当进化树上的两条分支并未直接连接或者当两条分支并未与进化树所谓的"主线"直接相连时，认为与这些分支相连的物种之间并无亲缘关系。

4. 认为当代物种存在着"高等"与"低等"之分

持这种观点的人认为进化的本质是进步的，即认为物种形成的时间越晚，表示其越"高级"。例如，有学生认为生物有机体越复杂，表示其越"进化"。按照这个理解，地球上所有的生物可以按照"进化的尺度"被分为"高等"或"低等"。因此，人类被理所当然地理解为"最高等"的生物。这种观念或许并未直接反映出对进化树本身存在错误的解读，但是却反映出了对共同祖先、进化本质的错误理解。

5. 认为进化树的分支有"主线"和"侧线"之分

持这种观点的人将连接进化树上一个明显的末端与其根部的线段当作这棵进化树的"主线"，而进化树上连接其他进化树末端与节点的线段被当作是这棵进化树的"侧线"。例如，近代英国杰出的科学家和教育家赫胥黎（Huxley）曾经的言论"硬骨鱼在我看来是脱离了进化树的主线，表现为从主线上某个点发展出来的侧线"。[①] 由此可见，赫胥黎（Huxley）虽然接受了基本的树形图的思想，但是仍然存在着"主线"与"侧线"的迷思概念。

6. 混淆姐妹群与祖先的概念

混淆姐妹群与共同祖先的概念具体有两种表现。其一，认为进化树上姐妹群物种的共同祖先的形态学特征必然与姐妹群物种之一相似，或者认为姐妹群物种在形态学上的相似特征一定是其共同祖先所具备的形态学特征；其二，认为姐妹群物种中的一个物种是另外一个物种的祖先，例如，认为大猩猩是人类的祖先。

三、阻碍"树式思维"能力形成的成因分析

有学者针对常见进化树迷思概念的形成原因进行了探讨。例如，格雷戈里（Gregory）追溯了部分进化树迷思概念的来源，指出著作《存在之链》（*Great Chain of Being*）将生物从最低等到最高等进行排序，至少可以追溯到亚里士多德（Aristotle）；学者赫胥黎（Huxley）虽然接受了树式分支的概念，但是却得出了进化树存在主线的错误结论；林奈（Carolus Linnaeus）最开始编写的《自然系

---

① HUXLEY T H. On the application of the laws of evolution to the arrangement of the Vertebrata and more particularly of the Mammalia [J]. Proceedings of the Zoological Society of London, 1880, 43: 649—662.

统》（*Systema Naturae*）一书是以生物的外部形态特征作为生物分类的依据等。

学者卡特利（Catley）与诺维克（Novick）等人从实证研究的角度致力于寻找阻碍学生正确解读进化树的因素并积累了不少研究成果。另有一些学者对阻碍学生正确解读进化树的因素进行了分析。例如，学者奥姆兰（Omland）等人就进化树的表达形式进行了探讨①。基于上述文献的研究成果，阻碍学生"树式思维"能力形成的原因可归纳为以下4方面。

（一）进化树自身的复杂性

学者孔（Kong）等人认为，造成学生甚至一些科学家难以理解进化树的原因可能是目前的生物学家及其进化树相关的知识和想法既没有清楚地被他人识别，也没有清楚地传达给学生。尽管进化树被定义为一种描绘物种或群体之间进化亲缘关系远近的树状图，但是学生对如何从各种树状图中识别进化树仍有一定的难度，甚至科学家也面临着这样的困境。

事实上，关于部分树状图是否是进化树，不同的学者对进化树有着不同的理解，使学界对进化树并未形成统一的认识。毫无疑问，那些描绘了一群物种之间亲缘关系远近的树状图可以称为进化树。但是，由于进化树作为一种视觉表征，可使用的范围较广。有学者认为分子生物学家可以使用进化树用于描述单个生物体在分子层面的进化关系，例如基因或调控元件之间的进化关系等。简而言之，由于进化树作为一种树状图，其在生物科学领域用途广泛，就进化树的定义而言，学界尚未形成统一的认识，可能存在着争议。②

（二）解读进化树的知觉因素

人们在识别、判断空间构架的过程中，会不自觉地受到一些规则的约束，比如格式塔视觉识别原则，也称完型识别原则③，是指人在视知觉的过程中对事物结构整体性的追求。人脑是按照一定的规则将离散的感觉信息组成一个完整的知觉形象。这些规则有：接近性、相似性、连续性和封闭性。接近性是指在空间位置上相互接近的物体易被人们感知为一个视觉整体。相似性是指形式上相同或相

---

① OMLAND K E, COOK L G, CRISP M D. Tree thinking for all biology：the problem with reading phylogenies as ladders of progress［J］. BioEssays：news and reviews in molecular, cellular and developmental biology, 2008, 30（9）：854-867.

② KONG Y, ANDERSON T, PELAEZ N. How to identify and interpret evolutionary tree diagrams［J］. Journal of Biological Education, 2016, 50（4）：395-406.

③ 艾廷华，郭仁忠. 基于格式塔识别原则挖掘空间分布模式［J］. 测绘学报，2007（3）：302-308.

似的物体易被人们感知为一个知觉整体。连续性是指当一个不完整的图形结构具有某种连续性时，人们将这种具有连续性的图形感知为一个封闭或完整的图形。封闭性是指人们倾向于将一种不连贯的、有缺口的图形尽可能在心理上使之趋合[①]。

已有研究表明，使用知觉因素进行推断比使用言语进行演绎更容易让人理解。[②]然而，使用知觉因素进行推断不一定会促进理解。在理解某特定的图表时，知觉因素的使用有可能会阻碍学生形成对该特定图表的正确理解。学者诺维克（Novick）与卡特利（Catley）在知觉因素如何影响学生对进化树的理解方面做了一系列的研究。[③④]研究结果表明：学生在解读进化树这一特定的图表时，若使用知觉因素对进化树的层次结构进行推断，可能会阻碍学生对进化树所表达的亲缘关系与进化历程的正确理解。这些影响学生正确解读进化树的知觉因素主要包括格式塔视觉识别原则中的连续性原则与空间邻近性原则。诺维克的团队进一步研究发现，即使是拥有较为丰富的生物学知识的学生在解读进化树时依然会受到知觉因素的影响[⑤]。

1. 格式塔视觉识别原则中的连续性原则

树状进化树与梯状进化树是进化树常见的两种表现形式。在进行"树式思维"培养时，为弄清哪种进化树的表现形式能取得更好的教学效果，学者诺维克（Novick）与卡特利（Catley）采用实证研究的方式，调查了学生解读树状进化树与梯状进化树的情况[⑥]。研究结果表明，学生在解读阶梯状进化树时显示出了比解读树状进化树时更大的困难，这种困难对生物背景较弱的学生影响更大。

研究者认为格式塔视觉识别原则中的连续性原则对学生理解梯状进化树有负

① 彭雅莉. 格式塔心理学对图形设计的影响 [D]. 南昌：南昌大学，2006.

② LAEKIN J H, SIMON H A. Why a diagram is (sometimes) worth ten thousand words [J]. Cognitive Science, 1987, 11：65–99.

③ NOVICK L R, CATLEY K M. Understanding phylogenies in biology：the influence of a gestalt perceptual principle [J]. Journal of Experimental Psychology：Applied, 2007, 13（4）：216–217.

④ NOVICK L R, CATLEY K M. Reasoning about evolution's grand patterns：college students' understanding of the tree of life [J]. American Educational Research Journal, 2013, 50（1）：138–177.

⑤ NOVICK L R, FUSELIERB L C. Preception and conception in understanding evolutionary trees [J]. Cognition, 2019, 192：1–19.

⑥ NOVICK L R, CATLEY K M. Understanding phylogenies in biology：the influence of a gestalt perceptual principle [J]. Journal of Experimental Psychology：Applied, 2007, 13（4）：203–205.

面影响。根据格式塔视觉识别原则中的连续性原则，进化树中的连续线段被理解为一个单一的等级，因而它只有一个单一的解释。在解读梯状进化树时，格式塔视觉识别原则中的连续性原则会引导学生将其分解，而事实上梯状进化树有多种等级，也就是有多种解释。因此，格式塔视觉识别原则中的连续性原则作为一种知觉因素，可能会误导学生对梯状进化树的解读，造成对进化树层次结构的误解，进而阻碍学生形成"树式思维"能力。

2. 格式塔视觉识别原则的空间邻近性原则

依据格式塔视觉识别原则的空间邻近性原则，人们会将视觉显示中相互靠近的项目归为一组，并被认为其属于一个连贯的集合，这一组项目与空间上不太接近的项目是分开的。在调查大学生的"树式思维"能力水平时，学者诺维克（Novick）与卡特利（Catley）发现格式塔视觉识别原则的空间邻近性原则也是一种影响学生正确理解树状进化树与梯状进化树的知觉因素[①]。具体来讲，依据学生所要解读的进化树上的分类单元，可以将其分为两种。一种是所要解读的进化树分类单元与3个分类单元共享最近的共同祖先，即该分类单元在空间上位于3个分类单元之外；另一种是所要解读的进化树分类单元在空间上位于3个分类单元之间。研究发现，当所要解读的进化树上的分类单元处于3个分类单元之间时，学生解读进化树的每个分支及分类单元的准确度相较于前者明显降低，即学生在解读进化树所示物种之间亲缘关系时，倾向于将视觉上不邻近的项目分离。这表明学生在解读进化树时较为依赖格式塔视觉识别原则的空间邻近性原则，从而造成对进化树的错误解读。因此，格式塔视觉识别原则中的空间邻近性原则也是一种可能会阻碍学生形成"树式思维"能力的知觉因素。

（三）解读进化树概念方面的因素

已有研究表明，认知和感知是高度交织在一起的。[②]而进化树同时提供了知觉与概念方面的信息，因此，在解读进化树时，概念因素与学生的知觉因素一样，都会影响学生的"树式思维"能力。概念方面的因素可以归纳为自身的背景与知识和社会文化因素。

---

① NOVICK L R, CATLEY K M. Understanding phylogenies in biology: the influence of a gestalt perceptual principle [J]. Journal of Experimental Psychology: Applied, 2007, 13（4）: 203-205.

② GOLDSTONE R L, BARSALOU L W. Reuniting perception and conception[J]. Cognition, 1998, 65（2/3）: 231-262.

1. 自身的背景

自身的背景包括生物学背景和先前已掌握的知识。学者诺维克（Novick）与卡特利（Catley）的研究发现，生物学背景较强的学生在"树式思维"能力测试中的表现优于生物学背景较弱的学生，而学生先前已经掌握的知识可能会妨碍其正确解读进化树。具体来讲，学生在解读进化树分支图时通常采用以下两种方式：一是当学生面对不熟悉的物种，或者对物种的分类存在误解时，坚持以进化树的结构作为判断物种之间亲缘关系的依据；二是当存在强有力的证据反驳了学生的误解时，坚持以头脑中存在的误解作为判断物种之间亲缘关系的依据。[①] 例如，测试题为被试提供了进化树所示物种的各种信息并要求使用进化树来回答问题，但是他们仍然会使用自己先前已掌握的知识，从记忆中提取相关信息来回答测试题。因此，学习者先前的知识可能会妨碍他们对进化树的正确解读。

2. 社会文化因素

社会文化因素包括学生和教师所使用的语言、文化的信念，以及和他人的互动等方面[②]。目前，已有研究表明语言因素也是影响学生"树式思维"能力的因素之一，包括术语或白话的使用，以及消极或积极的措辞。学者杨（Young）在研究学生运用进化树对生物进行分类的能力时发现，比起使用非常具体的术语，白话语言的使用会使科学教育更加复杂。例如，进化中的"关联"一词具有非常特殊的含义，有别于其他专业的定义。而海星或水母等生物的通用名称可能会引起误解，因为海星和水母均与鱼类没有密切关系[③]。这些语言的运用都会造成学生的误解。

学者诺维克（Novick）与卡特利（Catley）在测试学生的"树式思维"能力水平时发现，测试题的措辞对学生正确解读进化树产生了影响，且测试题的措辞与被试生物学背景因素相互作用，对学生解读进化树的表现造成负面影响。例如，"请列出从具有一对触角的祖先演变而来的所有昆虫的分类单元"，这道题使用了简单、肯定的措辞。研究发现，学生会根据测试题使用肯定或否定的措辞给出不同的答案，而测试题中否定的措辞比肯定的措辞更让人难以理解，对生物学

---

① NOVICK L R, CATLEY K M. When relationships depicted diagrammatically conflict with prior knowledge：an investigation of students' interpretations of evolutionary trees［J］. Science Education, 2014, 98（2）：269-304.

② 蔡铁权，姜旭英，胡玫. 概念转变的科学教学［M］. 北京：教育科学出版社，2009.

③ YOUNG A K, WHITE B T, SKURTU T. Teaching undergraduate students to draw phylogenetic trees：performance measures and partial successes［J］. Evolution：Education and Outreach, 2013, 6（1）：1-15.

背景较弱的学生来说，否定措辞的问题更加难以理解①。

（四）进化树教学方面的因素

进化树的教学也是影响学生形成"树式思维"能力的主要因素之一。当前研究关于进化树教学方面的因素可以概括为教科书中进化树的使用及其表达方式不当、教学忽略宏进化，以及教师错误或以偏概全的教学方式等3方面。

1. 教科书中进化树的表达方式不当

学者卡特利（Catley）等人调查发现，美国、澳大利亚、新西兰的教科书中很大程度上忽视了"树式思维"及进化树的教学价值。然而，根据这些国家的科学课程标准，教学中使用进化树作为教学工具进行生物进化和生物分类的教学十分必要。② 另有研究表明，教科书中进化树的表达方式不当也是影响学生正确理解进化树的因素，包括教科书较少呈现树状进化树、使用不适用于进化教育的非分支图形式的图表，以及不重视对进化树进行注释和说明，等等。这些现象容易对学生造成困惑或加重学生对进化树理论的误解。

学者卡特利（Catley）与诺维克（Novick）分析了美国从中学到大学阶段的31本生物教科书中的进化图表。研究发现生物教科书中出现进化树分支图的比例较高，但是教科书并未重视对分支图的解释；另外，有一定比例的进化图表的表达方式容易让人困惑且容易加重人们对于进化树理论的误解。具体来讲，生物教科书中出现进化树分支图的比例较高，但是梯状进化树比树状进化树的数量要多，然而梯状进化树理解和解释起来比树状进化树更加困难。梯状进化树在生物教科书中较高的出现频率，使学生在涉及解释进化树的任务中遇到困难就不足为奇了③。在此研究的基础上，学者卡特利（Catley）等人采用实证研究进一步发现，非分支图形式的进化图表不适用于进化教育，因为这种形式的进化图表容易造成学生对进化过程的错误解读④。

① NOVICK L R, CATLEY K M. Reasoning about evolution's grand patterns: college students' understanding of the tree of life [J]. American Educational Research Journal, 2013, 50（1）: 138–177.

② CATLEY K M, PHILLIPS B C, NOVICK L R. Snakes and eels and dogs! Oh, My! Evaluating high school students' tree–thinking skills: an entry point to understanding evolution [J]. Research in Science Education, 2013, 43（6）: 2327–2348.

③ CATLEY K M, NOVICK L R. Seeing the wood for the trees: an analysis of evolutionary diagrams in biology textbooks [J]. BioScience, 2008, 58（10）: 976–987.

④ CATLEY K M, NOVICK L R, SHADE C K. Interpreting evolutionary diagrams: when topology and process conflict [J]. Journal of Research in Science Teaching, 2010, 47（7）: 861–882.

2. 教学忽略宏进化

生物进化根据其研究对象的不同可以分为微进化（Microevolution）与宏进化（Macroevolution）两部分。一般认为，微进化是指种以下分类阶元通过突变、随机漂变和自然选择等引起的生物学特性的进化改变。宏进化是通过成种作用、种系演化或灭绝事件产生的种以上较高分类阶元生物学特性的进化改变，或导致较高分类阶元的进化变化[①]。微进化关注发生在生物有机体基因层面、个体层面，以及种群层面等层面的进化过程；宏进化与微进化相反，关注发生在种及以上分类单位的进化过程。[②]

有研究发现，许多学校的进化教育都强调微进化而忽视宏进化，这不利于学生理解宏进化的机制。[③]学者梅塞尔（Meisel）认为要正确理解和解释系统发育的关系，必须发展一种基于嵌套层次结构的对进化关系的直观理解。不幸的是，生物学课程往往忽视宏进化而过度关注微进化[④]。学者孔（Kong）等人认为，高中课堂忽视宏进化的教学会导致学生缺乏"树式思维"能力，而仅片面地强调微进化的教学而没有宏进化的配合和补充，会对学生真正理解和掌握进化的模式与进化过程造成阻碍[⑤]。学者卡特利（Catley）等人考察了学生对不同类群之间进化关系的理解情况，研究发现学生不能提供关于进化关系的解释，这表明无论是高中还是大学的课堂，都没有在生物学教学中向学生教授重要的宏进化机制[⑥]。

3. 教师的教学因素

教师可能缺乏对科学知识的本质了解，在教学过程中出现错误的诠释；或者企图简化概念，仅提供对概念的描述，讲述概念时以偏概全；或者对学生的迷思

① 郝家胜. 生物进化研究的回顾与展望［J］. 微体古生物学报，2003（3）：325-332.

② NOVICK L R, CATLEY K M. Reasoning about evolution's grand patterns：college students' understanding of the tree of life［J］. American Educational Research Journal，2013，50（1）：138-177.

③ CATLEY K M. Darwin's missing link—a novel paradigm for evolution education［J］. Science Education，2006，90（5）：767-783.

④ MEISEL R P. Teaching tree-thinking to undergraduate biology students［J］. Evolution：Education and Outreach，2010，3：621-628.

⑤ KONG Y, PELAEZ N, ANDERSON T R, et al. Examining Teaching Assistants'（TA）experiences facilitating traditional versus active-learning-based tree-thinking curricula：TA perceptions, student outcomes, and implications for teaching and learning about evolution［M］//Evolution Education Reconsidered：Understanding what works. Switzerland：Springer Nature Switzerland AG，2019：117-132.

⑥ CATLEY K M, NOVICK L R, SHADE C K. Interpreting evolutionary diagrams：when topology and process conflict［J］. Journal of Research in Science Teaching，2010，47（7）：861-882.

概念缺乏敏锐的洞察力和兴趣，过分强调讲述法等①。教师的这些错误或以偏概全的教学方式也可能是阻碍学生形成"树式思维"能力的因素之一。学者诺维克（Novick）与卡特利（Catley）研究发现，学生解读梯状进化树比解读树状进化树更加困难。因此，我们对教师在高中和大学的教学中使用树状进化树的要求更高，并且教师还需要具备解读梯状进化树的能力。

在进化教育的实际课堂中，由于重视微进化而忽视宏进化，使教师对宏进化知之甚少，缺乏对地球上生命历程的整体把握②，加上部分初中和高中教师由于自身知识贫乏③，往往不愿意正确解释课堂语言符号以促进学生理解。④已有研究表明学生可能会运用先前已掌握的知识而不是依据进化树的分支图来进行推理，教学时应敏锐地把握学生的这一特点，帮助学生基于进化树分支图的证据去证明自己的推论，并帮助学生理解为什么这些图表比其他类型的知识提供了更为有力的推理基础。⑤因此，教师的教学因素也是影响学生形成"树式思维"能力的主要因素。

4. 宗教信仰对生物进化教育的影响

达尔文生物进化论的诞生在科学界、思想界和宗教界均引发了巨大震动⑥。作为一种科学的世界观，达尔文生物进化论不仅从本体论上动摇了部分宗教的形而上学基础，而且在认识论上直接打击了神学目标体系⑦，也使达尔文生物进化论不被这些宗教所接受。例如，伊斯兰教典籍《古兰经》认为人是被造物主创造出来的；基督教教义认为世界的起源与宇宙的进化都是上帝的意志。在达尔文之前的进化论者认为生物进化具有方向性，认为生物有内心驱动及崇高的心灵本质，这些内容经粉饰后能勉强被西方宗教所接受。因为上帝虽然不能通过特创论起作用，但是还可通过这样的进化机制起作用。然而，达尔文赞同哲学上的彻底

---

① 蔡铁权，姜旭英，胡玫.概念转变的科学教学［M］.北京：教育科学出版社，2009.

② CATLEY K M. Darwin's missing link—a novel paradigm for evolution education［J］. Science Education, 2006, 90（5）：767–783.

③ CATLEY K M.（2001, April）. Evolution, species and cladogenesis：The state of teachers' knowledge. A novel way to frame evolutionary questions in the classroom. Paper presented at the annual meeting of the National Association for Research in Science Teaching, St. Louis, MO.

④ NOVICK L R, CATLEY K M. Understanding phylogenies in biology：the influence of a gestalt perceptual principle［J］. Journal of Experimental Psychology：Applied, 2007, 13（4）：197–223.

⑤ NOVICK L R, CATLEY K M. Reasoning about evolution's grand patterns：college students' understanding of the tree of life［J］. American Educational Research Journal, 2013, 50（1）：138–177.

⑥ 王忠欣.进化论在美国150年——兼谈宗教与科学［J］.南京理工大学学报（社会科学版），2010，23（1）：1-12.

⑦ 胡卫清.近代来华传教士与进化论［J］.世界宗教研究，2001（3）：63-73.

唯物主义，自然选择学说强调生物变异的随机性，自然选择决定生物进化的方向。自然选择学说的创立，使自然科学彻底摆脱了神学的束缚而获得了真正的独立。而西方统治者大多数是要依靠宗教的权威维护其自身利益的，因此，达尔文生物进化论不被宗教所接受。①

在生物进化的课堂上，教师与学生的个人宗教信仰影响着教师的生物进化论教学决策和学生的学习效果。具体来讲，部分教师因为自身宗教信仰与科学进化论的内容相冲突，拒绝在课堂上讲授进化知识。例如，一项实证研究表明，部分穆斯林生物教师出于对自身宗教教义的信奉而拒绝讲授进化论知识，或是有选择地讲授进化论知识②，有些教师甚至在教授进化内容时向学生传递神创论的思想，并明确告诉学生达尔文的进化论有误③。该现象在美国同样存在，尽管美国许多州的教学主管部门都将生物进化内容作为幼儿园、小学科学教育标准的重要组成部分，但是并不是所有老师都接受进化理论教学，显著影响教师实施进化论教学的因素主要有教师对进化论知识的掌握程度，以及个人信仰与进化论内容的兼容性。部分信仰基督教的教师认为进化论的内容与他们所信仰的圣经当中的神创论不一致，因此他们不愿意教授进化内容。也有教师在调查中明确表示基督徒的身份是他不在课堂上教授进化论知识的原因之一④。另一方面，学生自身的宗教信仰，以及学生在学校教育之外受到的来自宗教界排斥科学进化论的引导也会影响学生对生物进化论的接受程度。例如，穆斯林学生即使在接受了进化论教育之后，也只能够接受除人类之外所有物种的起源进化机制⑤。

四、"树式思维"能力培养的教学实践研究

自 2005 年"树式思维"能力培养引起重视以来，学者对"树式思维"能力培养的教学实践进行了探索。本部分将从进化树教学内容探索，教学工具、方法

---

① 陈珊.在高中生物进化教学中渗透科学教育与人文教育［J］.生物学教学，2008，33（10）：19-21.

② BOUJAOJAOUDE S, ASGHAR A, WILES J R, et al. Biology professors' and teachers' positions regarding biological evolution and evolution education in a middle eastern society［J］. International Journal of Science Education, 2011, 33（7）：989–995.

③ ASGHAR A, WILES J, ALTERS B. Canadian pre-service elementary teachers' conceptions of biological evolution and evolution education［J］. McGill Journal of Education, 2007, 42（2）：189–209.

④ NADELSON L S, NADELSON S. K–8 educators perceptions and preparedness for teaching evolution topics［J］. Journal of Science Teacher Education, 2010, 21（7）：851–854.

⑤ 张文韬，拉娜·达贾尼.为什么要传授穆斯林学生进化论？［J］.世界科学，2015（7）：14.

与策略，以及基于教学实践的实证研究 3 方面对现有的文献进行梳理。其中，进化树教学内容的探索分为进化树教学目标与教学内容的建议和进化树教学资源两部分。

（一）教学内容探索

1. 教学目标与教学内容的建议

学者卡特利（Catley）等人认为学生应早在小学阶段就应该接触进化树。具体来讲，从 3—5 年级（8—11 岁）开始，学生应该学习依据同源特征判断同种或不同生物之间的关系。而进化树应被用来描述这个关系以及用于物种之间的比较。在 6—8 年级（11—14 岁），学生应该学习如何将维恩图所体现的信息转换成进化树，并且能够解释生物类似结构与同源结构之间的区别。[①] 后来，学者卡特利（Catley）等人基于美国高中生和大学生普遍存在的进化树错误解读，提出了两条教学的一般原则。其一，学生需要知道分支图是一个权威的证据来源，这比其他表面的或者生态方面的相似性更具权重；其二，学生需要理解最近共同祖先与共同祖先之间至关重要和关键的区别。[②]

学者梅塞尔（Meisel）通过回顾关于大学生树式思维教学的相关文献，提出了在一个基于探究的框架下介绍这些文献材料的一些建议。这些方法的实施可以帮助纠正对宏进化的缺乏重视。该文首先介绍了哲学的教学，即在教学中渗透科学的本质（Nature of Science）的概念，确保讨论学生在进行课堂活动时科学的本质的哪些方面得到了运用和探索。其次，该文从文献中总结了常见的进化树迷思概念。再次，该文梳理并呈现了那些可纠正上述进化树迷思概念的教学建议和教学活动。最后，该文梳理了其他关于"树式思维"的教学资源、教学建议和教学活动。[③]

学者孔（Kong）等人列出了进化树教学目标：①理解进化树的每个组成部分的含义，并能够正确解读进化树所描述的物种之间的亲缘关系；②能够从树形

① CATLEY, K, LEHRER R, & REISER, B.（2005）. Tracing a prospective learning progression for developing understanding of evolution. Paper Commissioned by the National Academies Committee on Test Design for K-12 Science Achievement. Washington, DC: National Academies of Sciences.

② CATLEY K M, PHILLIPS B C, NOVICK L R. Snakes and eels and dogs! Oh, My! Evaluating high school students' tree-thinking skills: an entry point to understanding evolution [J]. Research in Science Education, 2013, 43（6）: 2327-2348.

③ MEISEL R P. Teaching tree-thinking to undergraduate biology students [J]. Evolution: Education and Outreach, 2010, 3: 621-628.

图中区分进化树与非进化树；③理解有根树中描述的在无根树中缺失的关系。①为达成此教学目标，该项研究提供了两个可直接用于课堂教学的教学资源。其一，提供几种进化树的实际例子，要求学生从给出的进化树中识别姐妹群与外群；其二，设计小组合作的课堂活动，通过无根树到有根树的转换，让小组成员探索有根树和无根树之间的关系。

2. 进化树教学资源

当前，美国的"树式思维"能力培养已初步形成了从小学到大学各阶段的较为完整的体系，教学资源较为完备且丰富多样，旨在在教学实践中培养学生的"树式思维"能力。常见的教学资源的形式有网页（例如 http://tree-thinking. org/）、教学软件（例如 EvoBeaker②）、"树式思维"训练题（例如 Phylogeny Assessment Tool③）等。下文将这些教学资源按传统文献资源、教学软件和教学网站 3 个类型进行梳理。表 2-1 罗列了一些具有代表性的、当前可用的进化树教学资源。需要指出的是，本章第二节详细介绍的"树式思维"能力的调查工具也属于教学资源，这里不再赘述。

表2-1　可用的进化树教学资源

教学资源类型	教学资源的来源	教学资源简介
传统文献资源	Gendron[1]，2000	介绍了一种以一种虚构的生物Caminalcules为研究对象的实验室活动。该实验室活动由3个课堂活动组成：①将14个现存物种进行分类；②根据分类的情况构建一个不确定的系统发育树；③根据化石记录构建一个系统发育树
	Baldauf[2]，2003	介绍了进化树的基本组成部分，以进化树上的分支所组成的"单系群"（monophyletic group）、"并系群"（paraphyletic group）、"多系群"（polyphyletic group），进化树的几种表现形式，以及构建系统发育树的方法和步骤

① KONG Y, ANDERSON T, PELAEZ N. How to identify and interpret evolutionary tree diagrams [J]. Journal of Biological Education, 2016, 50（4）：395-406.

② MEIR, E., HERRON, J.C., MARUCA, S., STAL, D. & KINGSOLVER, J.（2005）. EvoBeaker 1.0. Available online at：http://www.simbio.com. Ithaca, NY：SimBiotic Software.

③ SMITH J J, CHERUVELIL K S, AUVENSHINE S. Assessment of student learning associated with tree thinking in an undergraduate introductory organismal biology course [J]. CBE—Life Sciences Education, 2013, 12（3）：542-552.

续表

教学资源类型	教学资源的来源	教学资源简介
传统文献资源	Goldsmith[3]，2003	开发了一堂被称为Great Clade Race的课堂活动。首先，将学生分为3—5人一组，为每个小组派发准备好的8张卡片，要求学生采用任意标准将这些卡片进行分类。这些卡片描绘了各种不同类型的图案。其次，根据小组的分类情况，邀请他们分享自己的分类情况并说明为何自己的分类优于其他分类。最后，根据8张卡片的分类情况安排赛跑。课堂教学活动涉及的概念有同源性状、拓扑学、同源相似、非同源相似与简约原则等
	Crisp and Cook[4]，2005	第一，提供了一份词汇表，对系统发育树及其各组成部分进行了详细解读。第二，从常见的进化树错误解读、错误解读进化树的例子、如何使用各种方法和模型构建进化树、基于各种方法构建进化树存在的不足等方面进行了介绍
	Baum and Offner[5]，2008	提供了一份与系统发育树相关的词汇表，从"系统发育树能表达什么""进化亲缘关系与系统发生""进化分支与分类学""使用系统发育树组织生物多样性的知识""实用的进化树教学实例""进化树随着我们知识的增加会发生改变""树式思维教学挑战"等方面对进化树与系统发生学进行了介绍
教学软件	Davenport等[6]-[8]，2015	开发了一堂适用于高中学生、用时3天的课堂活动。活动要求学生通过小组合作学习，课堂活动使用了7组真实的数据：①骆驼、麋鹿、河马，以及座头鲸的头骨；②显示上述动物颜色的图片；③草原西貒、座头鲸、河马、家养猪、鼷鹿、单峰驼、麋鹿、宽吻海豚等动物的运动；④麋鹿、西貒、骆驼、鼷鹿的分布范围；⑤河马、骆驼、猪、西貒和麋鹿的足部及消化系统的形态学特征；⑥骆驼、猪、西貒、海豚、座头鲸、河马、麋鹿和新反刍类动物9个位点上被DNA序列插入的情况；⑦河马、猪、骆驼和海豚的蛋白质序列。其中第7组数据来源于PubMed的DNA序列，由Clustal Omega软件翻译为蛋白质，再基于BLASTp进行排列
	SPREAD软件[9]	SPREAD是一种基于贝叶斯算法的构建进化树的软件
	EvoBeaker教学软件[10]	该教学软件提供计算机交互操作，可用于"树式思维"能力的培养

续表

教学资源类型	教学资源的来源	教学资源简介
教学网站	生命之树网站	亚利桑那大学的生命之树网站项目（http://tolweb.org）基于生命之树的模型组织了关于生物分类群的信息，提供了直观且信息丰富的浏览途径，该项目旨在为各个年级的教师以及普通大众提供网络通道
	tree-thinking.org [11]	匹兹堡大学的树式思维网站（http://www.tree-thinking.org/）旨在为对树式思维感兴趣的教师、学生和研究者们提供资源。该网站包含了学习进化关系，以及使用进化树解决生物学问题的教学材料
	Understanding evolution [12]	该加州大学伯克利分校古生物博物馆和加州大学董事会的网站专门介绍了进化树（http://evolution.berkeley.edu/evolibrary/article/0_0_0/phylogenetics_01）。该网站介绍了如何解读进化树、如何基于进化树对生物体进行分类、如何构建进化树以及如何使用进化树

注：［1］GENDRON R P. The Classification and Evolution of Caminalcules［J］. The American Biology Teacher, 2000, 62（8）：570-576.

［2］BALDAUF S L. Phylogeny for the faint of heart：a tutorial.［J］. Trends in Genetics, 2003, 19（6）：345-351.

［3］GOLDSMITH D W. The Great Clade Race［J］. The American Biology Teacher, 2003, 65（9）：679-682.

［4］CRISP M D, COOK L G. Do early branching lineages signify ancestral traits？［J］. Trends in Ecology & Evolution, 2005, 20（3）：122-128.

［5］BAUM D A, OFFNER S. Phylogenies and Tree-Thinking［J］. The American Biology Teacher, 2008, 70（4）：222-229.

［6］DAVENPORT K D, MILKS K J, VAN TASSELL R. Using Evolutionary Data in Developing Phylogenetic Trees：A Scaffolded Approach with Authentic Data［J］. The American Biology Teacher, 2015, 77（4）：274-283.

［7］http://www.ebi.ac.uk/Tools/msa/clustalo/.

［8］http://blast.ncbo.nlm.nih.gov.

［9］LEMEY P. SPREAD：spatial phylogenetic reconstruction of evolutionary dynamics［J］. Bioinformatics, 2011, 27（20）：2910-2912.

［10］MEIR E, HERRON J C, MARUCA S, STAL D, KINGSOLVER J.（2005）. EvoBeaker 1.0. Available online at：http://www.simbio.com. Ithaca, NY：SimBiotic Software.

［11］GOLDSTEIN A M. Exploring phylogeny at the Tree of Life Web Project［J］. Evolution：Education and Outreach，2010（3）：668-674.

［12］University of California Museum of Paleontology. Understanding Evolution. 2009. Available at：http：//evolution.berkeley.edu/evolibrary/article/0_0_0/evo_03. Accessed 12 Nov 2020.

（二）教学工具、方法与策略

学者梅尔（Meir）等人开发了一款名为 EvoBeaker 的教学软件①，可用于"树式思维"能力的培养。为教师和学生与生命树进行有效的可视化交互，需要将计算机科学、信息可视化、人机交互、信息分类与检索、系统生物学，以及进化生物学等领域的知识融合在一起。学者格林（Green）和沙普利（Shapley）通过对教师和生物领域的专家的问卷和访谈调查，提出了用于有效设计和评估现有的和将来即将建立的可视化生命之树的重要建议。这份报告着眼于可用于生命之树的未来网络应用，从中学、大学，以及研究生阶段的生物教学实际出发，首先了解当前教师是如何教授物种之间进化亲缘关系的；其次，识别有关生命之树的教学常规任务；最后，判断未来的软件将如何使上述任务更加容易。②

学者哈尔弗森（Halverson）利用管道清洁器，也称扭扭棒，创建了一个进化树操纵模型，学生通过动手操作可以更直观地认识和理解进化树。这个模型很好地解决了"树式思维"的挑战：第一，该模型使用了各种颜色来帮助识别完整的谱系；第二，该模型可以弯曲，因此可以被转变成各种形式的进化树；第三，如果所要表达的亲缘关系发生改变，学生需要像真实的树那样解构并重建模型；第四，学生可以使用额外的扭扭棒来整合新的物种以及信息；第五，该模型可以通过使用打孔器而很容易地进行修改。③

学者哈尔弗森（Halverson）等人后来基于实证研究结果提出了生物课堂的"树式思维"教学方法必须改变的观点。首先，生物课程的教学内容必须识别并瞄准那些当前我们已知的学生解读进化树的迷思概念，除此之外，学生还应接触各种表现形式的进化树，而且需要为其提供使用进化树来探索系统生物学问题的机会。如何使用"树式思维"是帮助学生发展解决系统发育问题方面的专业能力。

---

① MEIR E, HERRON JC, MARUCA S, STAL D & KINGSOLVER J.（2005）. EvoBeaker 1.0. Available online at：http：//www.simbio.com. Ithaca, NY：SimBiotic Software.

② GREEN D, SHAPELY R T. Teaching with a visual tree of life［P/OL］.［2020-3-14］. http：//groups.ischool.berkeley.edu/TOL/docs/GreenShapleyTOLFinalReport.pdf.

③ HALVERSON K L. Using pipe cleaners to bring the tree of life to life［J］. The American Biology Teacher, 2010, 72（4）：223-224.

其次，生物课堂教学必须改变。教师需要特别关注学生的先验知识，因为这些先验知识能够对学生学习系统发育造成有害的影响。如果教师的教学仅仅针对已经表现出来的进化树迷思概念而不考虑学生自己的想法，可能会达不到应有的教学效果。教师在设计教学时除了教授学生精准解读进化树的能力，还应明确发展学生的进化推理能力，从而帮助学生克服进化树迷思概念，以及发展学生的基本推理能力。因此，教师在课程中还应理解并向学生的进化树迷思概念提出挑战。最后，学生学习进化树的评价方式必须改变。现有的多项选择诊断法不足以捕捉到学生对"树式思维"的理解情况，因此必须让学生描述他们在解释和生成进化树时的推理过程。因为这样的定性评价方式可以确保学生在推理过程中呈现出来的所有错误都不被忽视，从而在教学中得到解决[①]。

博克斯（Burks）和博尔斯（Boles）采用了一种创新的教学方法，使用巧克力的进化历史为素材进行生物进化中亲缘关系的教学。教学分为 7 个步骤。第一步，购买 10 款指定类型的巧克力糖果；第二步，为学生制定具体的学习目标，即判定最为简约的进化树；第三步，为学生提供三款指定的巧克力糖果，要求学生识别那些可以用于判断其亲缘关系的特点并列出来；第四步，提供剩余的七款巧克力糖果，要求学生继续识别可以用于判断其亲缘关系的特点并列出来；第五步，建立数据矩阵，将数据输入到 MacClade 软件；第六步，根据 MacClade 软件提供的几种进化树，学生讨论每种进化树需要经历的进化步骤，以最大简约原则选出进化步骤最少的进化树；第七步，在进化树上通过标注巧克力糖果的特点来表示每次进化的步骤。该教学方法推荐了 MacClade 软件[②] 用于构建进化树，推荐 PAUP4.0（Phylogenetic Analysis Using parsimony）软件[③] 用于选取最简约的进化树。[④]

（三）基于教学实践的实证研究

在大学生物课堂，以往的有关系统发育分析的教学内容主要集中在孤立的、一次性的课堂活动上，基于此现象霍布斯（Hobbs）等人提出了一种深思熟虑的教学方法，即在植物系统学课程里设置了由 5 个任务组成的一组课堂任务，旨在

---

① HALVERSON K L, PIRES C J, ABELL S K. Exploring the complexity of tree thinking expertise in an undergraduate systematics course [J]. Science Education, 2011, 95（5）: 794-823.

② http://macclade.org/macclade.html.

③ http://paup.csit.fsu.edu/about.html.

④ BURKS, R L., BOLES, L C. Evolution of the Chocolate Bar: A Creative Approach to Teaching Phylogenetic Relationships within Evolutionary Biology [J]. The American Biology Teacher, 2007, 69（4）: 229-237.

逐步引入系统发育分析中所使用的概念和技能。在这些任务中，学生通过一系列逐步增加难度的任务来学习构建系统发育树的过程，技能的发展充当了构建内容知识的框架。该教学方法采用设置实验组和对照组、前后测的方法进行了实验研究。研究表明，这种深思熟虑的教学方法有效提升了学生的树式思维能力并提升了他们对自己能力的信息，可帮助学生解决迷思概念，提高学生的经验并帮助学生进一步理解较难的科学概念。①

为了探寻培养大学生"树式思维"能力更好的路径，学者埃迪（Eddy）等人检测了两种完全相反的、最适用于培养学生"树式思维"能力的假设。研究者设计了两个 30 分钟完成的、基于纸笔形式的小组合作活动。其中，活动一关注使用一组性状的矩阵来构建进化树，学生被要求构建一个由 6 个主要脊索动物群组成的进化树；活动二关注对一个已经存在的进化树做出分析，学生被要求分析已有的代表 6 个主要群体脊索动物的进化树，还被要求画出进化树的替代图表示来维持给定的进化关系。每个活动都以一组独特的问题开始，通过问卷中的问题来引导学生完成分配给他们的任务——构建或分析进化树。然后，学生用构建好的或者分析好的进化树来回答一系列简短的问题，这些问题集中在解释进化树的常见错误观念上。参加上述两个活动的学生由同等学术水平的学生组成，这两个活动在同一次课堂中进行，在课堂活动结束当晚，学生被要求完成一个由 8 道选择题组成的评估问卷。研究结果表明，参加活动一的学生的评估问卷表现明显高于参加活动二的学生。即让学生进行构建进化树的活动比让学生参与分析进化树的活动更能取得好的教学效果。②

学者孔（Kong）等人依据进化树教学内容框架——MUET 模型，在大学生物基础实验课堂上设计并实施了进化树教学。基于 MUET 模型的 4 个模块：数据来源、树的构建、树的表现形式、树式推理。教学包含 4 个步骤：首先，了解作为建构进化树的基础的数据来源；其次，了解不同类型的进化树所具有节点、末端和分支；再次，确定进化树的构建方法；最后，解读进化树，包括利用进化树来推理族谱史，解读和解释特征模式以区分物种的同源性与非同源性特征等。此进化树教学模式由教学助理（助教）在课堂上实施。调查研究表明，助教认为相比传统教学，进化树教学模式里的所有教学内容都是有意义的，部分助教认为此教学模式包含了他们认为特别重要的具体教学内容，比如同源性特征、系统发

① HOBBS F C, JOHNSON D J, KEARNS K D. A Deliberate Practice Approach to Teaching Phylogenetic Analysis [J]. CBE–Life Sciences Education, 2013, 12（4）：676–686.

② EDDY S L, CROWE A J, WENDEROTH M P, et al. How should we teach tree–thinking? An experimental test of two hypotheses [J]. Evolution：Education and Outreach, 2013, 6（13）：1–11.

育学、进化树的组成部分，以及进化树的形状；另有助教认为在课堂开始时引入进化树的重要性可以激发学生在课堂上学习树形结构逻辑思维的积极性；还有助教认为构建进化树的活动可以帮助学生形成对进化树的全面理解。由此可见，MUET 进化树教学模型是可以被教学实施者接受的[1]。

---

[1] KONG Y, PELAEZ N, ANDERSON T R, et al. Examining Teaching Assistants'（TA）experiences facilitating traditional versus active-learning-based tree-thinking curricula：TA perceptions, student outcomes, and implications for teaching and learning about evolution［M］//Evolution Education Re-considered：Understanding what works. Switzerland：Springer Nature Switzerland AG, 2019：117-132.

第3章 "树式思维"能力培养的理论基础

一、生物进化理论概述

（一）进化相关概念介绍

1. 进化与演化

Evolution 一词来源于拉丁文 evolve- 和 evolutis，意为"展现或打开"。该词有两种译法：在我国生物学中被译为进化，在其他非生物学领域常被译为演化。但是，无论是生物进化还是非生命系统的演化，都不是指一般的变化，即并不是任何变化都可以被称作进化或演化。Evolution 的概念在不同时期和不同场合有着不同的含义。现代流行的关于进化的定义是英国哲学家斯宾塞提出的广义的进化概念。该定义可被生物学家和其他领域的科学家接受，即认为进化是物质的整合和与之相伴随的运动的耗散，在此过程中，物质由不定的、支离破碎的同质状态转变为确定的、有条理的异质状态。此定义既可包含生物的进化又可包含非生物的演化，既可指自然界的进化，又可代表社会结构和文化系统的发展和变迁。[①]

2. 生物进化

生物进化不同于非生物系统的演化，但是迄今为止尚未形成统一的、为不同进化学说都能接受的生物进化的定义。美国学者弗图摩（Futuyma）在生物进化教科书中将生物进化定义为：在世代更替的过程中，一群生物，即种群，在属性上的变化，它们代代相承，延续着变化。种群还可能被拆分，出现若干个种群都来自一个共同的祖先种群。[②] 我国学者张昀基于遗传学家斯特宾斯（Stebbins）对生物进化的定义，将生物进化定义为：生物与其生存环境相互作用过程中，其遗传系统随时间而发生一系列不可逆的改变，并导致相应的表型的改变。在大多数情况下，这种改变导致生物总体对其生存环境的相对适应。[③] 在上述两种定义

---

① 张昀. 生物进化（重排版）[M]. 北京：北京大学出版社，1998：8–11.

② FUTUYMA. 生物进化：第3版 [M]. 葛颂，等，译. 北京：高等教育出版社，2016：1.

③ 张昀. 生物进化（重排版）[M]. 北京：北京大学出版社，1998：11.

中，前者将进化的单位限制为"种群"，后者的进化单位为"遗传系统"，认为进化的单位可大可小，且后者增加了"表型的改变"，以及这种改变的结果是相对适应环境的。虽然后者关于生物进化的定义体现了生物进化的显著特点，但是该定义并未包含无表型效应的基因突变或中性的分子进化。因此，迄今为止，生物学界尚未对生物进化形成合适的定义。

根据研究对象的不同，可以将生物进化分为微进化（microevolution）与宏进化（macroevolution）两部分。一般认为，微进化是指种以下分类阶元通过突变、随机漂变和自然选择等引起的生物学特性的进化改变。宏进化是通过成种作用、种系演化或绝灭事件产生的种以上较高分类阶元生物学特性的进化改变，或导致较高分类阶元的进化变化[①]。微进化关注进化的过程，例如，自然选择等发生在生物有机体基因层面、个体层面，以及种群层面等层面的进化过程。微进化解释了诸如抗生素耐药性细菌的繁殖过程。宏进化与微进化相反，关注发生在物种级别（例如，蓝鲸）及以上（例如，鲸目动物、哺乳动物、脊椎动物）的进化过程，这些进化过程导致了更高级别分类单元的形成、扩散以及灭绝。一个分类单元是指包括种及以上等级的任何生物类群的分类单位。宏进化解释了诸如哺乳动物多样性的起源及其扩散。进化树属于宏进化方面的概念。[②]

3. 进化论

科学理论是指经过深思熟虑、由相互关联的解释所组成的一个有机整体，它基于推理和证据，可以解释自然的某些方面。基于科学理论的定义，进化是一个事实，而这一事实由进化理论来阐述。因此，进化既是事实也是理论[③]。生物进化理论是从科学角度探究生命起源、发展、进化的理论的总称，是生命科学体系的轴心，是生物学一切分支学科的基础，同时又是它们研究成果的总结和概括，为生物学的各分支学科提供了共同的理论基础，使生物学各分支学科摆脱了先前附属于其他学科的地位，成为彼此相互联系、相互印证的统一体系，即独立的生命科学学科[④]。正如进化生物学家迈尔（Mayr）所言"进化论是生物学最大、最统一的理论"[⑤]。

---

① 郝家胜. 生物进化研究的回顾与展望 [J]. 微体古生物学报，2003（3）：325–332.

② NOVICK L R, CATLEY K M. Reasoning about evolution's grand patterns: college students' understanding of the tree of life [J]. American Educational Research Journal, 2013, 50（1）：138–177.

③ FUTUYMA. 生物进化：第 3 版 [M]. 葛颂，等，译. 北京：高等教育出版社，2016：14–15.

④ 陈珊. 在高中生物进化教学中渗透科学教育与人文教育 [J]. 生物学教学，2008, 33（10）：19–21.

⑤ MAYR E. Populations, Species and Evolution [M]. Cambridge MA：Harvard University Press, 1997：1–9.

4. 进化生物学

遗传学家杜布赞斯基（Theodosius Dobzhansky）曾言"没有进化论的指导，生物学就不成其为科学"[1]。生物学各学科无不贯穿着进化论的原则。生物界的复杂现象，诸如形态的、生理的、行为的适应，物种形成和灭绝，种类和种间关系等现象都只能在进化理论的基础上得到统一解释，只能通过进化生物学（evolutionary biology）的研究而明确其内在的原因与机制[2]。进化生物学以进化论为基础理论，是一门研究生物进化的原因、机制、进化的历史过程及规律的学科，其宗旨是阐明生命的历史并揭示生物多样性和生物特征出现的原因[3]。进化生物学的主要研究领域有系统生物学、生物多样性、生命的早期起源与演化、进化遗传学、细胞和分子进化生物学、进化生态学、古生物学、进化发育生物学、生物信息学、动物行为学、生物地理学，等等。目前，上述与生物进化研究密切相关的各学科呈现出前所未有的交叉渗透和相互整合的态势。[4][5]

（二）生物进化论的产生与发展

1. 拉马克学说

纵观进化思想的产生与进化论的形成历史，第一位提出较为完整的进化理论的学者是法国博物学家拉马克（Chevalier de Lamarck），他提出了与灾变论相对立的均变论思想，以一种动态的世界图景取代了原有的静态世界图景，认为生物体必须发生变化来维持适应不断变化的地球环境，避免面临灭绝的危险。拉马克的学说被多数学者认为是达尔文之前最重要的进化学说，尽管该学说中主观推测较多，引起的争议也较多。拉马克学说的基本内容和观点可以归纳为3点[6]。

（1）传衍理论。拉马克认为，生物种是可变的，所有现存物种包括人类都是从其他物种变化、传衍而来。物种的变异是连续的渐变过程，生命是自然发生的，可由非生命物质直接产生生命。

（2）进化等级说。拉马克认为，自然界中的生物存在着由低级到高级、由简单到复杂的一系列等级或阶梯。生物本身存在着一种由低级向高级发展的"力量"。

---

① DOBZHANSKY T. Nothing in biology makes sense except in the light of evolution [J]. The American Biology Teacher, 1973, 35（3）：125–129.

② 沈银柱. 进化生物学 [M]. 北京：高等教育出版社，2002：2.

③ FUTUYMA. 生物进化：第3版 [M]. 葛颂，等，译. 北京：高等教育出版社，2016：15.

④ 郝家胜. 生物进化研究的回顾与展望 [J]. 微体古生物学报，2003（3）：325–332.

⑤ 沈银柱. 进化生物学 [M]. 北京：高等教育出版社，2002：13.

⑥ 张昀. 生物进化（重排版）[M]. 北京：北京大学出版社，1998：25–26.

（3）进化原因遵循"用进废退"与"获得性遗传"法则。拉马克认为，物种之间彼此不同是由于不同物种有不同的需求，经常被使用的器官会加强、发展、增大，其加强的程度与使用的时间长短成正比。反之，不经常使用的器官会削弱、退化以至于丧失机能，甚至完全消失，这一法则称为"器官使用法则"，也称"用进废退"法则。这种个体在一生中获得的改变是可以遗传的，这一法则称为"获得性状遗传"（inheritance of acquired characteristics）①。

2. 达尔文的进化论

1859 年，英国博物学家达尔文（Charles Robert Darwin）的进化论著作《物种起源》出版②。达尔文进化论的创立，使人们对纷繁复杂的生物界的发生和发展有了一个系统的科学认识③。该理论被人们称为"达尔文的进化理论"，包含 5 个部分④⑤：①进化本身，即生物谱系的特征随时间而发生变化；②共同祖先，即所有的物种，不论是现存的还是灭绝的，都不间断地继承自一个或少数几个最初的生命形式。起源于一个共同祖先的物种起初非常相似，但是随着时间的不断延续而积累差异，从而变得彼此完全不同。物种由共同祖先演化而来，并且所有的生命可以被描绘成一棵大的谱系树以代表实际的祖裔关系；③渐进性，达尔文主张即使在完全不同的生物之间，其差异也是通过小的步骤经由中间类型逐步累积而来的，而另一种假说认为大的差异是通过飞跃或跳跃演化而来，不存在中间类型；④种群变化，即当具有某些遗传特性的个体在种群中的比例发生变化时，进化就发生了；⑤自然选择，即不同类型的个体在种群中比例的变化是由其不同的生存和繁殖能力造成的，这种变化会导致适应性的演变，看起来就像"设计"好的以便使生物适应各自的环境。所有生物在繁衍的时候都会产生随机变异，而自然界中存在的生存竞争会淘汰掉不利的变异，保留有利的变异。随着有利变异的积累，物种就产生了进化。当进化达到一定程度就会产生新的物种⑥。

---

① FUTUYMA.生物进化：第 3 版［M］.葛颂，等，译.北京：高等教育出版社，2016：4.

② DARWIN C R. On the Origin of Species by Means of Natural Selection, or the Preservation of Favoured Races in the Struggle for Life［M］.London：John Murray, Albemarle Street, 1859.

③ 郝家胜.生物进化研究的回顾与展望［J］.微体古生物学报，2003（3）：325-332.

④ MAYR E. The Growth of Biological Thought：Diversity, Evolution, and Inheritance［M］.Harvard University Press, Cambridge, MA, 1982.

⑤ FUTUYMA.生物进化：第 3 版［M］.葛颂，等，译.北京：高等教育出版社，2016：7.

⑥ 韩宇.达尔文思想与生物进化论的辩正［J］.生物学教学，2018，43（5）：79-80.

3. 达尔文进化论的三次大修正

《物种起源》出版时很多生物学概念还没有产生，当时遗传学尚未建立，生态学正处于萌芽时期，细胞刚被发现，随着历史的发展和科学的进步，达尔文的进化论不断显露出问题、矛盾、错误和缺陷，目前该理论经历了两次大修正并且正在经历第三次大修正。[①]

（1）新达尔文主义。20 世纪初，魏斯曼（A. Weismann）等学者对达尔文进化论做了第一次修正。这次修正消除了达尔文进化论中除了"自然选择"的庞杂内容，例如，拉马克的"获得性状遗传"法则、布丰的"环境直接作用"学说等，而将"自然选择"强调为进化的主因素，把"自然选择"的原理强调为达尔文学说的核心。这次修正过的达尔文进化理论被称为"新达尔文主义"。

（2）现代综合进化论。20 世纪 30—40 年代，达尔文进化论进行了第二次修正。遗传学家、古生物学家、分类学家将达尔文进化论与遗传学的事实整合起来，他们综合了生物学各学科的成就和多种进化因素。[②] 目前，相对完善且起主导作用的是现代综合进化论。[③] 这一理论的代表著作为遗传学家杜布赞斯基（Dobzhansky）的《遗传学与物种起源》（*Genetics and the Origin of Species*，1937）一书[④]。英国生物学家赫胥黎（Huxley）称它为现代综合进化论[⑤]。

现代综合进化论的主要内容有 3 方面：第一，认为自然选择决定进化的方向，使生物向着适应环境的方向发展，主张变异经过选择的考验才能形成适应。认为生物进化发展的动力是生物内在的遗传与变异这一对矛盾运动的结果，生物就是在遗传与变异这一对矛盾的推动下不断变化发展，谱写了一部生动的进化史。第二，认为种群是生物进化的基本单位，进化机制的研究属于群体遗传学范畴。进化的实质在于种群内基因频率与基因型频率的改变，并由此引起生物类型的逐渐演变。第三，认为突变、选择、隔离是物种形成和生物进化的机制。结构基因种的点突变为生物进化提供了原始素材，是生物变异的源泉。虽然大多数突变是有害的，但是通过自然选择可以淘汰不利变异，保留对个体生存和繁衍后代有利的突变。自然选择下的群体基因库中，基因频率的改变并不意味着新物种的形成。必须通过隔离，首先是空间隔离，比如地理隔离或者生态隔离，使已出现

---

① 张昀. 生物进化（重排版）[M]. 北京：北京大学出版社，1998：38.

② FUTUYMA. 生物进化：第 3 版 [M]. 葛颂，等，译. 北京：高等教育出版社，2016：10–11.

③ 梁前进，邴杰，张根发. 达尔文——科学进化论的奠基者 [J]. 遗传，2009，31（12）：1171–1176.

④ DUBZHANSKY T, GOULD SJ. Genetics and the Origin of Species（Classics of Modern Evolution Series）[M] New York：Columbia University Press，1982.

⑤ HUXLEY J. Clines: an auxiliary taxonomic principle [J]. Nature，1938，142（3587）：219–220.

的差异逐渐扩大，达到阻断基因交流的程度，即生殖隔离的程度最终导致新物种的形成。[①]

（3）达尔文进化论的第三次修正[②]。达尔文进化论通过前两次修正获得了发展，当前面临的第三次大修正主要是由古生物学和分子生物学的发展而引起的。具体来讲，古生物学家揭示出大进化的规律、进化速度、进化趋势、种形成和绝灭等，增加了人们对生物进化实际过程的了解；分子生物学家揭示了生物大分子的进化规律和基因内部的复杂结构。上述宏观和微观两个领域的研究成果导致了对达尔文进化论的第三次修正，修正内容为：①大进化过程并非渐变、匀速，而是快速进化与进化停滞相间的；②大进化与分子进化都显示出相当大的随机性，自然选择并非总是进化的主因素；③遗传系统本身具有某种进化功能，进化过程中可能有内因的驱动和导向。

当前，由于生物学各分支学科的飞速发展，它们就各自的研究对象在宏观和微观上不断地拓展和深入，并在不同的层次上形成了广泛的交叉、渗透和融合，可以预见生物进化理论必将出现一个新的大综合与大统一。[③]

4.生物进化理论现存争议

进化论诞生一个半世纪以来，所经历的争论之长久和激烈，对自然科学和人类社会影响之深广，是科学史上从未有过的[④]。进化理论在探索与争论中不断发展。进化理论探索和争论的部分热点包括：探讨自然是否在生物的不同组织层次上起作用，现代综合论（the modern synthesis）中基于种群遗传学上的小进化模式是否可以解释种形成（speciation）和高级分类群起源等大进化现象，分子进化中性论是否与自然选择学说对立，协同进化与红皇后假说强调物种生存环境中的生物学因素而忽略物理环境因素的现象，关于进化的内因——遗传系统内是否存在进化的驱动和导向机制，关于大突变是否存在驱动大进化的特殊机制。这些热点仍在争论中不断探索和发展[⑤]。

---

① 沈银柱.进化生物学［M］.北京：高等教育出版社，2002：10.

② 张昀.生物进化（重排版）［M］.北京：北京大学出版社，1998：38.

③ 郝家胜.生物进化研究的回顾与展望［J］.微体古生物学报，2003（3）：325-332.

④ 张昀.进化论的新争论与认识论问题［J］.北京大学学报（哲学与社会科学版），1991（2）：104-112.

⑤ 张昀.生物进化理论：近期探索和争论的若干热点［J］.科学通报，1997（22）：2353-2360.

二、"树式思维"与进化树概述

（一）"树式思维"概述

为了解释"树式思维"，鸟类学家与进化生物学家奥哈拉使用历史的研究方式进行类比。在历史研究的领域中，编年史与叙事这两个概念被区分开来。其中，编年史是指按照时间的先后顺序将历史事件罗列出来。例如，一个 20 世纪的编年史中：德国入侵波兰，接着英国向德国宣战。相比之下，记事是指这些历史事件怎么发生，以及为什么发生的故事或者解释。例如，上一个例子对应的记事为：英国向德国宣战是因为德国入侵了波兰。叙事是基于编年史的而且记事必须与编年史保持一致。如果德国当时没有入侵波兰，那么陈述英国向德国宣战是因为德国入侵了波兰就不合理。奥哈拉将上述历史研究中的两个概念应用到了进化生物学，他主张我们关于生物体及其性状的故事或解释是进化生物学里的叙事。在历史研究的领域，这些解释性的叙事是基于其编年史的。这里生物体进化的编年史是以系统发育树的形式来呈现的。系统发育树也称进化树，是一种描绘生物各分类单元之间进化关系的图表。因此，进化的解释必须依赖系统发育树。这些树记录了生物进化的历史事件，为进化的叙事提供了支柱。系统发育树上主要描绘了两种类型的进化事件：一种是物种形成的事件，在这次事件中一个物种分裂为两个物种；另一种是进化的新奇性，即新的性状或者修改后的性状的出现。①

"树式思维"在进化研究中非常关键，因为它提供了一个可证伪的一组关于进化历史的假设，又反过来变成了所有进化故事可能基于的基础。在某种程度上，关于某种特征的功能的任何假设都涉及对该特征的解释性叙事。例如，女性进化得较男性在配偶的选择上更为挑剔，这是由于她们在后代身上投入的能量比男性多得多。叙事必须基于对所描述事件的了解。例如，人类女性确实进化出了这一特征。正如奥哈拉所言"虽然听起来很琐碎，但在解释从 A 到 B 的变化之前，人们通常需要知道 A"②。这一简单的步骤可以防止人们在虚假的编年史上建立叙事。③

---

① ② O' HARA R J. Homage to Clio, or, toward an historical philosophy for evolutionary biology [J]. Systematic Zoology, 1988（37）：142–155.

③ GOSLING, S D, GRAYBEAL, A. Tree Thinking: A New Paradigm for Integrating Comparative Data in Psychology [J]. The Journal of General Psychology, 2007, 134（2）：259–277.

（二）进化树的定义及其价值

进化树源自 1837 年达尔文（Darwin）所绘制的手稿（图 3-1）。达尔文以树状图的形式试图描绘出生物多样性与物种间的关联，认为物种随着时间进化的过程可以由一个分支过程来表述。在该过程中，一个物种可以分裂成两个或者更多个明显不同的子物种，然后这些子物种作为不同的进化单位，直到其中一个或全部再次分裂。这个分支过程不断地进行，产生越来越多的分支。这个能表述物种进化的分支过程就称为系统发生树（phylogenetic tree），又称进化树（evolutionary tree）。[①]

具体来讲，一组生物的进化有两种主要过程，一种是前进进化（anagenesis），即在单一谱系中发生的性状的进化改变；另一种是分支进化（cladogenesis），即一个谱系分成两个甚至是多个衍生谱系。继分支进化之后，各个谱系所发生的前进进化致使它们彼此之间更加不同。进化树是对所推断的分支进化历史的一种展示，即展现祖先谱系分支形成各种各样的后代谱系的历史。[②]

简而言之，进化树又称系统发育树，是一种描绘生物分类单元之间的亲缘关系及其进化历程的树状图。这里的分类单元常指物种或物种内部的不同种群，现在常被生物学家广泛用于描述生物在分子、细胞等层面上的差异程度、进化历程，以及亲缘关系等。[③] 进化树是学习生命的起源与生物的进化的重要工具，"树式思维"能力是指读懂进化树的能力。

共同祖先学说是达尔文进化论的重要内容，即地球上所有的生物来源于共同的祖先。基于这个观点，可以尝试建立一棵能够囊括地球上所有生物的进化树。例如，达尔文在 1858 年出版的著名著作《物种起源》中试图重建物种祖先—后代关系的系统发生史（图 3-2）。基于所有生物都来自共同祖先这一基本观点，系统进化生物学尝试将所有的物种通过合理的等级系统进行归类，从而重建生物的系统发生历史[④]。生命树（tree of life）是一棵可以代表所有物种从一个共同祖先节点开始的进化历史树。[⑤] 早期建立的、影响力较大的生命树是德国博物学家海克尔（Haeckel）的生命之树（图 3-3）。建立生命树的理论价值在于：一棵完全的生命树（universal tree of life）对生物学的基础意义不亚于元素周期表对化学的意义，但是一棵完全的生命树比元素周期表的规模要大得多而且也复

---

① ⑤ 巴顿，布里格斯，艾森，等.进化［M］.宿兵，等，译.北京：科学出版社，2010.

② FUTUYMA.生物进化：第三版［M］.葛颂，等，译.北京：高等教育出版社，2016：24-25.

③ WILEY E O. Why trees are important［J］. Evolution：Education and Outreach, 2010,3（4）：499-505.

④ 郝家胜.生物进化研究的回顾与展望［J］.微体古生物学报，2003（3）：325-332.

杂得多。①

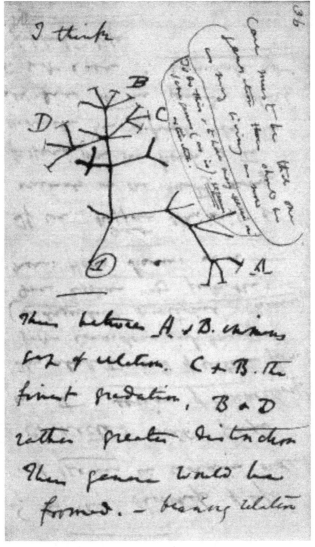

图3-1　1837年达尔文描绘物种亲缘关系的手稿②

　　进化树是共同祖先学说的最直接体现，是理解生物进化的核心工具。学者奥哈拉曾言"所有学习生物知识的学生都必须能读懂进化树，就像所有学习地理

---

　　① 谢强，卜文俊.进化生物学［M］.北京：高等教育出版社，2010.

　　② http://darwin-online.org.uk/manuscripts.html.

知识的学生都必须能读懂刻度尺一样[①]。进化树可表达物种的进化历程、物种之间的亲缘关系，以及物种的性状、各物种在整个历史进化历程中对应时间的尺度等。因此，进化树作为学习生命的起源与生物的进化的重要工具，对学生理解生物进化至关重要。例如，生物的进化经历了漫长的历史，国内外学者都意识到学习者很难从整个生物进化的历史长河的视角，对某动植物类群的起源与演变形成整体的把握与直观的感知。这样不利于生物进化内容的教学，以及相关知识的普及。古生物学研究者认为，若想对某动植物类群演替的地质时间在整个历史中形成整体感知，需要一个直观形象的"地质标尺"，在此标尺上标注主要动植物类群的进化。这样清晰、简洁地表达生物进化历程的工具使生物进化的知识更易于掌握[②]。

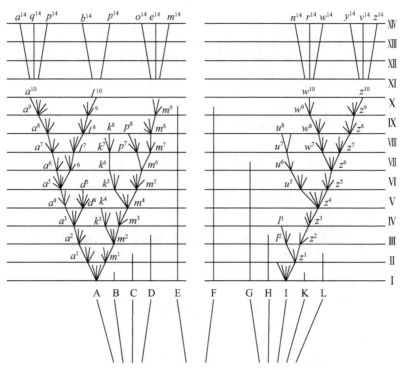

图3-2　达尔文试图重建物种祖先—后代关系的系统发生史

---

① O'HARA R J. Population thinking and tree thinking in systematics[J]. Zoologica Scripta, 1997, 26(4): 323–329.

② 张尚智. "标准人体"与生物进化模型的构建[J]. 生物学通报, 2008（8）: 14–16.

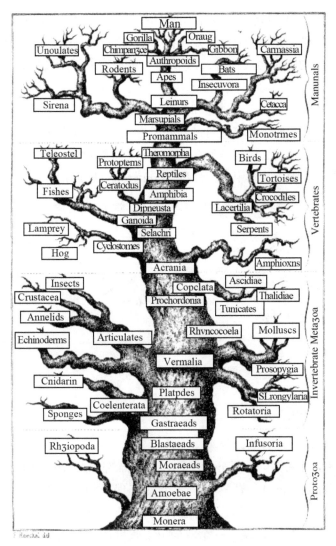

图3-3　海克尔绘制的生命之树①

（三）进化树的构成

常见的进化树一般由末端节点（tips）、内节点（internal nodes）、分支（branches）和树根（root）组成②。进化树中的每个末端节点与内节点均表示一

① HAECKEL E H. Anthropogenie［M］. Leipzig，Germany：W. Engelmann，1874.

② GREGORY T R. Understanding evolutionary trees［J］. Evolution：Education and Outreach，2008,1(2)：121-137.

个分类单元（taxon），是生物分类的基本单位，常指物种（species）。图3-4是一个典型的进化树，其每个末端节点与内节点均表示物种。其中，末端节点甲、乙、丙、丁、戊均表示当代物种，内节点 A 表示物种丁与戊的最近共同祖先，内节点 B 表示物种丙、丁与戊的最近共同祖先；分支是指连接两个节点之间的线段，它的连接模式表达了物种之间的亲缘关系；树根表示此进化树中所示物种的共同祖先。物种丁与戊共享最近的共同祖先 A，此共同祖先并不被其他物种所共享，则称物种丁与戊为"姐妹群"（sister taxa）。物种甲与其他 4 个物种所共享的共同祖先最远，则称物种甲为"外群"（outgroup taxon）。

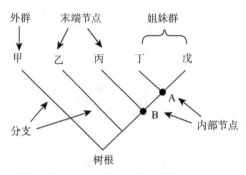

图3-4　进化树的组成部分

（四）进化树的主要分类

1. 按进化树属性进行的分类[①]

进化树按自身属性可主要分为 3 种：①仅描绘分支顺序（Branching order）的分支图（Cladograms）（图 3-4）。这类图在保证分支顺序不变的情况下有多种表达方式，其分支的长度不传达任何信息。②带有比例尺的系统发生图（Phylograms）。这类图呈现了一个对应分支长度的比例尺，其分支长度可表示物种的进化时间或物种之间的差异程度。③带有物种多样性、地理分布或生态特征的图。与前两种图不同，这类图并不常用于呈现具体物种的分支顺序，而是呈现以化石数据和其他信息为依据而构建的大规模的进化树，用以概述一个谱系的历史。以上 3 种类型的进化树中，带有比例尺的系统发生树和带有物种多样性、地理分布的进化树的呈现形式较为复杂，适用于生物学家用来表达与交流科研成果。

① GREGORY T R. Understanding evolutionary trees[J]. Evolution：Education and Outreach, 2008, 1(2)：121-137.

2. 按进化树拓扑结构进行的分类

进化树的拓扑结构是指将生命进化历程中的物种抽象为点，通过点与线的连接模式来呈现物种间的进化历程及其亲缘关系。依据进化树的形状可将其分为对角线树（Diagonal tree）（图 3-5a）、矩形树（Rectangular tree）（图 3-5b）、环形树（Circle tree）（图 3-5c）[①]。其中，对角线树可通过旋转内节点而表现出"阶梯式"（Ladderized）或"非阶梯式"（Nonladderized）。"非阶梯式"进化树如图 3-5（a-1）所示；"阶梯式"进化树如图 3-5（a-2）、图 3-5（a-3）所示。

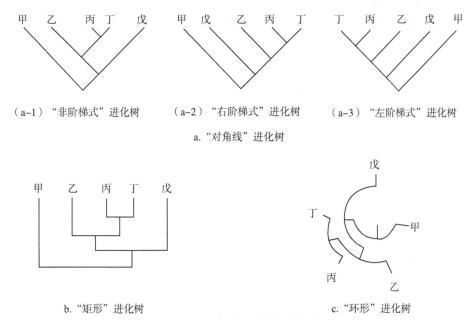

（a-1）"非阶梯式"进化树　　（a-2）"右阶梯式"进化树　　（a-3）"左阶梯式"进化树

a. "对角线"进化树

b. "矩形"进化树　　　　　　　　　　　　c. "环形"进化树

图3-5　进化树常见的拓扑结构

根据与树根直接相连的两条分支上分布的物种数量可将进化树分为"平衡树"（Balanced trees）和"不平衡树"（Unbalanced trees）。其中，不平衡树较为常见，例如图 3-5 的所有进化树，其与树根直接相连的两条分支所分布的物种数量并不相同；平衡树较为少见，例如图 3-6，其与树根直接相连的两条分支所分布的物种数量相同。[②]

---

① HALVERSON K L, PIRES C J, ABELL S K. Exploring the complexity of tree thinking expertise in an undergraduate systematics course［J］. Science Education, 2011, 95（5）：794-823.

② GREGORY T R. Understanding evolutionary trees［J］. Evolution：Education and Outreach, 2008, 1（2）：121-137.

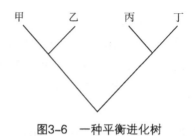

图3-6　一种平衡进化树

3. 按进化树是否有树根进行的分类

进化树根据树根的有无可分为有根树和无根树[1]。有根树较为常见，是一种具有树根的进化树，其从树根到末端节点的方向表示进化的历程。无根树是指不具有树根的进化树，例如图3-7。由于无根树不确定其树根的位置故无法确认共同祖先，进而无法体现从共同祖先到当代物种的进化历程。

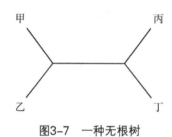

图3-7　一种无根树

三、进化树知识框架体系MUET模型

前人的研究表明，学生对进化树存在迷思概念可能与进化树自身的复杂性、解读进化树时格式塔视觉识别原则中连续性原则、空间邻近原则等知觉因素的使用、学生已有的知识和经验等进化树概念方面的因素，以及进化树教学方面的因素等相关。其中，在进化树教学方面，教科书中进化树的使用及其表达方式、教学对宏进化的忽视，以及教师的教学方法等因素可能是影响学生形成进化树迷思概念的原因。学者孔（Kong）等人认为进化树教学资源很少从专业生物学家的角度来介绍进化树的使用。如果从专业生物学家的角度来学习如何使用进化树不仅可以促进学生对进化树的理解，还可能从根本上避免学生形成进化树迷思概念。

---

[1] KONG Y, ANDERSON T, PELAEZ N. How to identify and interpret evolutionary tree diagrams [J]. Journal of Biological Education, 2016, 50（4）: 395-406.

　　由于与进化树相关的教学资源很少从专业生物学家的角度来介绍进化树的使用，而体现专业生物学家关于进化树的研究报告、研究论文等又不适用于 K-14 阶段的学生。学者孔（Kong）等人基于专业生物学家在 2012—2013 年在权威期刊《科学》杂志上所发表的研究论文，构建了一种适用于 K-14 阶段的进化树教学模型——"树式思维" MUET 模型（图 3-8）[①]。该模型较为全面地列出了系统掌握"树式思维"能力所必备的四大知识模块并展现了各模块之间的联系。这四大知识模块分别是：构建进化树所需要的数据资源、构建进化树常用的几种科学方法、进化树的表现形式、理解进化树所必须的树式推理。MUET 模型中的箭头体现了专业生物学家在使用进化树时所体现的四大知识模块之间的联系，即采集与构建进化树相关的数据资源，然后通过常用的科学方法来构建进化树，再基于所构建的进化树以进化树的表现形式来呈现，依据进化树的表现形式来体现该进化树所涉及的树式推理。

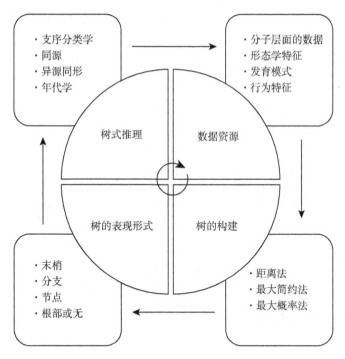

图3-8　"树式思维" A Model of the Use of Evolutionary Trees（MUET）模型[②]

　　①② KONG Y, THAWANI A, ANDERSON T, et al. A Model of the Use of Evolutionary Trees（MUET）to inform K-14 biology education [J]. The American Biology Teacher, 2017, 79（2）: 81-90.

（一）构建进化树所需的数据资源

"数据资源"（Data Sources）是指构建进化树所需的数据资源。这些数据资源包括物种在分子层面的数据、物种的形态学特征、物种的发育模式，以及物种的行为特征。其中，分子数据包括物种的 DNA、RNA 序列等各种分子层面的数据特征。值得注意的是，物种的形态学特征仅限于同源相似的形态学特征，非同源相似的形态学特征不能作为构建进化树的数据资源。另外，物种的行为特征仅限于先天性行为特征，后天性行为特征不能作为构建进化树的数据资源。

（二）构建进化树常用的科学方法

"树的构建"（construction of trees）是指将所收集的数据运用一定的科学方法构建进化树。常用的科学方法有基于距离的方法（distance-based methods）、最大简约法（maximum parsimony）、最大似然法（maximum likelihood）。其中，基于距离的方法主要有邻接法（neighbor-joining）和非加权平均分组法 UPGMA（unweighted pair-group method with arithmetic means，UPGMA），这两种方法是根据一定的假设得出进化树上各分类单元之间的进化距离，构建一个进化距离矩阵，然后根据这个矩阵中的进化距离关系构建进化树。

最大简约法是依据简约性原则来构建进化树的一种方法，是构建进化树最简单的方法。所有我们画出来的表示一组物种的系统发生的树都是一个假说，而且仅是很多可能的假说中的一个。最大简约法依据的原则是，在针对一组分类群所能想象出来的所有系统发生树中，最接近真实系统发生的树就是所要求的进化改变数最少的那棵系统发生树。[1]

最大似然法是一种著名的统计学方法，需要具有较好的统计学理论基础，即已知某随机样本满足某种概率分布，通过若干次实验推出参数的大概值，由于此参数能使该样本出现的概率最大，将此参数作为估计的真实值。该方法与贝叶斯法（Bayesian method）是目前使用分子数据构建进化树时最广泛使用的方法。[2]

（三）进化树的表现形式

"树的表现形式"（Representation of Trees）是指进化树作为一种视觉表征的表现形式，一般由末梢、分支、节点和根部（或无根）组成。其中，节点表示一个分类单元，即生物分类的基本单元，常指物种；分支是指连接两个节点

---

① FUTUYMA. 生物进化：第 3 版［M］. 葛颂，等，译. 北京：高等教育出版社，2016：29-31.

② FUTUYMA. 生物进化：第 3 版［M］. 葛颂，等，译. 北京：高等教育出版社，2016：35-37.

之间的线段，它的连接模式表达了物种之间的亲缘关系；末梢是指末端节点，代表当代物种；不在末梢的节点为内节点，内节点表示与之相连的两个末梢所代表的当代物种的最近共同祖先；树的根部表示此进化树中所示的所有物种的共同祖先。

（四）正确解读进化树所需的树式推理能力

"树式推理"（reasoning with trees）是指对进化树的解读，包括理解、掌握进化树所涉及的支序分类学（cladistics）、同源（homology）、异源同形（homoplasy）、年代学（chronology）等知识。[①] 支序分类学是生物学中对生物有机体的进化史做出假设常用的一种方法。具体来讲，支序分类学使用"同源性状"（synapomorphy）来推断生物有机体在生物史上的谱系历史。简约原则是生物学家使用支序分类学常遵循的原则。

在 K–14 阶段的教学中，支序分类学被简单定义为一种对生物有机体进行分类的方法，这个分类是基于生物体是否从他们所共享的最近共同祖先那里继承了共享的共同特征。例如，如果一个进化树是基于同源性状来显示物种谱系的分歧，这就意味着这个进化树使用了支序分类学。如果进化树在构建时并未使用同源性状，那么这个进化树就被认为并未使用支序分类学。

同源是指遗传于同一祖先的性状一组生物有机体的性状。这些性状被称为同源性状，可以是继承于同一祖先的分子、形态学、行为等方面的特征。同源涉及从历史本质方面理解生物现象的推理。例如，所有的进化树均表现了同源性，因为共享由同一共同祖先遗传而来的性状的物种在进化树上被聚为一束。

异源同形是指共享相似的性状，但是这些性状相似的原因并不是因为遗传于其所共享的最近共同祖先。例如，进化树上两个物种显示了相同的性状，但是这两个相同的性状是遗传于不同的谱系，这个进化树就显示了异源同形。协同进化可以解释异源同形的发生。

年代学是指将事件按照其发生的顺序进行排列的科学。例如，有根树因其根部显示了最远的共同祖先而显示了年代学。而无根树并未指出树上所有物种最远的共同祖先，因此无根树并未显示完整的年代学或其年代学并未清晰显示。

---

① KONG Y, THAWANI A, ANDERSON T, et al. A Model of the Use of Evolutionary Trees（MUET）to inform K–14 biology education［J］. The American Biology Teacher, 2017, 79（2）: 81–90.

四、迷思概念概述

（一）相关概念界定

1. 前概念

关于前概念，学者各自持有不同的观点。最早有学者主张用"错误概念"来代表"前概念"，许多学者都认同这个观点，它是指"对事物含糊的、不完善的或者是错误的理解"，是与科学概念不一致的概念。然而，"错误"一词带有消极的心理暗示倾向，不利于全面地了解学习者已有概念。之后，又有学者提出了"相异概念"的说法，是指"学习者对一系列可理解的自然现象和物体建构了基于经验的解释"，这一说法体现了对学习者自身经验上的认可和智力层面上的尊重。① 我国学者李高峰和刘恩山认为，前概念的术语可以根据研究的不同分为两大类。一类是"以科学知识为依据的术语"（nomothetic terms），评价标准为学生拥有的知识与当前科学的认识并不一致。这类研究运用的术语有谬误（errors）、错误（mistakes）、错误概念（misconceptions）、错误理解（misunderstandings）、朴素概念（naïve conceptions）、前科学概念（prescientific conceptions）、前概念（preconceptions）、迷信认识（superstitious beliefs）等；另一类是"以自我描述为依据的术语"（idiographic terms）。学生按其自己的术语描述其对自然物质和事物的理解，此类研究主要关注学生个体的解释以揭示其普遍特征。这类术语有对现实的个人模型（personal models of reality）、相异概念（alternative conceptions）、相异构架（alternative frameworks）、发展中概念（developing conceptions）、儿童科学（children's science）、直觉认识（intuitive beliefs）、常识理论（common sense theories）等②。

2. 迷思概念

迷思概念是我国台湾学者对英文 misconceptions 的直译。③ 由于学者对迷思概念有着不同的理解，目前尚未形成对迷思概念的统一认识。学者对迷思概念的理解可以归纳为两种。一种是狭义的定义，认为迷思概念是与科学概念相对的

---

① WANDERSEE J H, MINTZES J J, NOVAK J D. Research on alternative conceptions in science ［M］// Handbook Of Research on Science Teaching and Learning. Macmillan Publishing Company，1994：177–210.

② 李高峰，刘恩山."前科学概念"的术语和定义的综述［J］.宁波大学学报（教育科学版），2006（6）：43–45.

③ 李雁冰，刁彭成.科学教育中"迷思概念"初探［J］.全球教育展望，2006，35（5）：65–68.

概念，用来形容学生所拥有的不正确的想法，这种定义完全否定学生的想法。这类迷思概念也可称为错误的前概念。另一种是广义的定义，认为迷思概念也称前概念（preconception）、朴素信念（naive beliefs）或另有概念（alternative conceptions）等，用来形容学生有局限的、不完整的、不同于一般所公认的科学概念，这种定义并不完全否定学生的想法。[①] 本文的进化树迷思概念特指解读进化树时体现出的错误观念，即采用迷思概念的狭义定义。

（二）迷思概念的特征

蔡铁权等人在 2009 年出版的专著《概念转变的科学教学》中罗列了 1985—2006 年各学者对迷思概念特征的描述。结合近几年期刊论文中关于迷思概念特征的描述 [②③]，可将迷思概念的主要特征归纳为以下 7 点。

1. 普遍性

单一或少数迷思概念具有普遍性，可以跨越年龄、种族、性别、文化和国籍，即不同年龄、不同种族、不同性别、不同文化背景，以及不同国籍的人们可能存在相同的迷思概念。例如，一些最基本的科学常识的迷思概念不只存在于儿童，也存在于许多成人。

2. 经验性与个人性

由于迷思概念是在人们日常生活经验中生成的，是基于经验而不是科学逻辑推论，因此可以说经验性是迷思概念最本质的特征。几乎所有的迷思概念都具备此特征。另外，由于迷思概念的想法是个人的，属于个人特有，是学习者将信息内化，用自己的经验来建构事物的意义，因此迷思概念也具有较强的个人性。同一个迷思概念对不同人的意义和价值可能完全不同。

3. 稳定性与顽固性

迷思概念往往是在个人生活史上经过长时期的经验积累而形成的。这些迷思概念一旦形成就有较大的稳定性且能广泛迁移。这使有些迷思概念根深蒂固，即使通过教学也难以改变。学生会排斥正式的科学概念，倾向于以其既有的想法来解释科学概念，或者先接受正式的科学概念，但是在经过一段时间后，先前所接受的想法出现倒退的现象。因为学生对于学习到的概念，常常以自己的内在框架或是信仰系统加以诠释，而出现相当稳定且一致的结果。

---

① 蔡铁权，姜旭英，胡玫.概念转变的科学教学［M］.北京：教育科学出版社，2009，62-63.

② 郑挺谊.化学学习中前概念的解构与转化策略［J］.教学与管理，2014（13）：63.

③ 于海波.如何打造一堂好课——基于前科学概念、课堂水平分层与教学时间观的思考［J］.天津师范大学学报（基础教育版），2013，14（1）：26.

4. 不稳定性

学生利用多重概念来了解现象，而多重概念是由于情境的特征形成的。学生将概念应用于不同的现象上是相当不稳定的，可能会导致原始概念与高阶的概念共存，进而形成对现象思考上的误导因素。这使在面对同样的问题时，学生会因其所处的情境不同而有不同的解释，因此学生的迷思概念的想法有时并不一致。这些迷思容易出现，也容易抛弃。

5. 发展性

迷思概念是在概念发展或概念学习中出现的，是动态发展的。有些迷思概念具有很强的年龄特征，随着年龄或经验的增长，对同一个概念认知的内容和程度皆不相同，并且可能随着年龄的增长，这部分迷思概念会自然消失。而有些迷思概念具有很强的时空特征，随着历史变迁和空间转移也会消失。

6. 隐蔽性与不完整性

由于迷思概念在日常生活中形成，而日常生活经验又具有弥散性、暗默性等特点，使迷思概念具有隐蔽性的特点，既不知何以形成，又不知如何表现出来。另外，在进行迷思概念的访谈调查中，由于受访者对问题思考不周全，使其回答不够完整，体现出来的迷思概念往往不是体系完整的知识框架。

7. 其他特征

有学者指出迷思概念还具有思考性、差异性等特点。具体来讲，迷思概念的形成原因有思考结果的方式、直觉、错误的类比、不正确的推理，以及不成熟的运算等，但是这些原因都含有概念思考的成分。迷思概念不同于正统的、科学家的观点，即迷思概念与专家概念存在着差异。

（三）迷思概念的成因

蔡铁权等人在 2009 年出版的专著《概念转变的科学教学》中罗列了 1982—2006 年各位学者对迷思概念的成因及其来源的描述，并将迷思概念产生的主要原因归纳为学生自身的个人因素、社会文化因素、教师与教科书因素。本文在此分类的基础上从认知因素、迷思概念的来源两个维度对迷思概念的成因进一步归纳。其中，关于迷思概念的来源的分类主要参考李雁冰和刁彭成[①]的分类并在此基础上对各迷思概念的来源进一步补充。

学生迷思概念产生的原因有以下 4 点：对生活经验的错误认知、对生物学概念的片面理解、被媒体和他人信息的误导、由教学因素导致的误解[②]。

---

① 李雁冰，刁彭成.科学教育中"迷思概念"初探［J］.全球教育展望，2006，35（5）：65-68.

② 邓辉.核心素养背景下生物学前概念成因和转化对策［J］.中学生物学，2018，34（7）：70-71.

学生头脑中之所以会产生迷思概念，主要有以下 4 方面的原因：第一，受到错误的前概念干扰；第二，受类比定式的影响；第三，受相近概念混淆的影响；第四，受教学维度单一化的影响[①]。

1. 认知因素

学者指出神经或基因、大脑内部构造、生理构造等是形成迷思概念的基本条件，迷思概念存在于学习者的认知结构中。德瑞弗 1985 年提出了 6 方面的认知因素[②]。①知觉支配思考：在问题情境下，学生的思考建立在可观察的特征上，比如感官的印象；②限制性的聚焦：在问题的情境下，学生的注意力集中在特别的知觉特征上；③变化胜于稳定：属于限制性聚焦的一种，学生注意事件的连续或状态时间的变化；④线性因果推理：当学生的解释变化时，他们的推理倾向于遵循一个线性的因果关系；⑤相混淆的概念：有些概念，学生使用时无法区分且相互混淆，倾向于更具总括性与全面性；⑥概念依赖情境：学生用不同的概念去诠释同一个状况，即不一致概念引入相同情境。

2. 迷思概念的来源

（1）已有的知识和日常生活经验。学生已有的知识以及日常生活的经验是迷思概念的主要来源。已有的知识是指个体的知识结构，主要指个人知识的不足、缺乏学科相关知识。这里的经验不仅包括个体直接的实际经验、日常经验的观察，还包括被许多人普遍分享的一定经验。

（2）事物本身的特征。受事物表面或者明显特征的影响也会产生迷思概念。例如，古代寓言《两小儿辩日》中两名儿童对于太阳距离地球远近的争辩，月亮会跟着人走，从同一高度落下的两个物体中相对较重的物体会先着地，等等。诸如此类的迷思概念是由于受事物表面特征的影响而形成的。

（3）社会文化因素。社会文化因素是指社会的日常用语、同伴所认同及鼓励的信念和看法、个体所处的文化背景、来自同一领域中在早期被接受的观点，以及大众媒体的误导，等等。其中，文化背景因素包括种族、民族、地域、习俗、宗教信仰等方面。例如，不同宗教信仰的人们对人类的起源具有不同的看法和理解。大众媒体主要有电视、广播、互联网、报刊等，这些也是迷思概念产生和传播的重要渠道。

（4）教师与教学的因素。教师与教学方面的因素包括教科书的内容、教师的

---

① 马功平. 一咏三叹 且行且思——高中物理概念迷失现象及教学策略 [J]. 教学月刊·中学版（教学参考），2013（9）：34–35.

② 蔡铁权，姜旭英，胡玫. 概念转变的科学教学 [M]. 北京：教育科学出版社，2009：68–72.

教学过程、其他正式或非正式的教学等。其中，教师的教学对学生学习的影响较大，主要包括教师自身对科学概念存在迷思概念、教师过分强调讲述法、教师对儿童迷思概念缺乏意识和兴趣等。

五、概念转变的基本理论和教学策略

研究者从不同的角度研究概念转变，对概念转变的理解不尽相同，主流的观点认为概念转变（Conceptual change）是对已有知识的主要重构（major restructuring）。[①] 本研究采用蔡铁权等人对概念转变的理解，认为概念转变是学习过程中新、旧经验相互作用的过程，是新经验对已有经验的改造与重构的过程。[②] 下面将从不同的研究视角对各种概念转变理论和模型进行具体介绍。

（一）概念转变基本理论

1. 基于认识论的概念转变理论

波斯纳（Posoner）提出了一种基于认识论的概念转变理论（Conceptual Change Model，CCM）[③]，是科学概念转变研究中最著名的理论，后经过诸多研究者加以改进、应用。这个模型将学习者的认知框架描述为概念生态及内部连结的关系。他们理论基础有库恩（Kuhn）的范式观点、皮亚杰（Piaget）的认知建构主义理论和奥苏贝尔（Ausubel）的认知同化学习理论。[④] 具体来讲，此概念转变理论将科学的革命结构过程中，新范式出现取代旧范式的过程看作是学生在学习科学概念时放弃原有概念而接受新概念的过程，这个过程即为概念转变。概念的转变通过同化与顺应两种方式进行。其中，同化是指学生利用已有的概念来处理新的现象与问题；顺应是指学生原有的概念不足以用于处理新的现象与问题，必须取代或重新整理其中心思想，从根本上发生概念转变。这里顺应的观点较为接近波斯纳（Posoner）等人对概念转变的定义。基于奥苏贝尔的主张，有意义学习发生的条件需满足两个条件：其一，学习者了解所学的东西与他的认知结构之间的关系；其二，新旧知识之间存在着非人为的联系。这两个条件是学习者发生

① SCHNOTZ W, VOSNIADOU S, CARRETERO N. New perspectives on conceptual change [M]. New York: Elsevier Science Ltd, 1999, 263.

② 蔡铁权, 姜旭英, 胡玫. 概念转变的科学教学 [M]. 北京: 教育科学出版社, 2009.

③ POSNER G J, STRIKE K A, HEWSON P W, et al. Accommodation of a scientific conception: Toward a theory of conceptual change [J]. Science Education, 1982, 66 (2): 211–227.

④ 胡卫平, 刘建伟. 概念转变模型: 理论基础、主要内容、发展与修正 [J]. 学科教育, 2004 (12): 34–38.

概念转变的前提条件。

波斯纳（Posoner）等人的概念转变理论认为学习者发生顺应新概念的学习过程需要具备4个条件[1]：①对原有概念的不满（dissatisfied），这是概念转变的首要条件。当个体面对原有概念无法解释的事实时，可以引发认知冲突，从而有效地导致个体对原有概念的不满。②新概念的可理解性（intelligibility），即概念的内涵清楚、不矛盾，能够为学生所理解。这里的理解不仅仅包括字面上的理解，还包括联系新概念的各个片段，建立整体一致的表征。③新概念的合理性（plausibility），即在学生能够明确概念的内涵的基础上，能够发现概念是可信的、能够接受的。具体表现为新概念与个体所接受的其他概念、理论或知识，个体的经验、信念、直觉等保持一致。④新概念的有效性（fruitfulness），即概念能够帮助学习者解决其他途径所难以解决的问题，并且能够为个体展示新的可能和研究方向，具有启发意义。新概念具备有效性意味着个体将此概念当作时解释某问题的更好的途径。

上述学习者发生顺应新概念的4个必备条件中，学习者对现有概念的不满是概念转变的首要条件。当学习者对现有概念产生不满以后，进而提供可替换的概念。如果此概念具有可理解性、合理性、有效性3个特点，就能发生顺应新概念的学习过程[2]。这里概念的可理解性、合理性、有效性之间密切相关，且其严格程度逐步上升，即个体意识到概念的可理解性是其意识到概念的合理性的前提，而意识到概念的合理性是其意识到概念的有效性的前提。亨森（Hewson）将概念的可理解性（intelligibility）、合理性（plausible）和有效性（fruitful）3个特点概括为概念的状态（conceptual status）[3]，认为学习者所处的概念的状态越高，即当学习者能够充分理解和应用新概念时，其发生从原有概念到新概念的概念转变的可能性就越高，但是此过程会受到原有概念状态的影响，新概念与原有概念两者之间存在着交互作用。另外，实现概念转变，还涉及学生的元认知，只有当学生意识到他们最初的元概念观转变为科学知识的元概念观时，他们才能够学习科学概念和原理[4]，即概念转变学习过程实质上是学生在自己已有知识的基础上，把外在的科学知识内化为自身内在的认知结构的过程，这是一个认知结构的创

[1] 蔡铁权，姜旭英，胡玫.概念转变的科学教学［M］.北京：教育科学出版社，2009.

[2] 高潇怡.促进学生科学概念转变的心理学研究进展与启示［J］.中国特殊教育，2009（2）：86-90.

[3] HEWSON P W. A conceptual change approach to learning science［J］. European Journal of Science Education, 1981, 3（4）：383-396.

[4] VOSNIADOU S, IOANNIDES C. From conceptual development to science education: A psychological point of view［J］. International Journal of Science Education, 1998, 20（10）：1213-1230.

新、建构的过程，也是一种高级的心智活动，这种心智活动需要元认知的统摄、调节和监控[①]。

为了描述概念转变的影响因素，波斯纳（Posner）等人借用了图尔明的"概念生态"（conceptual ecology）这一词汇。概念生态是指学生所拥有的概念形成一个环境，包含[②]：①反例（anomalies），即某概念所无法解释的事例，存在于概念生态中，是导致个体对原有概念不满的主要来源；②类比和隐喻（analogies and metaphors），其可以帮助学习者建立新旧知识经验之间的联系，使新的概念易于理解；③认识论信念（epistemological commitments），是指大多数知识领域里判断何种知识为成功解释的标准；④形而上的信念与概念（metaphysical beliefs and concepts），是指在科学观念里，关于宇宙具有秩序、对称，或是不混乱的信念，通常用于决定新概念是否被个体接受；⑤其他的知识（other knowledge），新的概念需要比与之竞争的概念或其他领域的知识具有更多的发展前途。概念生态是概念转变的影响因素，决定了个体是否愿意改变原有的概念而接受新的概念。在1992年，史崔克（Strike）和波斯纳（Posner）对此理论进行了补充[③]：①认为将要发生转变的概念本身也是概念生态的组成部分，用以体现某个具体概念与个体的经验背景之间的相互作用；②动机因素也在概念生态中，包括学习动机、对某学科性质和价值的认识等。[④]

2. 基于本体论的概念转变理论

齐（Chi）等人提出了一种基于本体论的概念转变理论。该理论认为科学内容是主导概念转变过程的本质特征。他们将概念分为物质（matter）、过程（processes）和心智状态（mental states）3个基本类别，每个基本类别又分为若干的子类别，从而构成了三棵"本体论树"（ontological categories tree）。齐（Chi）和罗斯克（Roscoe）将概念转变理解为迷思概念的修正过程，学生必须识别出错误的概念并进行修正。基于这种观点，迷思概念属于概念的错误分类，概念转变

① 袁维新. 概念转变学习的内在机制探析［J］. 教育研究与实验，2003（2）：49-54.

② 蔡铁权，姜旭英，胡玫. 概念转变的科学教学［M］. 北京：教育科学出版社，2009.

③ STRIKE K A, POSNER G J A revisionist theory of conceptual change［G］/DUSCHL R A, HAMILTON R J. Philosophy of science, cognitive psychology, and educational theory and practice. Albany, NY：State University of New York Press, 1992：147-176.

④ 胡卫平，刘建伟. 概念转变模型：理论基础、主要内容、发展与修正［J］. 学科教育，2004（12）：34-38.

是概念的重新分配，使其处于合适的类别下的过程。[①] 在这个过程中，具有非科学概念的学生需要改变他们看待概念的方式，概念所属的本体论范畴也必须由非科学范畴转变为科学正确范畴 [②]。

齐（Chi）等人将概念转变分为本体类别内的概念转变与跨越本体类别间的概念转变。本体类别内的概念转变是指概念转变的发生于同一本体论树内概念上下的转变，这种概念转变并不需要改变本体论树，学习者只需要将原有知识的属性改变成其他正确的属性即可完成概念转变，属于轻微的概念转变（weak conceptual change）；跨越本体类别间的概念转变，是指概念转变需跨越不同的本体论树，即发生了根本意义上的概念转变（radical conceptual change）。[③] 发生根本的概念转变必须经历 3 个步骤：①通过学习获得的过程，学习到新的本体分类方式；②通过学习获得的过程，学习到个别概念的意义；③将概念重新指派到新的本体分类方式上。[④]

3. 基于朴素理论的概念转变理论

弗斯莱特（Vosniadou）提出了一种基于朴素理论的概念转变理论。[⑤] 该理论认为，概念根植于对它们起约束作用的更大的理论结构中，理论结构包括理论框架（framework theory）和特定理论（specific theory）。其中，理论框架包含本体论和认识论的前提，从婴儿期的朴素理论发展而来；特定理论包含信念（beliefs）与心理模型（mental models），受理论框架的约束在特定的问题情境中生成，具有动态性。当学习者在包含错误的本体论和认识论前提的框架理论下吸收新的信息，将会导致错误的概念。[⑥] 因此，该理论将概念转变的类型分为两类：一是"丰富"（enrichment），在原有的理论结构下吸收新信息；二是"修正"（revision），包括修正特定理论与修正理论框架。其中，特定理论较容易改

① CHI M T H, ROSCOE R D. The process and challenges of conceptual change［M］// M. Limon and L.Mason（Eds.）. "Reconsidering conceptual change：Issues in theory and practice". Dordrecht：Kluwer, 2002：3–27.

② CHI M T H, SLOTTA J D, DE LEEUW N. From things to processes：A theory of conceptual change for learning science concepts［J］. Learning and Instruction, 1994, 4（1）：27–43.

③ LIMON M, MASON L. Reconsidering conceptual change：Issues in theory and practice［M］. Norwell：Kluer Academic Publishers, 2002：3–27.

④ 蔡铁权，姜旭英，胡玫. 概念转变的科学教学［M］.北京：教育科学出版社，2009.

⑤ VOSNIADOU S, BREWER W. Theories of Knowledge Restructuring in Development［J］. Review of Educational Research, 1987, 57（1）：51–67.

⑥ 吴娴，罗星凯，辛涛.概念转变理论及其发展述评［J］.心理科学进展，2008（6）：880–886.

变，但是理论框架则较难改变。[①]具体来讲，在特定理论中，学生错误的心理模型可以被放弃，但其理论框架包含的本体论和认识论信念却很难被抛弃，因为它一般不为学习者所意识和检验。因此，概念转变需要促进学生的元概念意识（metaconceptual awareness），需要促进学习者对理论结构尤其是理论框架的意识和反思。仅挑战学生的错误概念或错误心理模型并不能引发根本的概念转变，应挑战在这些错误概念背后起约束作用的理论框架，挑战理论框架中认识论和本体论的前提才能引发根本的概念转变。[②]

4. 基于社会、情感的概念转变理论

平特里克（Pintrich）等人从社会、情感视角出发，批判只关注学生认知的概念转变模型太过理性，这些"冷"的概念转变模型只能解释来自实验室的研究结论，而不足以阐释真实课堂情境中发生的概念转变。由此，平特里克（Pintrich）等人呼吁重视情感、社会、动机等因素对学生的影响，提出要超越"冷"的概念转变，应将学习者的动机与课堂情境因素纳入概念转变的研究中，其中动机因素作为概念转变过程的中介，包含目标、价值观、自我效能感和控制信念；课堂情境因素在动机因素和概念转变之间起调节作用，包含任务结构、课堂权威和评价方式[③]。2003 年，辛纳特拉（Sinatra）和平特里克（Pintrich）又进一步提出"有意向的概念转变"（intentional conceptual change），其特征以概念转变为导向，包含学习者的元认知意识与监控、内部动机、意志控制和自我调节等非智力因素的参与[④]。

5. 多角度综合的视角

上述概念转变理论往往从单一的视角进行探讨，这使这些理论和模型具有一定的局限性，而全纳性（inclusive）的认识论观点不仅有助于理解发生在真

---

① VOSNIADOU S. Capturing and modeling the process of conceptual change [J]. Learning and Instruction (special issue), 1994, 4 (1): 45–69.

② VOSNIADOU S, IOANNIDES C. From conceptual development to science education: A psychological point of view [J]. International Journal of Science Education, 1998, 20 (10): 1213–1230.

③ PINTRICH P R, MARX R W, BOYLE R A. Beyond cold conceptual change: The role of motivational beliefs and classroom contextual factors in the process of conceptual change [J]. Review of Educational Research, 1993, 63 (2): 167–199.

④ PINTRICH P R, SINATRA G M. Future directions for theory and research on intentional conceptual change [M]// Sinatra G M, Pintrich P R, ed. Intentional conceptual change. NJ: Lawrence Erlbaum Association, 2003: 429–441.

实学习情境中的学习过程，而且能产生更有效的教学和学习环境①。例如，泰森（Tyson）等人综合了概念转变的相关研究，提出了"多维课堂概念转变框架"（multidimensional framework for conceptual change in classroom），该框架将概念转变机制概括为认知论（epistemology）、本体论（ontology）、与社会 / 情感（social/affective）3 种因素共同参与影响的过程。其中，本体论视角提供了检验学习者认识事物本质的方式，即学生在"看"外面的世界；认识论视角解释学习者如何感知到自己所研究事物的知识，即"审视"自己的知识；而社会 / 情感视角是指学习者学习时的态度和情感。该框架将概念转变的结果分为 3 种类型：知识的累积、具体概念的变化和概念框架的改变，指出实践中发现的成功案例一般是前 2 种变化，后一种较难发现②。依据波斯纳（Posner）等人的概念转变理论，知识的累积和具体概念的变化并不是真正意义上的概念转变。

（二）概念转变的教学模式

依据概念转变的教学模式中所使用的主要教学策略，以及这些教学模式的适用教学场景，可将概念转变的教学模式分为 4 类：①基于认知冲突的教学模式；②基于具体情境的教学模式；③基于建构主义的教学模式；④适用于概念转变教学的一般科学教学模式。

1. 基于认知冲突的教学模式

认知冲突是指学生原有认知结构与新现象之间存在一定的差异或矛盾，这些差异或矛盾不能通过同化的方式进行处理，是个体已有观点与新的问题情境相互矛盾而产生的一种认知的不平衡。这种认知不平衡要求学习者同化和顺应新知识，重构自己的认知结构。基于认知冲突的教学模式有纳斯鲍姆（Nussbaum）和诺维克（Novick）的三步教学模式、斯特拉特福德（Stratford）等人的四步教学模式、李（Lee）和科沃恩（Kwon）的认知冲突过程模型等。

（1）纳斯鲍姆和诺维克的三步教学模式。纳斯鲍姆和诺维克提出的概念转变三步教学模式包括③：①揭示和弄清学生已有的前科学概念。主要通过谈话法、实验法来发现学生的前概念或了解他们已有的观念；②引进与前科学概念相冲突的新概念，可以通过合作学习中的讨论、对话，利用特殊文本等来产生认知冲突；

---

① 高潇怡.促进学生科学概念转变的心理学研究进展与启示［J］.中国特殊教育，2009（2）：86-90.

② TYSON L M, VENVILLE G J, HARRISON A G, et al. A multidimensional framework for interpreting conceptual change events in the classroom［J］. Science Education，1997，81（4）：387-404.

③ NUSSBAUM J, NOVICK N. Alternative frameworks, conceptual conflict, and accommodation：Toward a principled teaching strategy［J］. Instructional Science，1982，11（3）：183-200.

③鼓励学生对新概念进行阐释并详细说明，并形成对有关问题的新的概念图式。

（2）斯特拉特福德等人的四步教学模式。斯特拉特福德等人提出的四步教学模式包括①：①学生尝试解释和描述他们的理解和认识；②学生通过分析、推理等方法重新构建理解和认识；③应用新的理解和认识，测试新的理解的合理性和有效性；④将现有认识与先前认识进行比较，阐述和证明自己的想法，帮助他人进行理解。

（3）李和科沃恩的认知冲突过程模型。李和科沃恩提出了认知冲突过程模型②。该模式基于两个假设：假设一，学生不同的特征（如元认知、学习动机等）将影响认知冲突的过程；假设二，对反例的感知、对认知冲突情境的重新评价、兴趣或焦虑等因素对学生的反应有强烈的影响。基于这两个假设，认知过程可分为初步阶段、冲突阶段和解决阶段。初步阶段是指学习者发生认知冲突之前的阶段。在该阶段学习者相信自己所拥有的概念是真的，即使教学者提供反例试图使学习者产生认知冲突，然而学习者尚未觉察到反例与自己所拥有的概念不能相容。当学习者对新概念产生疑惑时进入冲突阶段，在此阶段，学生会对现有概念和新概念进行对比与评价，评价会产生多种结果，若学生产生了焦虑、抵触等情绪而拒绝接受新概念，则学习停止；若学生对新知识产生兴趣继续学习，则进入解决阶段。在此阶段，学习者尝试各种方式来解决现有概念与新概念之间的认知冲突。有观点认为，个体解决认知冲突的过程就是深度学习发生的过程。③

2. 基于具体情境的教学模式

情境有广义和狭义之分。广义的情境是指作用于学习主体，使主体产生一定的情感反应的客观环境；狭义的情境是指在教学情境中引起学生情感反应的过程④。情境作为学生学习活动的载体，其对学生的认知发展和情感反应都会产生一定的影响。佘（She）的双重情境教学模式就是一种典型的基于具体情境的教

① STRATFORD S J, KRAJCIK J, SOLOWAY E. Secondary students's dynamic modeling processes：Analyzing, reasoning about, synthesizing, and testing models of stream ecosystems [J]. Journal of Science Education and Technology, 1998, 7（3）：215–234.

② LEE G, KWON J, PARK S, KIM J, KWON H. AND PARK H. Development of an instrument for measuring cognitive conflict in secondary–level science classes[J]. Journal of Research in Science Teaching, 2003, 40（6）：585–603.

③ 殷常鸿，张义兵，高伟，李艺. "皮亚杰—比格斯"深度学习评价模型构建［J］.电化教育研究，2019，40（7）：13–20.

④ 赵玉. 基于情境创设之教学模式的探究［J］.中国电化教育，2001（6）：17–19.

学模式。余（She）提出的双重情境教学模式包括[①]：①考查科学概念的属性和特点，确定学习者构建科学概念所需要的认知结构和信息；②在特定情境下探究学生对科学概念的错误认识；③分析学生对科学概念的理解上缺乏哪些思维模式，教师应提供给学生缺乏的思维模式相关的信息，以构建一个更加科学的概念观；④设计双情境学习活动，让学生体验真实的学习情境；⑤在双情境下指导学生的学习，让学生对突发情况进行预测和解释，构建更科学的概念；⑥提供给学生一个具有挑战性的情境，为学生提供应用的机会，让学生们应用新的思维模式去解决新情况，确保概念转变已经发生。

3. 基于建构主义的教学模式

建构主义学习观认为学生在学习科学知识之前已有一定的日常生活经验，即前概念，学生基于自己原有的前概念与他人表达自己的观点和想法，在与他人的认知冲突中促进自身概念的转变和认知的建构。基于建构主义的教学模式有费雷柏（Freyberg）和奥斯本（Osbourne）的四阶段建构教学模式、德瑞弗（Driver）和奥德姆（Oldham）的五阶段教学模式等。

（1）费雷柏和奥斯本的四步教学模式。费雷伯（Freyberg）和奥斯本（Osbourne）的四阶段建构教学流程包括准备、聚焦、挑战、应用4个阶段[②]：①准备阶段：教师要确定学生的观点，并加以分类，找出科学上及科学史上的观点，考虑可导致放弃旧观点的证据。②聚焦阶段：教师建立适当的情境，诱发学生的学习动机，然后介入，提出针对学生个人的开放式问题，根据学生的回答加以解释并阐述学生所涉及的观点。学生则运用熟悉的事物来探索与概念有关的各种器材，思考所观察的现象，提出和要学习的概念有关的问题，并加以描述和澄清自己在概念上的观点。③挑战阶段：教师协助观点的交换，确定所有的观点都被考虑到，让讨论开放地进行，必要时提供示范的步骤及科学家的观点，接纳学生对新观点暂时性的接受。学生则考虑其他同学的观点，找出其优缺点，寻找合适的证据来判断这些观点的正确性，并比较科学家的观点和班上同学的观点。④应用阶段：教师协助学生澄清新的观点，要求利用它来解决所有的问题，学生可用口头描述问题的解答。教师介入、激发并参与学生对解题的讨论，协助解答比较难的问题，告诉学生何处可找到帮助。学生则利用所学概念作为解决实际问题的基础，并告诉其他同学自己的解答，讨论、辩论个人提出的解释的优点，仔

---

① SHE H C. Facilitating changes in ninth grade students' understanding of dissolution and diffusion through DSLM Instruction [J]. Research in Science Education, 2004, 34（4）：503-525.

② FREYBERG P, OSBOURNE R. Learning in science: the implications of children's science [M]. London: Heinemann, 1985.

细予以评价，然后由所提解答联想到其他进一步的问题。

（2）德瑞弗和奥德姆的五阶段教学模式。德瑞弗（Driver）和奥德姆（Oldham）提出建构主义五阶段教学模式[①]。五阶段教学模式包括：①定向阶段，教师运用实际的活动、实际问题、教师的示范、影片等方式，引起学生的学习兴趣；②引出学生的想法阶段，通过实际的活动或小组讨论后提出的报告，让教师与学生注意到一些学生原先就存有的想法；③学生想法的重组阶段，经过引发已有概念后，使学生觉察到自己已有概念不同于科学上的观点，因此此阶段教师必须协助学生经由澄清、建构、验证、评价来建立新概念，使其符合科学家的观点；④应用新的想法的阶段，教师可以利用熟悉的以及新奇的情境，使学生不断重新验证其想法，增强学生新建构的想法；⑤回顾想法的改变阶段，学生通过个人的写作、拟写专题研究计划等方式，比较现有概念与原有想法两者间的差距，熟悉学习历程，审查想法改变的程度。

4. 适用于概念转变教学的一般科学教学模式

上述教学模式均为专门针对概念转变而提出的教学模式，除此之外还有一些科学教育中的一般教学模式。这些教学模式虽然并不是针对概念转变提出的，但是同样适用于概念转变的教学。这些教学模式有 5E 学习环教学模式，以及艾森卡夫（Eisenkraft）基于 5E 教学模式提出的 7E 教学模式等。

（1）5E 学习环教学模式。学习环源于皮亚杰的认知发展理论。学者们提出了各种不同的学习环，较为常用的学习环是美国生物科学课程研究组（Biological Science Curriculum Study，BSCS）提出的 5E 学习环教学模式，包括[②]：①参与（engagement，E1）：这时期的教学完全模仿学习的任务。以活动或问题引起学生参与学习，帮助学生连结所知的和能做的事。②探索（exploration，E2）：这时期的教学是向学生提供鉴定及发展目前的概念、过程和技巧的共同经验基础。学生通过合作活动来探讨概念，并在教师的引导下澄清主要的概念和技能。③解释（explanation，E3）：这时期使学生能以言语表达他们对概念的了解或示范他们探索经验的技巧和行为。学生解释他们所学习的概念和学习的过程，教师澄清学生对新概念与知识的了解和判断。④精致化（elaboration，E4）：这时期的教学要使学生对概念在了解的基础上予以挑战及延伸，并且给予学生验证预期的技

---

① DRIVER R, OLDHAM V A. A constructivist approach to curriculum development in science［J］. Studies in Science Education, 1986, 13（1）：105–122.

② BYBEE R W, TAYLOR J A, GARDNER A et al. The BSCS 5E Instructional Model：Origins and Effectiveness［R/OL］.［2021–06–10］. https：//bscs.org/resources/reports/the-bscs-5e-instructional-model-origins-and-effectiveness/.

巧及行为的机会。激发学生应用所学的概念，建构自己对概念的了解，扩展知识和技能。⑤评价（evaluation，E5）：这时期是鼓励学生评价自己的了解程度及能力，给予教师评价学生达到教学目标的进展状况的机会。学生自评他们的知识、概念和能力，教师评价学生的进展。

（2）7E教学模式。艾森卡夫在5E教学模式上的进一步延伸和拓展，提出了7E教学模式，具体内容为：①激发（elicit），激发环节是第一个环节，需要诱发学生对先前概念的理解。教师创设新的学习情境或提供有意义的学习活动，这些情境和活动是以引出学生的前科学概念为目标的，在此过程中暴露出学生的前科学概念，以激发学生学习兴趣，从而进入学习状态，为新知识的学习做好铺垫。②参与（engage），让学生们描述现实生活中与问题相关的情境，鼓励学生们积极参与。参与环节强调学生前概念和新内容的联系，教师鼓励学生进入教师创设的情境中，并联系自身的生活经验，动手或动脑思考，为接下来的探究活动做好准备。③探索（explore），探究环节是"7E"教学模式的核心环节。在此环节中，教师要提供学生探究的材料，并对探究活动提出建议和要求。可采用小组合作的形式进行探究，在此过程中，教师要引导学生观察现象，识别变量，概括规律。④解释（explain），解释环节指向学生新概念的建构。在此环节中，教师可提供机会给学生阐述自己对概念的理解和认识，在此之后，教师可用简洁、清晰、直接的语言给出新概念。⑤精致化（elaborate），精致化环节是新概念不断优化的过程。学生需加强新概念的理解和认识，扩展概念内涵的深度和广度。⑥评价（evaluate），评价环节主要检验学生新概念的掌握程度。评价尽量采用多种形式进行，保证评价的真实性和有效性。⑦拓展（extend），拓展环节是将概念运用于新的领域。教师需要将新概念运用于新的领域，让学生在不同的情况下运用新概念解决问题[①]。7E教学模式更加强调激发学生先前的理解和保证学生概念的转移，注重学生所获得的新概念的深度和广度，注重解决问题的能力。该模式是适用于概念转变的科学教学模式，更加具有代表性和实用性。

（三）概念转变的教学策略

学者斯科特（Scott）等人综合前人关于概念转变教学策略的研究，依据概念转变的方式，将概念转变的教学策略分为两类：一类是以学习者已有的概念为基础，利用比喻和类比的方法将其扩展到新的领域，侧重于教师的适当干预，为新的思维方式提供"支架"；另一类是建立在认知冲突和解决冲突基础上的教学

---

① EISENKRAFT A. Expanding the 5E model: a proposed "7E" model emphasizes "transfer of learning"and the importance of eliciting prior understanding［J］. The science teacher, 2003, 70（6）：56-59.

策略，侧重于学习者积极参与对知识的重组①。学者蔡铁权等人依据概念转变的教学过程，将概念转变的教学策略分为3类：一是探测认知结构，用以了解学习者已有概念的教学策略；二是引发认知冲突，用以解构学习者迷思概念的教学策略；三是解决认知冲突，用以建构科学概念的教学策略。在上述两种分类中，比喻和类比的教学策略可以看作是解决认知冲突时的一种教学策略。因此，本文采用蔡铁权等人的分类对概念转变的教学策略进行梳理。需要注意的是，当前关于如何引发学习者的认知冲突、学习者如何建构科学概念的研究并不完善，而各种教学策略都有其具体的适用条件。因此，这些概念转变的教学策略的教学效果并未得到广泛一致的承认。②

（1）探测认知结构的教学策略。了解学生的前概念，即探测学生已有的认知结构是概念转变学习的前提条件。常用的探测学生认知结构的方法有概念诊断性测试法、访谈法、概念图法和二段式诊断测验法。概念诊断性测试法是指诊断学生普遍存在的前概念，从而揭示错误概念产生的原因。测试题的选择应具有针对性，将容易混淆和容易错误的知识点提供给学生，让学生更多地暴露自己的错误观念。访谈法是通过访谈者与被访谈对象进行面对面的交谈，了解学生的想法和概念背后形成的原因，将学生的现有概念与科学的概念进行比较，进一步探测学生的认知结构。概念图是学者诺瓦克（Novak）根据奥苏伯尔（Ausubal）的"有意义学习"理论开发的一种可视化工具，它是一种用节点代表概念、连线表示概念间相互关系的图示，概念图可用来描述一个人的概念知识③。概念图法是指基于概念图的前概念诊断方法，该方法拥有其他诊断方法所没有的优点，学生制作概念图的过程也是归纳自己认知结构的过程，教师可通过观察学生概念图的制作过程来了解学生的前概念，以便更好地开展和指导教学活动④。二段式诊断测验法是诊断学生错误概念的重要方法，能帮助教师确定学生在多大程度上有前概念并暴露学生隐藏概念的机制⑤。该测验法分为两段：第一段是诊断学生对概念理解的正确性；第二段是诊断学生形成该概念的原因⑥。

（2）引发认知冲突的教学策略。认知冲突是指学生原有的认知结构与新概念之间存在差异和矛盾，需要新建或重组自己的认知结构来同化和顺应新概念。引

① SCOTT P H, ASOKO H M, DRIVER R H, 郭玉英, 等. "为概念转变而教"策略综述[J]. 物理教师, 2003, 24（5）：1-3.

② 蔡铁权, 姜旭英, 胡玫. 概念转变的科学教学[M]. 北京：教育科学出版社, 2009.

③⑥ 姜旭英. 科学教学概念转变策略之研究[D]. 金华：浙江师范大学, 2007.

④ 李雁冰, 刁彭成. 科学教育中"迷思概念"初探[J]. 全球教育展望, 2006, 35（5）：65-68.

⑤ 李明玉, 李红菊, 刘恩山. 前科学概念诊断技术研究概述[J]. 生物学教学, 2019, 44（10）：18-20.

发学生的认知冲突是实现概念转变学习的条件和动力。建构主义学习理论认为，学习是学习者主动建构知识意义的过程，必须通过有效途径来引发学生的认知冲突，激起学生的求知欲和好奇心，使学生产生学习动机，促使学生进行概念的同化与顺应，实现意义建构[1]，而学习环境在帮助学习者构建有意义的认知结构的过程中起着重要作用，应为学习者提供复杂的学习环境和真实的任务[2]。常见的引发认知冲突的教学策略有情境教学策略和小组合作学习教学策略。情景教学策略是指在教学中创设与现实相似的问题情境，引发学生的认知冲突，了解学生概念中存在的问题，进一步完善学生的认知结构。小组合作学习教学策略是通过小组合作学习，学生们在交流、讨论和探究的过程中，了解他人的想法，认识到自己思维的局限性，改正自己的想法。

（3）解决认知冲突的教学策略。常见的解决认知冲突的教学策略有比喻和类比，以及巩固练习等。比喻和类比教学是以学生原有认知观念为基础，教师借助多媒体、模型、实物演示等类比或比喻的手段，逐渐扩展到新概念，使学生从已有的观念向科学认识发展和拓宽[3]。该教学策略重在找到学生新旧概念之间的相似点，采用类比的教学方法建立新旧概念之间的联系，从而促进学生认知体系的建构。以模型为例，模型是人们基于特定的目的，在某种假设条件下再现原型客体本质特征（如结构特性、功能、过程等）的物质形式或思维形式的类似物。教师采用构建模型的方式，在建模的过程中积极地调整与修改自我的概念模型结构，并通过多种形式的认知呈现，引导学生进行类比，帮助学习者认识模型所反映的原型的性质和规律，逐渐形成科学概念，实现错误概念的转变[4]。

巩固练习策略是指在教学中通过练习、问答等形式进行阶段性复习与巩固，促进学生对科学概念的有效理解。一些学生学习科学概念后，并未放弃原有的前科学概念。主要原因是他们未将学习获得的相关背景知识、科学概念等组织起来[5]。解决这一问题的策略是进行练习，通过练习巩固对科学概念的理解。练习可有两种层次，一是进行科学概念的巩固练习，即在学习者已建立科学概念的基础

① 袁维新.生物教学中错误概念的诊断与矫治［J］.课程·教材·教法，2003（5）：46-50.

② 孙自强，王标.国外经典教学模式论［M］.北京：科学出版社，2017：204-206.

③ 郭玉英，卢俊梅."为概念转变而教"策略综述［J］.物理教师，2003，24（5）：1-3.

④ 乔纳森.技术支持的思维建模：用于概念转变的思维工具［M］.顾小清，译.上海：华东师范大学出版社，2008：12-15.

⑤ 曾友良，肖小明."化学键"学习前学生的前概念调查与转变策略探析［J］.化学教育，2014，35（13）：27-30.

上，判断某具体事物是否属于此科学概念的范畴；二是对前科学概念进行质疑辨析，即学习者依据所学科学概念对前概念进行分析、提供质疑的理由，进而完成前科学概念的转变[①]。

六、指向概念理解的概念转变教学新取向

概念学习是科学教育研究的核心领域，学生通过对科学概念的学习能够更深刻地认识事物和现象，使科学知识系统化和结构化、促进逻辑推理能力的发展，进而达成提升学生科学素养的科学教育总目标[②]。长期的教学实践表明，前概念并不能完全被根除，其与科学概念共存于学生的头脑中，教师仅依靠各种概念转变的教学策略难以达成从前概念到向科学概念转变的教学目标。当前，国际科学概念学习研究显示了从"概念转变"到"概念理解"的转向，这一转向反映了科学教育更注重学生通过思考获得科学概念的过程，不仅包括科学知识结构的丰富，还包括思维活动的训练[③]。顺应国际科学概念学习的发展趋势，我国学者罗莹等人认为科学课程概念转变的教学不应以消灭前概念为教学目标，应根据概念发展的不同阶段来设定不同层次的概念发展目标，促使学生概念发展的学习进阶。后者关注概念发展的每个阶段，让学生在解决问题时能够从头脑中正确提取科学概念并能运用科学概念解释和解决问题，而不再是用科学概念替代前概念[④]。

当前，在国际科学教育中，概念理解的教学体现出重视概念学习与科学实践相结合的新趋势，加强概念理解的教学对培养学生的学科核心素养具有重要意义[⑤]。以前的研究认为概念学习是学生通过归纳推理实现的，而当前脑科学的研究结果认为概念学习的过程并不是通过归纳推理，而是在已有概念基础上进行

① 张迎春，刘畅，孙海飞. 初中生物学教学中前科学概念的转变策略——以"两栖动物"概念的形成为例 [J]. 生物学教学，2017，42（4）：15-16.

② 高潇怡. 促进学生科学概念转变的心理学研究进展与启示 [J]. 中国特殊教育，2009（2）：86-90.

③ 卢姗姗，毕华林. 从"概念转变"到"概念理解"——科学概念学习研究的转向[J]. 化学教育（中英文），2018，39（1）：15-18.

④ 罗莹，张墨雨. 科学概念转变教学的新视野与新思路 [J]. 教育学报，2018，14（2）：49-54.

⑤ National Research Council. A Framework for K-12 Science Education：Practices, Crosscutting Concepts and Core Ideas [M]. Washington, DC：National Academies Press, 2011.

假说—演绎推理实现的[①]。假说—演绎推理的过程是：基于已有概念归纳提出假说，进而演绎出可能的结果，通过证据证实或者证伪预测的结果，最终获得新概念，而这一过程离不开科学实践[②]。因此，概念理解的教学应注重概念学习与科学实践的结合，创造各种各样的学习机会，让学生独立学习或合作学习，引导学生基于已有概念，对新概念发表观点、相互交流及合作建构。

① 李红，陈安涛，冯廷勇，等.个体归纳推理能力的发展及其机制研究展望[J].心理科学,2004(6)：1457-1459.

② LAWSON A E. What is the role of introduction and deduction in reasoning and scientific inquiry？[J]. Journal of Research in Science Teaching, 2005, 42（6）：716-740.

第4章 "树式思维"能力测验研究

一、研究设计

（一）研究内容及思路

围绕"当前我国生物科学专业本科生的'树式思维'能力水平如何"这一研究问题，开展测验研究。首先，编制适用于生物科学专业本科生"树式思维"能力测验，用于定量描述学生的"树式思维"能力水平；其次，选取我国具有代表性的本科高等院校的生物科学专业学生为测验对象，实施"树式思维"能力测验；然后，根据被试的答题情况定量描述我国生物科学专业本科生的"树式思维"能力水平。

（二）测验对象

本研究选取我国东南部某具有代表性的本科高等院校生命科学学院大学一年级和大学二年级全体学生作为测验对象。其中，大学一年级学生 209 人，大学二年级学生 206 人。最终共收到 322 份有效问卷，有效回收率为 77.59%。样本中包含了 4 个不同专业的学生，其中生物科学专业（师范类）、生物技术专业、生物工程专业和食品科学与工程专业分别有 187 人、4 人、68 人和 53 人。

（三）研究工具

本研究采用自编"树式思维"能力测验来检测被试的"树式思维"能力水平。以前人已有的"树式思维"能力调查工具作为编制本研究生物科学专业本科生"树式思维"能力测验的试题库。以"树式思维"MUET 模型 [①] 作为"树式思维"能力测验的知识框架体系，即从构建进化树所需要的数据来源、构建进化树常用的科学方法、进化树的表达形式、理解进化树所必需的"树式思维"4 方面对试题库中的测试题进行筛选、翻译、修改，确保"树式思维"能力测验的内容效度。

---

① KONG Y, THAWANI A, ANDERSON T, et al. A Model of the Use of Evolutionary Trees（MUET）to inform K–14 biology education［J］. The American Biology Teacher, 2017, 79（2）: 81–90.

（四）数据分析思路

首先，根据被试在"树式思维"能力测验中各道题的表现进行描述性统计分析。其次，采用经典测验理论（CTT）对"树式思维"能力测验的难度、区分度和信度进行分析，采用项目反应理论（双参数 Logistic 模型）中的难度指标、区分度指标，以及信息量指标对"树式思维"能力测验中单选题的测试质量进行分析。最后，依据被试的背景信息，分析师范专业与非师范专业的生物科学专业本科生的"树式思维"能力测试得分的平均值是否存在显著差异、分析被试的前期进化知识储备对学生"树式思维"能力是否存在显著差异影响。

二、测验质量分析的理论基础

（一）测验质量分析的常用理论

1. 经典测验理论（CTT）

经典测验理论，又称作经典真分数理论模型（Classic True Score Theory Model，CTT），是衡量测验效果的工具，模型假定观察分数与真分数线性相关，主要包含信度、效度、难度和区分度 4 个指标[①]。CTT 的主要目的是估计某个测验实得分数的信度，即企图估计实得分数与真实分数之间的关联程度。真分数（true score），即经典测验理论中的无误差分数，在概念上它假设是对同一试卷或不同试卷重复多次测量后得到的平均分，它是一个单独的参数，并假定考生的每个观察分数（observed score）都可以用来估计这个参数。测量误差（measurement error）是观察分数与真分数之间的假设差别，通常被认为是随机的和不可预测的。测量误差的来源主要包括 3 方面：测量工具、测量目标和施测过程。

CTT 的主要优点有：①前提假设条件较弱，容易满足，可广泛应用；②理论体系和方法原理相对完整；③所涉及的数学模型和参数估计方法易于掌握，在应用上具有普遍性；④我国教育工作者在使用过程中和实践中不断形成和完善了一套适合国情的具体应用方法和应用原则[②]。

CTT 的不足之处包括：①测试质量严重依赖样本，难以避免抽样误差，被试的平均水平会影响试题的难度，被试个体的差异程度也会直接影响试题的信度

---

① 何穗，吴慧萍.基于教育测量理论的中学数学试卷质量评价研究［J］.教育测量与评价（理论版），2012（8）：49–53.

② 黄光扬.教育测量与评价［M］.上海：华东师范大学出版社，2012.

区分度水平；②信度估计方法不精确，信度估计所依赖的平行测验的假设在现实中往往难以满足；③难度和被试水平的参照系不同，即试题难度定义在考生样本上，被试能力参数定义在试题样本上，二者不属于同一参照系，因而无法统一，也难以判断二者是否匹配，不利于测验工作的改进；④CTT不研究考生分数变异的原因，不对测量误差的来源进行区分和分别研究，使估计的测量误差总是偏大；⑤对考生能力参数估计的精度不够高，用测量信度和标准误差来估计所有考生的能力参数，未考虑被试的个体差异；⑥配对或标准化技术和随机化技术的使用使测量条件的完全一致性难以满足，进而制约了测验结果的可拓广性[1]。

2. 项目反应理论（IRT）

项目反应理论（Item Response Theory，IRT），又称为潜在特质理论，是以数学及统计学为基础而提出的一种现代测量理论，克服了经典测量理论的一些缺陷，通过数学模型将被试的特质水平与其在项目上的反应联系起来，用测验信息函数代替信度理论[2]。项目反应理论的基本思想是：被试对某道试题的应答可以看作被试的特征和试题特征的函数。这些模型假定，被试的应答，即被试的行为表现，依赖于一个或多个因素，这些因素被称为特质或能力。一组试题中每一道题都测量某一特质或某些特质。[3]

（1）项目反应理论的基本假定。IRT是在如下的假设中建立的：①单维性假设，即被试对项目的反应仅有一种潜在的特质或能力决定，但是其他影响因素无法排除。例如，被试的态度、生理状况、动机等因素都能影响被试对项目的反应。因此，只要所欲测量的被试的潜在特质或能力是影响被试对项目作反应的主要因素，就可以认为这组测验数据满足单维性假设；②局部独立性假设，即被试对一个测验项目的反应不受他们对其他测验项目反应情况的影响；③项目特征曲线假设，即根据被试在某测验项目上的正确反应率和其能力之间的函数关系建构一种项目反应模型，其实质是一种对未来函数关系的假设。项目理论反应的模型较多，比如Rasch模型、Logistic模型、Normal Ogive模型等，其中以Logistic模型应用最广。

（2）项目反应理论的主要优点。IRT的优点主要有：①对试题参数的估计不受被试样本的影响；②被试的特质或能力参数与试题难度参数可直接比较；③IRT定义了CTT并未提及的项目信息函数和测验信息函数，这为有效控制测

---

① 梅松竹. 国际视野下试卷质量评价研究：理论、方法与实践［M］. 北京：科学出版社，2015.

② 余嘉元. 经典测量理论和项目反应理论的比较研究报告［J］. 南京师大学报（社会科学版），1989（4）：93-100+104.

③ 王后雄，李佳. 化学教育测量与评价［M］. 北京：北京大学出版社，2013：80-82.

量误差，使测验能够更精确地估计和反映每个被试的特质或能力水平提供了方便；④为多种形式测验的实施提供了更为完美的理论和方法。

IRT 的主要局限性有：①模型依赖于更强的假设、模型结构复杂、计算量偏大、对信息技术的依赖性较强[1][2]；②项目参数的获得需要合适的样本量，而且被试的能力分布范围要广，如果不能满足此要求，则会影响模型结果的精确性，也很难检测出模型与数据之间的偏差；③ IRT 并没有对考试的效度问题提供独到的见解[3]。

综上所述，经典测量理论是衡量测验效果的工具，模型假定观察分数与真分数线性相关，主要包含信度、效度、难度和区分度 4 个指标。经典测量理论对心理与教育测量和实践的贡献巨大，但存在着测试质量严重依赖样本、信度估计方法不精确、难度和被试水平的参照系不同等问题。项目反应理论作为一种新兴的教育测量理论，克服了经典测量理论的一些缺陷，通过数学模型将被试的特质水平与其在项目上的反应联系起来，使测试质量不受样本的影响、测验能够更精确地估计和反映每个被试的特质或能力水平。因此，本研究结合经典测量理论和项目反应理论对 "树式思维" 能力测验进行条目的评价和筛选。研究数据采用SPSS 和 R 软件进行统计分析。

（二）测验的质量分析指标

1. 信度

信度（reliability）是指测验结果可信的程度，是反映测验结果一致性、可靠性以及稳定性程度的指标。测验的信度通常采用相关分析的方法，使用相关系数来估算。例如，使用同一测验多次测量同一组对象，多次测量结果之间的相关系数就叫信度系数。信度系数越大，测验的信度越高，反之亦然。常用的信度有重测信度（test-retest reliability）、复本信度（alternate-forms reliability）、内部一致性信度（internal consistency reliability）。[4] 重测信度是指在先后两个不同时间内用相同的测验对同一组被测对象进行两次施测所得分数的一致性程度。复本信度是指当复本在题型、数量、格式、难度、指导语说明、施测要求等方面与原测验保持一致时，复本与原测验对同一组被测对象施测所得分数的一致性程度。

内部一致性信度是反映一个测验中被测各道题所得分数的一致性的指标，可

---

① 金瑜. 心理测量［M］. 上海：华东师范大学出版社，2005.

② 朱德全. 教育测量与评价［M］. 北京：高等教育出版社，2016.

③ 王艳. 基于项目反应理论的项目功能差异检验［D］. 北京：北京语言大学，2006.

④ 刘影，曾琬婷. 数学教育测量与评价［M］. 北京：北京大学出版社，2015：115-133.

用来估计测验的内部一致性信度。内部一致性信度基于的假设是：当一个测验具有较高的内部一致性信度时，说明该测验主要测得时某单一心理特质，由于众多题目测试了同一心理特质，那么实测结果就是该心理特质水平的反映。[①] 常用的内部一致性信度有分半信度（split-half reliability）、库德—理查逊信度（Kuder & Richardson reliability）和克伦巴赫（Cronbach）a 系数 3 种。分半信度是指将一个测验分成两个假定相等而独立的部分，所有被试在这两个部分得分的一致性程度。其中，所有被试在被"分成两半"的测验中所得分数的相关系数只是半个测验的信度，需要使用斯皮尔曼—布朗公式进行校正，才可得到整个测验的信度系数。库德—理查逊信度主要用于测验题目均为二分记分题（dichotomously scoring）的客观性试题的测验的内部一致性信度分析，常用的库德—理查逊系数有 r_{KR20} 系数和 r_{KR21} 系数。克伦巴赫 a 系数常用于测验题目并不全是二分记分题，比如，测验题目中包含主观性试题且没有严格评分标准的测验的内部一致性信度分析。

2. 效度

效度（validity）是指测验结果的有效程度，是度量测量是否达到了预期目的的指标。效度回答两个问题：①一个测验测量了什么特性？换句话说，测验测到了它所要测量的东西吗？②一个测验对所要测量的特性测得有多准？一般来说，一个测验的结果总是能反映出一个人某一方面的心理属性，即可以说明某一方面的问题，但并不一定就能反映出人们所期望测量的那方面的属性。效度指的就是测试结果代表的被试的心理属性，是否准确地反映了所要测量的被试该种心理属性的真实水平。

由于一个测验结果的有效性是针对测验的特定目的、功能和适用范围而言的，因此，效度具有相对性而不具有普遍性。另外，即使人们按照特定的目的精心编制测验，由于对某种属性的测量是通过行为样本间接推测获得的，这种推测不可能百分百正确有效。因此，效度不可能"完全有效"或"完全无效"，只是在程度上有所差别。[②]

根据测验目标可将效度分为内容效度（content validity）、效标关联度（criterion-related validity）和结构效度（construct validity）。内容效度是指一个测验是否测验了应测验的内容，即测验内容与预定的测验要求的一致性程度，它反映了测验题目在所要测量的内容范围和教学目标内取样是否充分和确切的问

① 黄光扬. 教育测量与评价［M］. 上海：华东师范大学出版社，2012：50.

② 李广洲，任红艳. 化学教学测量与评价［M］. 北京：科学出版社，2014：40.

题。校标关联效度是指测验的结果与作为校标的另一个独立测验的结果之间的一致程度。[1] 校标是指考查鉴定考试结果是否有效的一种外在参照标准。在相关系数与总体零相关有显著性差异时，相关系数的值越大，考试的效度就越高，反之亦然。[2]

结构效度是指测验能够测验到被称作结构的某一理论概念或特质的程度。结构是指心理学或社会学中所涉及的一种抽象而属于假设性质的概念或特质，如智力、行为习惯、能力等，它们往往用某种操作来定义，可以通过测验来衡量。结构效度的验证一般需要 4 个步骤：第一步，建立理论结构或基于前人关于理论结构的假设来编制测验；第二步，提出可以验证该理论结构存在的假设说明；第三步，验证测验结果与理论假设的相符程度；第四步，收集证据淘汰与理论结构不符的试题或修正理论结构，并重复第二步和第三步直到理论结构得到验证。否则表示该测验效度存在问题或者是该理论结构存在问题，或者是两者都存在问题。

本文采用内容效度对测验的效度进行检验。关于内容效度的估算办法，我国学者尚未形成统一的认识。例如，黄光扬[3]、王后雄[4]等学者认为内容效度仅有定性估算法，刘影和曾琬婷认为内容效度有定性和定量两种估算方法[5]。现将学者们所列内容效度的估算方法按照定性和定量两种方法进行归纳。

定性估算法主要有：①专家判断法，也称逻辑分析法。一般由专家根据测验题目和测验所属的内容范围进行符合性判断。专家首先确定所要测验的内容范围，并列出相应的知识点，然后根据教学目标的要求将测验目标具体化为不同层次的测验目标，并确定每一层次目标的测验题目在整个测验题目中的比重，再制定测验双向细目表，最后根据测验双向细目表对测验的内容、题目的形式等进行对照，制定评定量表，计算测验内容对其内容范围的覆盖率，从而得出内容效度的指标。如果测验与预期之间的吻合度较高，则测验就具有较高的内容效度，反之亦然。②经验法。即检查不同年级的学生在测验上的得分和在每个题目上的反应情况。若测验总分和题目通过率随年级而增高，一般可判定该测验的设计基本体现了相应的教育目标，因而具有内容效度。③采用重测法评估内容效度。先将测验施测于对该测验内容掌握很少的被试团体，随后让该团体参与有关知识

① 刘影，曾琬婷.数学教育测量与评价 [M].北京：北京大学出版社，2015：127.

② 李广洲，任红艳.化学教学测量与评价 [M].北京：科学出版社，2014：47.

③ 黄光扬.教育测量与评价 [M].上海：华东师范大学出版社，2012：59–60.

④ 王后雄，李佳.化学教育测量与评价 [M].北京：北京大学出版社，2013：214–215.

⑤ 刘影，曾琬婷.数学教育测量与评价 [M].北京：北京大学出版社，2015：126–127.

的学习与训练，最后再测同一测验。若成绩提高显著，则可说明该测验具有内容效度。

定量估算法主要有：①克伦巴赫法。克伦巴赫认为内容效度可由一组被测在测验试卷的两个等值复本上得分的相关系数来表示。当相关系数较高时，可以推断测验具有较高的内容效度，反之亦然。②前后测对比法。第一次测验在被测对测验的内容了解很少的前提下进行，在经过一段时间的学习或训练之后，再次进行相关内容的测验。如果第二次测验成绩显著高于第一次测验的成绩，可以认为测验能够很好地反映教学或训练的效果，即测验具有较高的内容效度。③评分一致性考查法。不同的评分者之间评分的一致性也可以用来判断内容效度的高低。虽然评分者评分的一致性代表的是评分者评分的信度，但由于它来自相互独立的评分者，所以符合程度越高越能反映测验的内容效度越高。

上述方法均为内容效度的估算方法。虽然我国学界尚未对内容效度的估算方法形成统一的认识，但是定性估算法中的专家判断法或称逻辑分析法是学者公认的估算内容效度的办法。因此，本文采用此法来估算"树式思维"能力测验的内容效度。

3. 其他测验质量分析指标

除了信度和效度，常用的测验质量分析的指标还有难度和区分度。难度是指测验题目的难易程度。对于采用二分法计分的客观性试题，难度以通过率来表示。进行大规模测验时，可以采用极端分组法计算难度。当测验题目为主观题时，难度可以用平均得分除以满分的分数来计算，也可以采用极端分组法来计算难度。区分度是指测验题目对不同考生的知识、能力水平的鉴别程度。常见的计算试题区分度的方法有极端分组法和相关法。[①]

使用 IRT 模型时，会用到猜测度与项目特征曲线等。猜测度也叫假真事件（false positives），是 IRT 模型中的参数。假真事件是指反应结果表示有一定程度的待测属性，但是实际上并没有。在能力测验中，假真事件发生的最常见的情况是，尽管被试对某个问题一无所知，但通过猜测却成功地回答了这个问题。项目特征曲线（item characteristic curve，ICC）是以图像的形式直观地表示出来对项目特征进行的定量的描述。典型的 ICC 是一条"S"形曲线，曲线的不同部位反映项目不同参数的信息。[②]

---

① 刘影，曾琬婷.数学教育测量与评价［M］.北京：北京大学出版社，2015：128–133.

② 罗伯特·F.德维利斯.量表编制：理论与应用：第2版［M］.魏勇刚，等，译.重庆：重庆大学出版社，2010：142–143.

三、"树式思维"能力测验的编制

（一）确定测验内容模块

自编"树式思维"能力测验以"树式思维"MUET 模型 [①] 作为测验的知识框架体系，即从构建进化树所需要的数据来源、构建进化树常用的科学方法、进化树的表达形式、理解进化树所必需的"树式思维"4 方面。"树式思维"MUET模型（图 4-1）是基于专业生物学家 2012—2013 年在权威期刊《科学》杂志上所发表的研究论文而构建的一种适用于 K-14 阶段的进化树教学模型。此模型从专业生物学家的角度来介绍进化树的使用，列出了全面系统地掌握"树式思维"能力所必备的四大知识模块，分别是：构建进化树所需要的数据资源；构建进化树常用的几种科学方法；进化树的表现形式；理解进化树所必须的树式推理。MUET 模型中的箭头体现了专业生物学家在使用进化树时所体现的四大知识模块

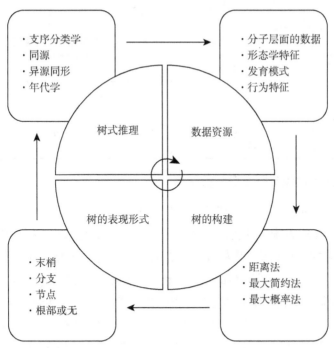

图4-1 "树式思维"MUET（A Model of the Use of Evolutionary Trees）模型

① KONG Y, THAWANI A, ANDERSON T, et al. A Model of the Use of Evolutionary Trees（MUET）to inform K-14 biology education [J]. The American Biology Teacher, 2017, 79（2）：81-90.

之间的联系，即采集与构建进化树相关的数据资源，然后通过常用的科学方法来构建进化树，再基于所构建的进化树以进化树的表现形式来呈现，依据进化树的表现形式来体现该进化树所涉及的树式推理。

（二）制定命题双向细目表

首先，根据"树式思维"能力测验四大模块确定测验的内容。其中，"树的表现形式"考查被试识别进化树节点，确定末梢所示的各类群最近共同祖先的能力。"树式推理"考查被试解读进化树所示物种的亲缘关系、解读进化树所示物种性状，以及进化历程的能力。"数据资源"从识记层面考查被试对可用数据构建进化树的数据资源的了解情况。"树的构建"在应用层面上考查被试使用常用的科学方法构建进化树的能力。将"树式思维"能力测验四大模块各模块的分数比重逐一分配到各测验目标层次上，形成命题双向细目表（表4-1）。

表4-1　"树式思维"能力测验命题双向细目表

内容	目标/分					
	识记	理解	应用	分析综合	探究	总分
树的表现形式		8				8
树式推理		48	18			66
数据资源	8					8
树的构建			18			18

（三）构建试题库并选取测验题目

第一，收集前人已有的"树式思维"能力调查工具组成编制本研究生物科学专业本科生"树式思维"能力测验的试题库。纳入试题库的"树式思维"能力调查工具有：鲍姆（Baum）等人的"树式思维"选择题、梅尔（Meir）等人采用七步法开发了"树式思维"测试题、纳格尔（Naegle）在其博士毕业论文中编制的《"树式思维"概念清单》（TTCI）测试题、莫拉比托（Morabito）等人设计的适用于高校学生的"树式思维"练习册。第二，依据"树式思维"能力测验命题双向细目表，筛选适用于测试大学生"树式思维"能力的测试题，并在此基础上将测试题翻译成中文并适当修改，得到由20道题组成的"树式思维"能力测验（表4-2）。

表4-2 "树式思维" 能力测验的测验内容及测验题项的来源

MUET模型	题号	测验内容	来源
进化树的表现形式	5、6	识别进化树的节点，确定进化树上两个或多个类群的最近共同祖先	鲍姆等，2005；鲍姆等，2012
正确解读进化树所需的树式推理能力	1、2 3、4	解读进化树所示的物种亲缘关系	鲍姆等，2012
	7、8	当进化树分支被翻转时，解读进化树所示的物种亲缘关系	鲍姆等，2005
	9、10	当进化树以不同的形状展现时，解读进化树所示的物种亲缘关系	鲍姆等，2005
	11、12	解读进化树所示的进化历程	梅尔，2007；纳格尔，2009
	13、14	当进化树上标记物种性状时，解读物种具备的性状	鲍姆等，2005
	19、20	使用同源相似性来解释进化树所示物种间的亲缘关系	莫拉比托等，2010
构建进化树所需要的数据资源	15、16	识别可用于构建进化树的数据资源	鲍姆等，2005
构建进化树常用的科学方法	17、18	使用科学的方法构建进化树	梅尔，2007

由于原始的测试题均为英文，本研究选取了两名研究人员将测试题翻译为中文，确保翻译后的中文测试题能准确表达原英文测试题的测验内容。翻译后的中文测试题已经过预测验，确保被试人员能准确读懂题意。"树式思维"能力测验的题型、题目数量及分值分布情况如表4-3所示。

表4-3 "树式思维"能力测验的题型及分值分布表

题型	题目数量/道	每题分值/分	分值总计/分	分值比例%
单选题	16	4	64	64
作图题	2	9	18	18
简答题	2	9	18	18
总计	20		100	100

（四）检验测验的内容效度

本研究采用专家判断法，也称逻辑分析法来检测"树式思维"能力测验的内容效度。首先，邀请两位专家对上述"树式思维"能力测验命题双向细目表、"树式思维"能力测验的测验内容及测验题项的来源、"树式思维"能力测验的题型及分值分布表进行审核，判断每一层次目标的测验题目在整个测验题目中的比重是否合理，所有测验题目是否覆盖了所要考查的所有内容，测验的题型及题目是否符合生物科学专业本科生的认知水平等。然后依据专家的意见进行修改，直到专家认为测验题目与预期所要考查的内容有较高的吻合度，使测验具有较高的内容效度。

四、结果与分析

（一）基于经典测量理论的量表质量分析

本研究测验有 3 种题型，满分 100 分，其中单选题有 16 道（Q1–Q16），每小题 4 分；作图题有 2 道（Q17, Q18），每小题 9 分；简答题 2 道（Q19, Q20），每小题 9 分。对各题进行描述性统计，得到的结果如表 4-4 所示。测试总分最低为 4 分，最高为 81 分，平均分为 32.91 分，表明被试的"树式思维"能力水平较低。

表4-4　描述性统计结果

题号	最小值	最大值	均值	标准差	题号	最小值	最大值	均值	标准差
Q1	0	4	0.800	1.599	Q11	0	4	0.800	1.599
Q2	0	4	0.570	1.402	Q12	0	4	1.750	1.988
Q3	0	4	0.450	1.262	Q13	0	4	2.310	1.979
Q4	0	4	0.940	1.701	Q14	0	4	2.140	1.998
Q5	0	4	1.090	1.785	Q15	0	4	2.320	1.977
Q6	0	4	3.430	1.402	Q16	0	4	0.770	1.580
Q7	0	4	0.750	1.560	Q17	0	9	2.180	3.373
Q8	0	4	0.630	1.463	Q18	0	9	2.010	3.004
Q9	0	4	1.400	1.912	Q19	0	9	2.960	2.506
Q10	0	4	1.690	1.979	Q20	0	9	3.916	3.182

1. 信度

信度是衡量测验结果可靠性的指标。针对 0–1 记分制的题目，结合问卷编制实际情况，采用奇偶题号分半法，得到斯皮尔曼·布朗（Spearman-Brown）系数为 0.669，说明单选题尚可使用。针对非 0–1 记分制的题目，得到克隆巴赫 α 系数为 0.371，说明作图题和简答题信度一般。

2. 效度

效度是衡量测验结果有效性的指标，包括内容效度、效标关联效度和结构效度等方法，本研究选用内容效度[①]。本研究采用的"树式思维"能力测验是依据"树式思维" MUET 模型编制而成（表 4–1）。此模型一种适用于 K–14 阶段的进化树教学模型，以科学家是如何通过科学实验构建进化树并使用进化树来表达其研究结果为依据而构建的知识结构体系，可较为全面地反映掌握进化树所必需的 "树式思维"能力。因此，"树式思维"能力测验的测试内容可较为全面地反映被试的"树式思维" 能力。

3. 难度

难度是衡量测验难易程度的指标。本研究对客观题和主观题的难度进行分析，得到的结果如表 4–5 所示。结合通过率 P 和极端分组法的计算结果，第 6 题较易，第 10、第 12、第 13、第 14、第 15、第 20 题中等难度，第 1—5 题、第 6—9 题、第 11、第 16、第 17、第 18、第 19 题较难。

表4–5 难度分析结果

题 号	Q1	Q2	Q3	Q4	Q5	Q6	Q7	Q8	Q9	Q10
通过率P	0.199	0.143	0.112	0.236	0.273	0.857	0.186	0.158	0.351	0.422
极端分组法	0.230	0.172	0.155	0.276	0.351	0.828	0.270	0.195	0.362	0.420
题 号	Q11	Q12	Q13	Q14	Q15	Q16	Q17	Q18	Q19	Q20
通过率P	0.199	0.438	0.578	0.534	0.581	0.193	0.242	0.224	0.329	0.435
极端分组法	0.236	0.408	0.529	0.511	0.540	0.184	0.409	0.370	0.339	0.424

4. 区分度

区分度是衡量问卷对不同测验者知识水平等方面鉴别程度的指标。本研究选用极端分组法进行区分度分析，得到的结果如表 4–6 所示。结合区分度判断标准可知，第 5、第 9、第 10、第 12、第 13、第 14、第 15、第 17 题区分度良好，第 1、第 2、第 3 题区分度较差。

[①] 漆书青，戴海崎，丁树良.现代教育与心理测量学原理［M］.北京：高等教育出版社，2002.

表4-6　区分度分析结果

题 号	Q1	Q2	Q3	Q4	Q5	Q6	Q7	Q8	Q9	Q10
区分度	0.195	0.138	0.103	0.345	0.494	0.322	0.299	0.253	0.437	0.494
题 号	Q11	Q12	Q13	Q14	Q15	Q16	Q17	Q18	Q19	Q20
区分度	0.253	0.437	0.632	0.552	0.494	0.299	0.619	0.300	0.317	0.379

（二）基于项目反应理论的量表质量分析

采用项目反应理论（双参数 Logistic 模型）中的难度指标、区分度指标以及信息量指标对量表中单选题的测试质量进行分析，结果如图 4-2 所示。

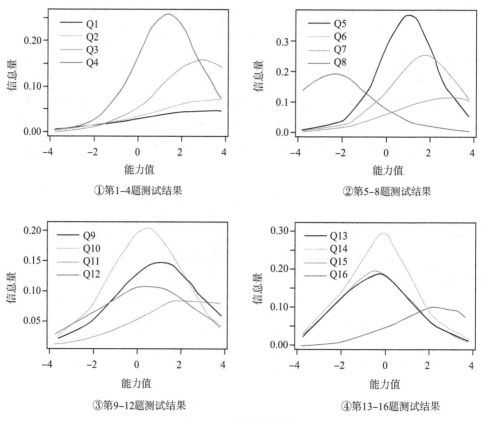

①第1-4题测试结果　　②第5-8题测试结果

③第9-12题测试结果　　④第13-16题测试结果

图4-2　项目特征曲线

从项目特征曲线的参数来看，第 6 题的难度系数较低；第 1、第 2、第 3、第 7、第 8、第 11、第 16 题的难度系数较高，区分度较低。从项目信息曲线的信息来看，第 1、第 2 题在不同能力下的信息均低于 0.1，表明这两道题测量的精度较低，这与经典测量理论中的区分度分析的结果一致。基于项目反应理论筛选出的优质条目是第4、第5、第7、第9、第10、第13、第14、第15题，建议删除或修订的条目是第1、第2题。

（三）专业和前期认知对"树式思维"能力的影响

1. 专业对"树式思维"能力的影响

由于生物科学（师范类）专业人数较多，其他3个非师范专业人数较少，因此本研究合并非师范专业的被试，从而师范类有187人、非师范类有135人，以此分析师范专业与非师范专业的能力测试得分的平均值是否存在显著差异。对于0-1计分的选择题（第1—16题），采用卡方检验进行分析。研究发现，师范专业与非师范专业学生在第6题（$\chi^2=6.199$，$df=1$，$\rho=0.013$）、第12题（$\chi^2=4.305$，$df=1$，$\rho=0.038$）、第13题（$\chi^2=5.209$，$df=1$，$\rho=0.022$）和第16题（$\chi^2=16.066$，$df=1$，$\rho<0.001$）的测试得分有显著性差异。在项目反应理论框架下，进一步讨论师范类与非师范类两组被试关于"树式思维"能力测验中各条目的项目功能差异。研究发现，两组的差异主要在第16题（图4-3），同等能力下师范类学生答对率高于非师范类学生。对于连续计分的主观题（第17—20题），采用独立样本 t 检验的方法进行分析。研究发现，师范专业与非师范专业学生在第19题（$t=3.438$，$df=320$，$\rho=0.001$）和第20题（$t=4.948$，$df=320$，$\rho<0.001$）的测试得分有显著性差异。

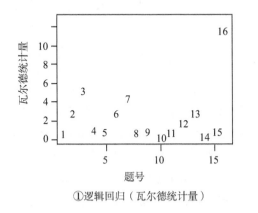

①逻辑回归（瓦尔德统计量）

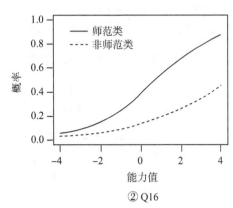

②Q16

图4-3　师范类与非师范类分组进行的项目功能差异检验

2. 前期认知对"树式思维"能力的影响

在先验知识方面，高中或大学课程中学过进化知识的有287人、没学过的（包括不清楚的）有35人。本研究基于测量量表数据分析前期进化知识储备对学生"树式思维"能力是否存在显著差异影响。对于0-1计分的选择题（第1—16题），采用卡方检验结果表明，学过进化知识和没学过进化知识的学生在第4题（$\chi^2=4.920$，$df=1$，$p=0.027$）、第7题（$\chi^2=4.323$，$df=1$，$p=0.038$）、第14题（$\chi^2=9.741$，$df=1$，$p=0.002$）的测试得分有显著性差异，其中学过进化知识的学生在这3道题得分较高。对于连续计分的主观题（第17—20题），独立样本t检验结果表明，学过进化知识和没学过进化知识的学生在作图题和简单题测试得分均无显著性差异。

五、结论及讨论

研究表明，生物科学专业本科生的"树式思维"能力水平较低，师范类专业与非师范类专业学生的"树式思维"能力水平有差异。具体表现为：①较难正确解读进化树所示的物种亲缘关系，不了解构建进化树常用的数据及科学方法，认知阶梯状的进化树比认知非阶梯状的进化树显示出更大的困难。②对解读进化树所示的进化历程和解读进化树所示物种性状表现出中等难度的认知。虽然仅有少部分生物科学专业的学生表示没有学过进化知识，但表示学过进化知识的学生仅在解读进化树所示物种的亲缘关系，以及解读物种性状两方面优于没学过进化知识学生。③相比于阶梯状进化树，学生能较易解读出非阶梯状进化树中节点的含义。④通过对比生物科学师范类专业与非师范类专业学生的答题情况发现，师范类专业学生在解读进化树的共同祖先、进化历程、物种性状，以及使用科学合理的数据构建进化树等方面优于非师范类专业学生。

（一）前概念对进化树的解读产生影响

基于经典测量理论的量表质量分析和基于项目反应理论的量表质量分析结果一致地表明选择题的第1题与第2题质量较差，然而这两道题来源于实证有效的量表，且第1—4题是通过改变进化树末端物种来考查学生解读进化树所示物种亲缘关系的能力。通过分析这两道题中进化树所示的物种可以发现，选择题1要求判断"红藻""绿藻"与"苔藓"的亲缘关系远近，选择题2要求判断"蜥蜴""鳄鱼"与"鸟"的亲缘关系远近。根据学生已有的知识和经验，容易认为"红藻"与"绿藻"的亲缘关系较近，认为"蜥蜴"与"鳄鱼"的亲缘关系较近。这表明学生已有的知识和经验可能干扰了学生对进化树的解读。尽管每道选择题都明确要求学生根据题目所提供的进化树对物种的亲缘关系进行解读，学生仍然倾向于使用已有的知识和经验。这说明学生可能并未接触过进化树，或不具备解读进化树的能力。

（二）知觉因素对进化树的解读产生影响

学者诺维克（Novick）与卡特利（Catley）在知觉因素如何影响学生对进化树的理解方面做的一系列研究结果表明，知觉因素的使用有可能会阻碍学生对进化树所表达的亲缘关系与进化历程的正确理解。[1] 这些影响学生正确解读进化树的知觉因素主要包括格式塔视觉识别原则中的连续性原则与空间邻近性原则。依据这一研究结果，知觉因素似乎对进化树的解读有消极作用。然而，本研究结果显示，知觉因素对进化树的解读也有积极作用。具体来讲，选择题6考查学生基于进化树寻找特定物种最近共同祖先的能力。基于经典测量理论的量表质量分析结果表明，选择题第6题较易。这可能与学生使用知觉因素寻找物种的最近共同祖先有关。由此可见，知觉因素在进化树的解读中同时存在积极作用与消极作用。

（三）我国基础教育忽视进化树教学

生物科学专业本科生的"树式思维"能力水平较低，而学过进化知识的学生与未学过进化知识的学生仅在解读进化树所示物种的亲缘关系，以及解读物种性状两方面存在显著差异的现象，可能与我国对进化树教学的忽视有关。我国中小学生物教科书均未涉及进化树，而在生物相关专业的大学本科阶段，除了系统发育学、生物信息学等课程教科书涉及进化树，其他专业课程教科书对进化树并未涉及，教师在课堂上也极少涉及进化树的内容。而本研究的调查对象为生物科学专业本科一年级和二年级学生，调查结果显示学生不了解构建进化树常用的数据及科学方法，也可能与大学一年级与二年级并未开设系统发育学与生物信息学等课程有关。

（四）阶梯状的进化树更易引起学生的误解

本研究发现的学生认知阶梯状的进化树比认知非阶梯状的进化树显示出更大的困难这一现象，与国外研究结果一致[2]，即阶梯状进化树更容易引起学生的误解。究其原因可能与人们更容易赋予阶梯状进化树额外的含义有关。比如，使用

---

[1] NOVICK L R, CATLEY K M. Reasoning about evolution's grand patterns: college students' understanding of the tree of life [J]. American Educational Research Journal, 2013, 50 (1): 138-177.

[2] OMLAND K E, COOK L G, CRISP M D. Tree thinking for all biology: the problem with reading phylogenies as ladders of progress [J]. BioEssays: news and reviews in molecular, cellular and developmental biology, 2008, 30 (9): 854-867.

与"树式思维"相冲突的格式塔视觉识别原则的连续性原则 ① 来解释进化树。有研究发现，美国中学与大学本科阶段生物教材里的进化树表达形式容易造成学生的困惑 ②，因此，我国应关注教科书里出现的进化树的表达形式。

（五）生物科学师范类专业课程设置利于进化树教学

本研究还发现生物科学专业师范类学生在解读进化树的共同祖先、进化历程、物种性状，以及使用科学合理的数据构建进化树等方面优于非师范类专业学生。这可能与师范类专业学生侧重于植物学、动物学、微生物学、普通生物学、分子生物学等课程学习而非师范类专业仅侧重于普通生物学与分子生物学课程学习有关。

（六）当前教学体系及树状图的广泛使用不利于学生形成"树式思维"能力

值得注意的是，通过选修系统发育学、生物信息学等课程或许能帮助学生快速掌握构建进化树常用的数据及科学方法，这并不表示学生能顺利形成"树式思维"能力。鲍姆（Baum）等学者指出进化树本质是一种树状图，树状图经常被生物学家用于描述进化内容之外的情况，比如，用于描绘基于微阵列技术的基因表达谱的聚类分析图、用于描绘基于物种组成的生态群落聚类图等 ③，这些树状图并不是进化树，因而树状图在生物科研领域的广泛使用会对"树式思维"能力的形成造成挑战。

进化树是学习生物进化的必备工具，对学生理解生物进化至关重要。读懂进化树的能力称为"树式思维"能力，这种能力的形成要求学生准确把握生命进化树的概念、进化树构建的过程与方法，以及通过进化树了解人与自然以及社会之间的紧密关系，而这些正是科学素养所强调的 3 个维度。本研究表明在我国重视生物进化教学的背景下，学生的"树式思维"能力不足。这不仅与进化树自身的复杂性、学生已有的知识和经验、知觉因素等相关，还与我国基础教育阶段缺乏进化树教学有关。因此，我国不仅需要对生物科学专业本科生，还应对基础教育阶段学生的"树式思维"能力培养引起重视。

---

① NOVICK L R, CATLEY K M. Understanding phylogenies in biology: the influence of a gestalt perceptual principle [J]. Journal of Experimental Psychology: Applied, 2007, 13（4）: 197–223.

② CATLEY K M, NOVICK L R. Seeing the wood for the trees: an analysis of evolutionary diagrams in biology textbooks [J]. BioScience, 2008, 58（10）: 976–987.

③ BAUM D A, SMITH S D, Donovan S S S. The tree-thinking challenge [J]. Science, 2005,310: 979–980.

第5章　常见的进化树迷思概念调查研究

一、研究设计

（一）研究内容及思路

围绕"当前我国生物科学专业本科生存在哪些进化树迷思概念"和"我国生物科学专业本科生存在的进化树迷思概念可能由哪些因素所导致"这两个研究问题开展调查研究。首先，设计"树式思维"能力访谈提纲，用于定性描述学生的进化树迷思概念。其次，选取被试实施"树式思维"能力访谈提纲。再次，选取3名研究者对访谈数据进行分析，采用建构主义的研究范式，依据扎根理论这一体系化的程序对访谈数据进行分析与整理。最后，结合访谈数据的分析结果，从进化树自身的复杂性、学生已有的知识和经验、解读图表时感知觉因素的使用，以及进化树的教学因素等方面分析进化树迷思概念的成因。

（二）访谈对象

本研究通过两条途径选取被试者。其一，依据"树式思维"能力测验研究中生物科学专业本科生在"树式思维"能力测验中的表现，遵循最大差异性原则，邀请该测验研究中的参与者参与访谈；其二，邀请部分对"树式思维"能力感兴趣的生物科学专业研究生参与访谈，在访谈前所有受邀者需已独立完成"树式思维"能力测验。依据上述两条途径，基于被调查者"树式思维"能力测验的答题情况，以及被调查者接受访谈的意愿，本研究选取了其中15名参与者作为参与深度访谈的对象。其中，男生3人（占20%），女生12人（占80%）；生源地类别为中小城市的学生4人（占27%），生源地类别为城镇的学生5人（占33%），生源地类别为农村的学生6人（占40%）；无宗教信仰的学生13人（占87%），有宗教信仰的学生2人（占13%）；表示已学过进化知识的学生14人（占93%），不清楚是否学过进化知识的学生1人（占7%）。15名访谈对象的具体信息介绍如表5-1所示。

需要说明的是，F1与F2为生物科学专业研究生，而其他被访谈人员均为生物科学专业本科生。由于学生在研究生阶段存在的进化树迷思概念可能表示其本科阶段也存在此迷思概念，为保证样本的最大差异性，F1 与 F2 被纳入本研究的访谈对象。

表5-1　受访者基本信息表

编号	性别	生源地类别	有无宗教信仰	是否学过进行知识
F1	女	城镇	无	是
F2	女	城镇	无	是
F3	女	农村	无	是
F4	女	农村	无	是
F5	女	农村	无	是
F6	女	城镇	无	是
F7	女	中小城市	无	是
F8	男	城镇	无	是
F9	女	农村	具体情况不详	不确定
F10	男	中小城市	无	是
F11	女	农村	无	是
F12	男	中小城市	无	是
F13	女	中小城市	无	是
F14	女	农村	无	是
F15	女	城镇	佛教	是

（三）研究方法

1. 访谈工具

本研究采用三阶段访谈法（3P-SIT）设计"树式思维"能力访谈提纲，用于定性描述学生的进化树迷思概念。访谈一共分为 3 个阶段。阶段一：探测学生关于进化树已有的认知结构，即基于学生已有的知识和经验，获得对应着学生"树式思维"能力表现的访谈数据；阶段二：基于学生在研究二生物科学专业本科生"树式思维"能力测验中的推理过程和表现，获得对应着学生"树式思维"能力表现的访谈数据；阶段三：针对"树式思维"能力测验和访谈提纲的表达方式，获取表达方式与学生访谈数据之间的对应关系。各阶段访谈设计意图及具体访谈内容见表 5-2。

表5-2 "树式思维"能力访谈提纲的设计思路

访谈阶段	访谈内容及设计意图
阶段一：探测学生关于进化树已有的认知结构	从学生对进化树的已有认知入手，首先了解其对进化树各组成部分的理解，然后探测学生对进化树能显示进化历程，以及物种之间亲缘关系的理解程度；其次通过翻转进化树分支以及改变进化树的表现形式进一步考查学生理解进化树所示物种亲缘关系的情况；最后，依据学生自己构建的进化树，询问其构建进化树的依据，考查其构建进化树的能力
阶段二：获得对应着学生"树式思维"能力表现的访谈数据	基于学生在"树式思维"能力测验中的表现，选取测验中的题目，询问学生的解题思路和想法。所选取的测验题以该生答错的题为主。研究者通过聆听学生对解题过程的阐述，对其存在的疑问或未理解清楚的地方进行追问，以求清晰、准确地了解学生的解题思路和在访谈过程中所表现出来的各种想法
阶段三：获取表达方式与学生访谈数据之间的对应关系	请学生评价"树式思维"能力测验的表达形式，对测验设计中有待改进的地方提出自己的看法，用以排除由于测验本身的语言或图形的表达方式等因素对学生解读进化树所带来的影响

2. 数据的采集与分析思路

本研究根据被访者参与"树式思维"能力测验的表现，采取目的性抽样，即以尽可能抽取为本研究问题提供最大信息量的样本为抽样原则，抽取了 15 名受访者进行一对一的深度访谈。为了确保研究的伦理性和可靠性，一方面，研究者会事先询问受访者的访谈意愿，只有在征得受访者同意的情况下才会对访谈过程进行录音，且在后续的数据呈现中也对受访者的信息进行匿名转化。另一方面，研究者在访谈过程中尽量减少各因素对受访者的影响，确保受访者所提供的信息真实有效。

征得受访者同意后，研究人员使用录音笔对访谈内容进行录音，而后将录音材料转录成文本材料。由于访谈的第一阶段涉及受访者所作进化树的图片，访谈第二与第三阶段涉及"树式思维"测试卷，因此，研究人员在转录录音材料时，将受访者在访谈过程中所涉及的图片或测试题添加至文本材料的恰当位置。转录后的文本材料将用于后续的数据分析。本研究选取 3 名研究者对访谈数据进行分析。基于建构主义的研究范式，依据扎根理论的数据分析方法与策略对访谈数据进行分析与整理。

二、理论框架

（一）建构主义的研究范式

范式（Paradigm）是美国学者库恩（Kuhn，1970）提出的。库恩认为，科学家共同体共享一种范式或者"学科基体（discipline matrix）"，这包括他们的本体论（ontology）和认识论（epistemology）。其中，本体论是指科学家研究的现实本质，包括其组成要素及其要素之间的关联；认识论是指适合调查这一现实本质的方法以及过去科学成就的公认范例，这些范例不仅提供了深入研究的基础，还为未来科学共同体的成员提供了模型。库恩认为，一个成熟的学科是由单一的范式所主导的。[①] 我国学者陈向明认为理论范式主要是在本体论、认识论和方法论3方面对一些重要的问题进行探讨。其中，本体论方面要回答的是"真实性"问题："现实的形式和本质是什么？事物到底是什么样子？它们是如何运作的？"认识论方面要回答的问题是："知者是如何认识被知者的？"而对这个问题的回答受到其本体论方面的制约，即"知者和被知者之间相互分离的关系是否存在？"方法论方面需要解决的问题是："研究者是通过什么方法发现那些他们认为是可以被发现的事物的？"而对这一问题的探讨又受到本体论与认识论两方面的制约。[②]

范式的命名与分类有很多种，我国学者陈向明认为实证主义（Postivism）、后实证主义（Postpositivism）、批判理论（Critical theory）和建构主义（Constructivism）的分类方式较为全面地概括了目前社会科学研究的主要理论倾向。从各理论的核心问题来看，实证主义与后实证主义的核心问题是"在现实世界中到底发生了什么？我们能在一定程度上确定什么？什么是可信的解释可验证的模式？在我们能理解的范围内，真相是什么？我们如何才能研究一个现象，使我们的发现尽可能地与现实世界相联系？"；建构主义的核心问题是"在这个环境中的人们是如何构建现实的？他们报告的看法、真理、解释、信念以及世界观是怎样的？他们的结构对他们的行为，以及他们与之互动的人有何影响？"；批

---

① 米歇尔·刘易斯-伯克，艾伦·布里曼，廖福挺.社会科学研究方法百科全书：第二卷［M］.沈崇麟，赵锋，高勇，主译.重庆：重庆大学出版社，2017，0952-0953.

② 陈向明.质的研究方法与社会科学研究［M］.北京：教育科学出版社，2000：13-14.

判理论的核心问题是"在这个现象中，某某的观点是如何显现出来的？"。[①] 本研究的目的在于了解并描述学生的进化树迷思概念，这与建构主义的核心问题一致。因此，本研究采用建构主义的研究范式研究学生的进化树迷思概念。

围绕建构主义的核心问题："在这个环境中的人们是如何构建现实的？他们报告的看法、真理、解释、信念，以及世界观是怎样的？他们的结构对他们的行为以及他们与之互动的人有何影响？"建构主义的本体论是一种相对主义，即认为现实是多元的，具有历史性、地域性、情境性等特点，并因个人经验的不同而有所不同，是具体地被建构出来的。建构主义持交往的、主观的认识论，认为研究者与被研究者之间互为主体关系，研究结果是由不同主体通过互动而达成的共识，即研究结果是被创造出来的。建构主义的方法论是一种阐释的、辩证的方法论，研究是一个交往双方不断辩证对话而共同建构结果的过程，其目的不是为了控制或预测客观现实或改造现实，而是为了理解和建构。通过主体之间的理解，人类自身描述和解释事物的认知结构和叙事话语将被扩大。[②]

（二）扎根理论

扎根理论（grounded theory）是指一种系统的归纳方法，用于进行以理论建构为目标的定性研究（qualitative research）。这一理论指涉的内容包括两种：一种包括多种灵活的方法策略的方法；另一种是指这种研究的成果。扎根理论为如何进行定性研究提供了明确清晰、井然有序的指导原则，为如何处理研究过程中的分析资料提供了具体的策略，精简并整合了资料收集和资料分析的工作，使定性研究成为一种正当合理的科学研究。许多研究者使用这个术语来表示收集资料和分析资料的研究方法。扎根理论方法策略的目标是从资料分析中直接构建中层理论，其逻辑核心是这些方法具有的归纳性理论主旨。由此得到的分析结果的效力基于坚实的经验基础之上。这些分析可以产生能够解释所研究现象的集中的、抽象的、概念性的理论。然而，扎根理论在许多研究中常被误解。比如，许多定性研究者常宣称自己在进行扎根理论的研究，而可能仅仅采用了扎根理论中的资料分析策略或者是混淆了定性研究与扎根理论，又或者是仅仅简单、机械地采用扎根理论方法。上述研究都没有真正理解和采纳扎根理论独特的指导原则，都不能体现出扎根理论的特点而使通过扎根理论的方法来发展中层理论的潜力并未充

---

① PATTON M Q.Qualitative Research & Evaluation Methods［M］.3rd ed. CA：Thousand Oaks,2002：132-133.

② 陈向明.质的研究方法与社会科学研究［M］.北京：教育科学出版社，2000：13-17.

分实现。①

1. 扎根理论的渊源

扎根理论的创始人是格拉泽（Glaser）和斯特劳斯（Strauss）②，他们试图发展出一套系统的程序来分析定性资料。他们想对社会过程进行理论分析的构建，从而对社会过程进行抽象理解。依据斯特劳斯（Strauss）和科宾（Corbin）的介绍，扎根理论的形成受到传承于实用主义和芝加哥学派的象征互动论的影响。③象征互动论的主要观点有：①行动者有自我，自我包括"主我"和"客我"。其中，"主我"代表个体冲动的倾向，是有机体对他人态度的反应；"客我"代表个体适应群体的倾向，是有机体自己采取的、有组织的一组他人的态度。因此，自我是一个过程而非一个实体，在这个过程中通过"主我"和"客我"内在的对话相互互动。②行动者在与他人的互动过程中，不断赋予外界事物的意义，这些意义不仅帮助个体获得自我意识，而且被个体用来达到自己的既定目标。③意义来自个人所存在的大社会，某件事对一个人的意义在很大程度上取决于他人就此事对这个人所采取的态度和行为。④社会现象是不断萌生的，人类行为是充满变数的，而不是预设或完全受环境影响的，社会现象是复杂的、多向度的。④⑤

2. 扎根理论的特点和遵循的原则

扎根理论的创始人格拉泽（Glaser）和斯特劳斯（Strauss）认为扎根理论具有严格基于资料、有用、言之有物、持久、可修正、具有解释力的特征。我国学者陈向明认为受到实用主义和芝加哥社会学派学术传统的影响，扎根理论特别强调从行动中产生理论，从行动者的角度建构理论，理论必须来自资料，与资料之间有密切联系。⑥学者卡麦兹（Charmaz）认为扎根理论的特点有灵活但不零散的研究方式，开放但坚持指导原则的分析，基于经验资料但要进行富于想象力的理论概括。⑦

① 米歇尔·刘易斯–伯克，艾伦·布里曼，廖福挺. 社会科学研究方法百科全书：第二卷［M］. 沈崇麟，赵锋，高勇，主译. 重庆：重庆大学出版社，2017，0952–0953.

② GLASER B., STRAUSS A. The discovery of grounded theory［M］. Chicago：Aldine，1967.

③ STRAUSS A., CORBIN J. Basics of qualitative research：grounded theory procedures and techniques［M］. Newbury Park：Sage Publications，1990.

④ 陈向明. 质的研究方法与社会科学研究［M］. 北京：教育科学出版社，2000，57–58.

⑤ 李晓凤，余双好. 质性研究方法［M］. 武汉：武汉大学出版社，2006，69.

⑥ 陈向明. 质的研究方法与社会科学研究［M］. 北京：教育科学出版社，2000，328–332.

⑦ CHARMAZ, K. Grounded theory：Constructivist and objectivist methods［M］// Denzin & Y. Lincoln（Eds.），Handbook of qualitative research. 2nd ed. Thousand Oaks，CA：Sage，2000：509–535.

扎根理论遵循的基本原则可归纳为6方面：①强调对资料进行归纳分析，从资料中产生理论。理论一定要可以追溯到其产生的原始资料，一定要有经验事实作为依据。与资料相吻合的理论是有实际用途的，可以用来指导人们具体生活实践。②研究者对理论保持高度敏感。无论是在研究设计阶段、资料的收集和分析阶段，研究者应对自己现有的理论、前人的理论以及资料中呈现的理论保持警觉，以捕捉能建构理论的新线索。③采用"持续的、不间断的比较"的分析思路，这种比较贯穿研究的整个过程。首先，根据概念的类别对资料进行比较；其次，将有关概念类属与它们的属性整合，同时对这些概念的类属进行比较；再次，勾勒出初步呈现的理论，确定其内涵和外延；最后，对理论进行阐述。④研究者不断地就资料的分析内容建立假设，通过资料与假设之间不断的比较产生理论，然后使用这些理论对资料进行编码并使用这些理论来指导下一步的资料分析工作，如此循环往复。在收集和分析资料的全过程中，研究者应对初步理论假设不断地进行检验。经初步验证的理论可以帮助研究者对资料进行理论抽样。⑤研究者在进行理论建构时可以使用前人的理论或者自己原有的理论，但是这些理论必须与本研究所搜集的资料及其理论相匹配。⑥对理论的检核与评价标准应符合4条特征，即概念必须来源于原始资料，理论中的概念本身应得到充分的发展，理论中的每一个概念应与其他概念之间具有系统的联系，以及理论应具有较强的实用性。当理论已经到达了概念上的饱和，理论中的各个部分之间已经建立了相关且合理的联系，同时于研究者个人而言，其所拥有的时间、财力、个人兴趣和知识范围已达饱和时，对理论的检核可以停止。

3. 扎根理论资料分析的编码过程

编码是指连结收集资料与发展理论扎两个研究过程的重要分析过程。经由编码，研究者界定了资料中发生的事情并且开始理解它们的意义。斯特劳斯（Strauss）和科宾（Corbin）曾界定了3种类型的编码过程，即开放式编码（open coding）、主轴编码（axial coding）与选择性编码（selective coding）。[①] 本文介绍由卡麦兹（Charmaz）改良过的4个编码步骤，即开放式编码（open coding）、聚焦编码（focused coding）、主轴编码（axial coding）与理论编码（theoretical coding）[②]。需要注意的是，这些步骤虽然在程序上有先后，但是在研究过程中是交错、来回进行的，即这些步骤不是单一线性的进程，可以从开放性编码开始，

① STRAUSS A., CORBIN J. Basics of qualitative research: grounded theory procedures and techniques [M]. Newbury Park: Sage Publications, 1990.

② CHARMAZ K. Constructing grounded theory: A practical guide through qualitative analysis [M]. London: Sage, 2008, 46.

经过聚焦编码后视情况进入主轴编码或者理论编码的程序。[①]

（1）开放式编码（open coding）。研究者将所收集的资料逐字逐句阅读，对于其中的行动、事件、过程等片段加以分解、比较，找出其中的主体并赋予其简洁的、尽可能贴近这些资料的概念性的标签（labeling）或符码（codes）。在开放式编码阶段所赋予的符码具有暂时性、开放性等特点，在未来会进一步修正。研究者们在赋予标签或符码时，应思考如下问题："这些资料可以让我们研究什么""这个事件指涉了什么范畴？什么范畴的面向，或是什么理论的部分？""资料中到底发生了什么事？其中呈现怎样的心理过程或结构过程？"

（2）聚焦编码（focused coding）。根据先前所发展出来的符码，挑选出具有较显著性且彼此关联的符码，将其整合成范畴（categories）或分析性的概念（analytical concepts），这个过程称为范畴化（categorizing），此阶段的编码具有选择性与概念性。例如，当有些符码频频出现或者是屡屡相关，可以凸显资料中最丰富、有趣的主题时，可以发展出一定数量的范畴，作为聚焦编码的基础，以用于分析更多的资料。

（3）主轴编码（axial coding）。主轴编码的目的在于将上述分解后的符码以一个范畴为主轴，重新组合成一个融贯的整体，以及在范畴中区分出不同的次范畴。额外的符码或新的概念可能在这个阶段出现，但是研究者在此阶段的主要目的仍在于组织概念或主题，标示出分析时关键概念的主轴。在主轴编码时，研究者会考虑因果、时间先后、语义、情境、相似或差异、结构与功能、过程与策略、对等、类型等一系列的关系，并收集具有群聚特性的类别或概念。

（4）理论编码（theoretical coding）。格拉泽（Glaser）提出了理论编码家族（theoretical coding families）的说法，指一组或者一系列的理论符码（theoretical codes），这些符码可以帮助研究者指认出或者建立不同范畴之间的理论关系。格拉泽（Glaser）建议了18个理论编码家族：原因、脉络、偶发、后果、共变及条件、过程与程度、面向、类型、策略、互动、认同、分界、目的与手段的联结、文化、共识、单位、时序、建立模型等家族。[②]

---

① 瞿海源，毕恒达，刘长萱，等．社会及行为科学研究法（二）质性研究法［M］．北京：社会科学文献出版社，2013：63-66.

② GLASER B G. Theoretical sensitivity［M］. Mill Valley, CA：The Sociology Press, 1978：73-82.

三、数据分析过程

本研究选取 3 名研究者对访谈数据进行分析。基于建构主义的研究范式，依据扎根理论这一体系化的程序对访谈数据进行分析与整理，共进行三轮数据分析。第一轮数据分析进行开放式编码，确保识别并客观描述访谈数据中体现出的所有进化树迷思概念。第二轮数据分析进行聚焦编码，然后依据聚焦编码的情况进入主轴编码或者理论编码。此轮数据分析需要确保研究者对进化树迷思概念的分类依据达成一致。第三轮数据分析的目的是确保所有研究者对所有访谈数据中迷思概念的识别和分类达成一致。

（一）数据分析人员介绍

本研究共安排 3 名研究者参与数据分析。研究者 A 为教育类专业硕士生，具备数据分析的潜力，善于运用演绎与归纳等基本的科学方法。研究者 B 为某高校教育学院科学教育研究方向教师，具备进化生物学专业知识，对进化树的相关内容有较为深入的研究基础。研究者 C 为教育类专业硕士生，熟悉所有被访谈者的背景信息，并通过文献阅读对常见的进化树错误认知表现、错误认知成因，以及解决策略形成了较深入的理解。

（二）第一轮数据分析

研究者 A 对已经转录成文字的访谈音频数据进行开放式编码，力求全面、客观、真实地呈现被访谈者对进化树的理解情况。第一，将所有受访者访谈文字中所表现出来的进化树迷思概念以表格的形式进行排列，并提炼访谈文字中的关键词句对进化树迷思概念进行编码。第二，将每一名受访者的访谈数据看作一个整体，对所有访谈数据进行分析。数据及分析结果的表达方式为：构建一个两栏的表格，左边一栏呈现被访者的访谈文字，在其对应的右边一栏列出该访谈文字可能体现出的进化树迷思概念。

上述分析完成后，得到由研究者 A 分析得出的 15 份分析结果。研究者 B 从中随机选取 3 份数据（编号为 F5、F10、F15）进行独立分析，然后将分析结果与研究者 A 的分析结果进行对比。结果发现，两名研究者的分析结果并不一致。接下来，研究者 A 通过阅读进化树相关文献以及与研究者 B 进行探讨等方式，确保自己已熟悉前人关于进化树迷思概念的研究成果。而后，研究者 A 对 3 份数据进行再次分析并与研究者 B 的开放式编码的结果进行对比，针对二者数据分析的差异进行讨论，直到两者数据分析结果达成完全一致。

（三）第二轮数据分析

经过第一轮数据分析，研究者 A 和研究者 B 已经在数据分析原则和开放式编码的结果上达成了一致。在此基础上，这两名研究者各自对所有访谈数据进行开放式编码与聚焦编码的程序。然后依据各自聚焦编码的情况进入主轴编码或者理论编码。上述过程完成后，两名研究者对编码的结果进行比较，针对分歧进行讨论，最终对进化树迷思概念的分类及其表现达成了一致，见表 5-3。

表5-3　进化树迷思概念的类型及其描述

迷思概念的类型	各类型的具体描述
错误解读进化树上物种的亲缘关系	包括使用非同源相似的形态学特征、进化树内节点的数量、进化树末端节点之间的距离，以及依据物种所属的类别来解读进化树上物种的亲缘关系
错误解读进化树所示的进化历程	包括进化时间顺序的错误解读、进化树分支的错误解读，以及进化树节点的错误解读
不认识进化树	包括将进化树当作其他可视化思维工具，认为进化树不显示物种的亲缘关系与进化历程
使用错误的知识和经验	包括使用错误的知识和经验来判断物种的亲缘关系，或体现出对生物进化的错误理解

（四）第三轮数据分析

研究者 A 根据第二轮数据分析中研究者 A 与研究者 B 所达成的共识，对所有访谈数据再次进行新一轮的数据分析，其数据分析的结果交由研究者 B 与研究者 C 审阅。3 名研究者针对各自对数据分析结果的不同意见进行讨论，并最终达成了一致。

四、研究结果

本次访谈调查研究共发现 4 种类型共 15 种进化树迷思概念（表 5-4）。附录三为本次研究所发现的所有进化树迷思概念，依据表 5-4 所示的迷思概念类型、按照受访编号 F1 至 F15 的顺序逐条呈现。本节内容通过挑选典型的、具有代表性的案例对各类进化树迷思概念进行介绍。

表5-4 进化树迷思概念一览表

迷思概念的分类及其编码		具体迷思概念及其编码	进化树的正确解读
A错误解读进化树上物种的亲缘关系		A1使用非同源相似的形态学特征、物种的生活方式等特征作为判断物种亲缘关系的依据。例如，认为形态相似的物种之间亲缘关系较近	进化树上物种之间所共享的最近共同祖先是判断进化树上物种之间亲缘关系远近的依据
		A2使用两个物种共同经历的内节点数量作为判断物种亲缘关系远近的依据。例如，认为进化树上物种之间内节点的数量越多其亲缘关系越远	
		A3使用进化树末端节点之间的邻近程度作为判断物种亲缘关系远近的依据。例如，认为进化树末端节点的排列顺序显示了物种之间的亲缘关系远近	
		A4依据物种所属类别来判断物种亲缘关系远近	
B错误解读进化树所示的进化历程	B1进化时间顺序的错误解读	B1-1进化树的分支有"主线"和"侧线"之分； B1-2进化树末端节点从左到右或从右到左的方向为进化历程； B1-3进化树上的连接外群的分支意味着没有发生变化或者认为外群是其他物种的原始祖先或认为某一现代物种是其他物种的祖先	进化树的根部为进化树上所有物种的最近共同祖先，进化树末端节点表示当代物种。进化树显示了从物种最近共同祖先到当代物种的进化历程。由于进化树常以分支图的形式呈现，分支图在保证拓扑结构不变的情况下，有多种表达方式，因此在分支图中，进化树的内节点以及分支的长短并无特殊含义
	B2进化树分支的错误解读。例如，认为分支的长短对应着物种的谱系年龄，或者认为外群的进化时间更长		
	B3进化树节点的错误解读	B3-1当代物种有"高级"与"低级"之分，经历较多、较复杂变化的物种较为高级，反之亦然； B3-2物种的形态改变仅仅只发生在进化树的内节点所指的时刻，分支上没有节点意味着物种没有发生形态改变	

迷思概念的分类及其编码	具体迷思概念及其编码	进化树的正确解读
C不认识进化树	C1将进化树当作物种分类图、食物链等其他可视化思维工具	进化树是一种描绘生物分类单元之间的亲缘关系及其进化历程的树状图。这里的分类单元常指物种或物种内部的不同种群
	C2认为进化树上并不是所有物种都有亲缘关系	
	C3认为进化树未显示物种的进化历程	
D使用错误的知识和经验	D1使用错误的知识和经验来判断物种的亲缘关系。例如，根据物种的生活环境来判断物种的亲缘关系	进化树显示了物种的亲缘关系及其进化历程。解读物种亲缘关系需要根据进化树上物种之间所共享的最近共同祖先来判断，而解释物种的进化历程需要具备对生物进化的正确理解
	D2错误使用专有名词如"分化""水生生物"等，或使用错误的原因来解释生物的进化	

（一）错误解读进化树上物种的亲缘关系

进化树上物种之间所共享的最近共同祖先是判断进化树上物种之间亲缘关系远近的依据。研究发现关于进化树上物种的亲缘关系的错误解读有以下3种表现。

1. 以非同源相似的形态学特征等为依据

具体表现为使用非同源相似的形态学特征、物种的生活方式等特征作为判断物种亲缘关系的依据。如例1所示，受访者F15根据蝙蝠与鸟都会飞来认定两者的亲缘关系较近。

例1：受访者F15部分访谈记录

T：（"树式思维"能力测试题）第16题呢？

F15：鸟，还是一样会选B。

T：理由是？

F15：我那时候想的蝙蝠会飞，鸟也会飞，所以就选B。

2. 以内节点的数量为依据

具体表现为使用两个物种共同经历的内节点数量作为判断物种亲缘关系远近的依据。例如，认为进化树上物种之间内节点的数量越多亲缘关系越远。如例2所示，受访者F3以进化树的分支是否有交点来判断物种的亲缘关系。

例2：受访者F3部分访谈记录

T：嗯，好的，那你在这幅图（图5-1）上面，是根据什么来表示它们这三者的亲缘关系？

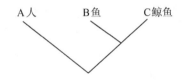

图5-1　受访者F3访谈涉及的进化树

F3：交点，它和它是没有交集的。

T：你认为这个 B 和 A 它们没有交集，所以你认为它们亲缘关系是相对比较远的。鲸鱼和人有一个交点，所以亲缘水平比较近一点。

3. 以末端节点之间的邻近程度为依据

具体表现为使用进化树末端节点之间的邻近程度作为判断物种亲缘关系远近的依据。例如，认为进化树末端节点的排列顺序显示了物种之间的亲缘关系远近。如例 3 所示，受访者 F5 以物种在进化树上的物理距离远近来判断物种的亲缘关系。

例 3：受访者 F5 部分访谈记录

T：然后再看这个（"树式思维"能力测试题）中的第 5 题呢？

F5：哦，我想起来了，我之前做的时候好像都是用距离，大竺葵和蕨类它们处于同一条直线上面，它们两个离玉兰花距离等同，我当时是这么觉得。

4. 以物种所属类别为依据

具体表现为并不直接解读进化树本身，而是依据自己已有的知识和经验，依据物种所属类别来判断物种亲缘关系远近。如例 4 所示，受访者 F10 根据鲸鱼和人都是哺乳动物来判断鲸鱼、鱼和人之间的亲缘关系。

例 4：受访者 F10 部分访谈记录

T：你刚刚你认为鲸鱼和人的亲缘关系会更近一点，那么你是依据什么来进行判断的呢？

F10：就是根据它们两个都是哺乳动物。

（二）错误解读进化树所示进化历程

进化树的根部为进化树上所有物种的最近共同祖先，进化树末端节点表示当代物种。进化树显示了从物种最近共同祖先到当代物种的进化历程。由于进化树常以分支图的形式呈现，分支图在保证拓扑结构不变的情况下，有多种表达方式，因此在分支图中，进化树的内节点，以及分支的长短并无特殊含义。研究发现关于进化树所示进化历程的错误解读可分为以下 3 类。

1.进化时间顺序的错误解读

关于进化时间顺序的错误解读有以下3种表现：①进化树的分支有"主线"和"侧线"之分，如例5所示，受访者F1以进化树根部到C的这条分支为"主线"；②进化树末端节点从左到右或从右到左的方向为进化历程，如例6所示，受访者F6认为进化历程是从最左边的鱼到最后边的人；③进化树上的连接外群的分支意味着没有发生变化或者认为外群是其他物种的原始祖先或认为某一现代物种是其他物种的祖先，如例7所示，受访者F8认为现代物种甲、乙、丙、丁之间存在着进化关系。

例5：受访者F1部分访谈记录

T：（如图5-2所示）我们可以翻转一下这个分支吗？就是B和C对调，你介意吗？

F1：我可能会介意，但我现在不是很确定在这个生物进化的过程当中，是谁先进化出来的。但我猜测是鲸鱼先进化出来的，如果我得到的资料是鲸鱼先进化出来的，那我觉得B和C不能对调。

T：那可以说越排在左边的，你认为越早进化是吗？

F1：我觉得从这里过来，节点先分支出去就是先进化的。

例6：受访者F6部分访谈记录

T：（如图5-3所示）假如现在我想把B和C，也就是鲸鱼和人调换一个位置，翻转一个方向，你会介意吗？

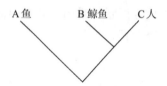

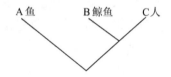

图5-2　受访者F1访谈涉及的进化树　　图5-3　受访者F6访谈涉及的进化树

F6：介意，因为我觉得先是出现鲸鱼，再出现人。

T：那你觉得这个方向（从B到C）也是有体现时间先后顺序的是吗？

F6：对。

例7：受访者F8部分访谈记录

T：关于主观题的话，比较想了解这个（"树式思维"能力测试题）第18题（如图5-4所示），你当时的想法。

F8：我感觉乙对甲、丁对丙，都只有一个基因的不同，我就觉得这是它们的一个线性的变化。

T：也就是说你觉得丁是从丙进化过来的？

F8：嗯，就是它们只有一个基因的变化。

2.进化树分支的错误解读

进化树分支的错误解读的具体表现有：认为分支的长短对应着物种的谱系年龄，或认为外群的进化时间更长。如例8所示，受访者F2认为分支越长，物种的亲缘关系越远。

例8：受访者F2部分访谈记录

T：好，那（图5-5）这些分支，你认为表示什么意思？

图5-4　受访者F8所作的图　　　　图5-5　受访者F2所作的图

F2：分支是应该有长短的，越长的话可能亲缘关系就越远，从我们的角度看是这样子的，不然你就要标那个亲缘距离，就是在那边写数字。

T：好的，我复述一下，你认为这个分支的长度，就代表了亲缘关系的远近是吗？

F2：正常情况是这样子的。

3.进化树节点的错误解读

关于进化树节点的错误解读有以下两种表现：①当代物种有"高级"与"低级"之分，经历较多、较复杂变化的物种较为高级，反之亦然。如例9所示，受访者F4认为哺乳动物比鱼类更高级。②物种的形态改变仅仅只发生在进化树的内节点所指的时刻，分支上没有节点意味着物种没有发生形态改变。如例10所示，受访者F12认为在节点处物种产生变化。

例9：受访者F4部分访谈记录

T：（图5-6）刚刚说过A、B、C是表示物种，那现在出示3种具体的物种，鲸鱼、鱼还有人，你认为它们可以怎么对应？

F4：嗯，我觉得这个（A）是鱼。如果按时间点来出发的话，先有了鱼，然后鲸鱼和人的话，都是哺乳类，因为更高级，所以它需要更长的时间，也就是时间往后延迟它们才能出现。那就先有鲸鱼，然后人吧。

例10：受访者F12部分访谈记录

T：那你觉得这样（图5-7）的节点，内部的这个节点，你认为它会表示什么东西呢？

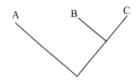

图5-6　受访者F4访谈涉及的进化树

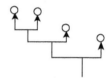

图5-7　受访者F12所作的图

F12：就是开始发生变化的时候的那个点吧，就从这个点开始，它们就不太一样了。它们在这个点发生了分化。

（三）不认识进化树

进化树是一种描绘生物分类单元之间的亲缘关系及其进化历程的树状图。这里的分类单元常指物种或物种内部的不同种群。不认识进化树有以下3种表现：①将进化树当作物种分类图、食物链等其他可视化思维工具。如例11所示，受访者F14认为进化树就是物种的分类图。②认为进化树上并不是所有物种都有亲缘关系。如例12所示，受访者F11认为人与鲸鱼和鱼没有多大的关系。③认为进化树未显示物种的进化历程。如例13所示，受访者F2认为进化树并未显示时间的走向。

例11：受访者F14部分访谈记录

T：嗯，你现在会认为这两幅图（图5-8和图5-9）是一样的，对吗？假设说，嗯，我不认为这两幅图一样的话，我想让你说服我，你会通过哪些点来说服我……

图5-8　受访者F14访谈涉及的进化树

图5-9　受访者F14所作的图

F14：B、C相关联，B、C的共同祖先与A相关联吗？

T：你觉得它们有相关联的地方？有一一对应的地方？

F14：嗯，包含和被包含的关系。

例12：受访者F11部分访谈记录

T：你是如何用这个进化树（图5-10）来表示它们三者之间的关系呢？

F11：……刚刚给我的3个物种，我感觉有关系的只是鱼和鲸鱼，人和它们没有多大的关系。

例13：受访者F2部分访谈记录

T：那你觉得这棵进化树（图5-11）上有显示时间的走向吗？

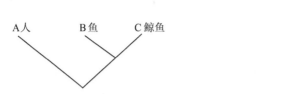

图5-10　受访者F11访谈涉及的进化树　　　图5-11　受访者F2所作的图

F2：没有。

（四）使用错误的知识和经验

进化树显示了物种的亲缘关系及其进化历程。解读物种亲缘关系需要根据进化树上物种之间所共享的最近共同祖先来判断，而解释物种的进化历程需要具备对生物进化的正确理解。使用错误的知识和经验有以下两种表现：①使用错误的知识和经验来判断物种的亲缘关系，例如，根据物种的生活环境来判断物种的亲缘关系。又例如，例14中受访者F5认为蝙蝠属于鸟类。②体现出对生物进化的错误理解。具体表现有错误使用专有名词如"分化""水生生物"等，或使用错误的原因来解释生物的进化。如例15所示，受访者F7使用"分化"来描述物种的进化历程。

例14：受访者F5部分访谈记录

T：那（"树式思维"能力测试题）第16题呢？

F5：我当时觉得蝙蝠属于鸟类，就是从鸟类的分支点进化出了一个方向，先把它看成是鱼类、狗类、鸟类或蛇类，然后觉得蝙蝠跟其他的不是一个种类，是经过这一点的演变，从鸟的这个分支点跑出去的。

例15：受访者F7部分访谈记录

T：那你认为（图5-12）枝干会表示什么呢？

图5-12　受访者F7所作的图

F7：从枝干会分化出不同的物种，鱼类啊，鸟类啊。

T：你会觉得这个枝干它表示时间的走向，或者说是进化的进程？

F7：嗯，都可以这么理解。可能我会觉得时间的走向这一点会比较模糊，就是生物的进化。

五、进化树迷思概念的成因分析及讨论

研究表明，我国生物科学专业本科生存在较多进化树迷思概念。结合上述访谈数据的分析结果，本节将从进化树自身的复杂性、学生已有的知识和经验、解读图表时感知觉因素的使用，以及进化树的教学现状等方面来分析进化树迷思概念的成因。

（一）进化树自身的复杂性

进化树是一种描绘生物分类单元之间的亲缘关系及其进化历程的树状图。这里的分类单元常指物种或物种内部的不同种群。进化树按自身属性主要仅显示拓扑结构的分支图、带有比例尺的系统发生图（Phylograms），以及带有物种多样性、地理分布或生态特征的图。进化树的拓扑结构是指将生命进化历程中的物种抽象为点，通过点与线的连接模式来呈现物种间的进化历程及其亲缘关系。依据进化树拓扑结构的形状可将其分为对角线树、矩形树、环形树[1]。从进化树多种多样的属性、广泛的应用范围、多变的拓扑结构可以看出进化树本身具有复杂性。因此，对进化树片面的理解、不了解其自身的复杂性，都会导致进化树迷思概念的形成。本文将在下一章节中对进化树进行详细介绍。

---

① HALVERSON K L, PIRES C J, ABELL S K. Exploring the complexity of tree thinking expertise in an undergraduate systematics course［J］. Science Education, 2011, 95（5）：810.

（二）学生已有的知识和经验

错误的知识储备以及使用不适合解释进化树的知识和经验也是形成进化树迷思概念的因素。例如，部分受访者认为蝙蝠属于鸟类、鲸鱼属于鱼类，在解读进化树时认为生物为了适应环境而产生相应的性状等，这些表现体现了学生的错误知识储备。又例如，部分受访者认为现代物种有高低等级之分，诚然学生头脑中已有"高等植物""低等植物""低等动物"与"高等动物"的概念，但是从生物进化的角度来看，所有当代动物均由共同祖先进化而来，经历着相同的进化时间，并无高低等级之分。使用已有的高低等级的概念来理解进化树并不合适。又例如，使用"分化"一词来描述生物进化的过程，而"分化"一词一般用于个体形成过程中，个体体内细胞之间形成的形态与功能的差异。

（三）知觉因素的干扰

与前人的研究结果一致，本研究发现格式塔视觉识别原则中的连续性原则与空间邻近性原则也是导致学生形成进化树迷思概念的因素。例如，部分受访者认为进化树的分支有"主线"和"侧线"之分、认为进化树上的连接外群的分支意味着没有发生变化，这些进化树迷思概念可能是受到了格式塔视觉识别原则中连续性原则的影响。部分受访者使用进化树末端节点之间的邻近程度作为判断物种亲缘关系远近的依据，这种进化树迷思概念可能是受到了格式塔视觉识别原则中空间邻近性原则的影响。

（四）进化树教学现状

1. 基础教育阶段生物（科学）学科课程标准未将进化树列入其中

中华人民共和国教育部在印发的《基础教育课程改革纲要（试行）》中规定：国家课程标准是教材编写、教学、评估和考试命题的依据，是国家管理和评价课程的基础[①]。由此可见，课程标准对于学校教学活动开展具有重大指导意义。通过梳理《义务教育小学科学课程标准（2017 年版）》《义务教育生物课程标准（2011年版）》及《普通高中生物学课程标准（2017 年版）》《普通高中生物学课程标准（2020 年修订）》后发现，基础教育各阶段生物（科学）课程标准均将生物进化知识列为课程教学内容的重要组成部分，但是进化树并未被提及（表 5-5）。在

---

① 中华人民共和国教育部. 基础教育课程改革纲要（试行）[EB/OL].（2001-06-08）[2020-07-20]. http://www.moe.gov.cn/srcsite/A26/jcj_kcjcgh/200106/t20010608_167343.html；中华人民共和国教育部. 基础教育课程改革纲要（试行）[EB/OL].（2001-06-08）[2020-07-20]. http://www.moe.gov.cn/srcsite/A26/jcj_kcjcgh/200106/t20010608_167343.html.

课程标准的指导下，进化树在我国基础教育各阶段的课堂教学中必然不会受到重视，更不可能成为教师课堂教学内容的重点，这导致学生在课堂教学中并未得到学习进化树的机会。

表5-5　生物进化内容在我国基础教育各阶段生物（科学）课程标准中的分布情况[1][2][3]

课程标准	教学主题	重要教学概念
义务教育小学科学课程标准	生命科学	义务教育小学科学课程标准在课程内容方面共设定了18个重要概念，其中与进化相关的重要概念有2个：①地球上生活着不同种类的生物；②植物和动物都能繁衍后代，使它们得以世代相传
义务教育生物课程标准	生物的多样性	义务教育（初中）生物课程标准在课程内容方面共设定了50个重要概念，其中与进化相关的重要概念有4个：①地球上生活着各种各样的生物，可以根据特征将生物进行分类；②为了科学地将生物进行分类，弄清生物之间的亲缘关系，生物学家根据生物之间的相似程度，把它们划分为界、门、纲、科、属、种等不同等级。"种"是最基本的分类单位；③地质学、化学记录、解剖学等从不同方面为进化理论提供证据；④生物的遗传变异和环境因素的共同作用，导致了生物的进化
普通高中生物学课程标准	遗传与进化（必修）	普通高中生物学课程标准在课程内容方面共设定了4个重要概念，其中与进化相关的概念有1个：生物的多样性和适应性是进化的结果

2. 基础教育阶段生物（科学）教材缺少对进化树的讲解

为了使学生在教材学习过程中对进化树形成正确的认知、能够合理解读进化树所示的生物进化历程，以及物种亲缘关系，教材应该通过图片呈现和文字说明两种方式对进化树各个组成部分的意义进行介绍。然而，在现有的各个版本的生物（科学）教材当中，与进化树相关的教学内容多以图片形式出现，缺少对图片所示的进化树进行系统的文字解读。以图5-13所示的生物进化历程图示为例，该图并未明确介绍该图是一种进化树，也未介绍该图示各组成部分所代表的含

---

① 中华人民共和国教育部.义务教育小学科学课程标准(2017年版)[M].北京：北京师范大学出版社，2017.

② 中华人民共和国教育部.义务教育生物学课程标准(2011年版)[M].北京：北京师范大学出版社，2011：23-25.

③ 中华人民共和国教育部.普通高中生物学课程标准（2020年版）[M].北京：人民教育出版社，2020：15-19.

义。国外的教材也同样存在上述问题[①]。当基础教育阶段的老师和学生们都缺乏必要的进化树知识储备，而教材又没有对所呈现的进化树图示给出详细的注释时，教师便很难针对该部分内容开展有效的教学活动，使学生无法通过教材形成对进化树正确认知。

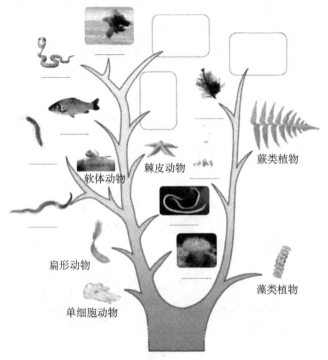

生物进化的大致历程

　　地球上最早出现的生物是原核生物，后来才出现了真核生物，现在形形色色的植物和动物都是真核生物。图7-25是动植物进化的大致历程，你能根据已有的知识补充其中的空缺吗？

蕨类植物

软体动物

棘皮动物

扁形动物

藻类植物

单细胞动物

图5-13　动植物的进化历程（*摘自人教版初中生物八年级下册教材第59页）

3. 基础教育阶段生物（科学）教材对生物进化历程表述容易引发初学者的误解

　　基础教育阶段生物（科学）教材对生物进化历程的表述多以简单直线式进化为主，这与生物原有的进化规律不相符，也容易使学生对生物的进化历程产生误解，从而形成与进化树所要表达的生物进化历程相悖的认知。以图 5-14 所展示的苏教版小学六年级下册的科学教材为例，该图所呈现的内容容易使初学者产生

---

　　① CATLEY K M, NOVICK L R. Seeing the wood for the trees: an analysis of evolutionary diagrams in biology textbooks［J］. BioScience, 2008, 58（10）: 981.

"生物进化历程是简单的直线式进化"的误解。与国内教材存在的问题不同，国外教材中的进化树图虽然大多数都采用分支图的形式来表述生物进化历程，但是也存在对分支图的形式选择不当、分支图表述不符合有效图示标准等的问题。一项研究针对美国 31 种生物教材中进化树的研究发现，教材中的进化树有 72% 是以分支图的形式出现，其中有 55% 的分支图以"阶梯式"的形式出现。然而，"阶梯式"的进化树并不是帮助学生理解生物进化历程最合适的工具。已有研究表明，学生理解"阶梯式"进化树的难度大于理解树状进化树的难度。因此，教材中大量"阶梯式"进化树的表达方式不利于学生对生物进化知识的理解和掌握。另外，生物教材中分支图中部分内容的缺失，以及表述混乱等问题也易影响学生对生物进化知识的正确理解和掌握。例如，部分进化树末端所示的物种为已灭绝的物种，而这些已经灭绝的物种并未进行标注[1]。综上所述，教材中对进化树的不重视、不适合进行教学的进化树类型的大量呈现、进化树中部分内容的缺失，以及表述混乱等问题不利于学生对进化树形成正确认知。

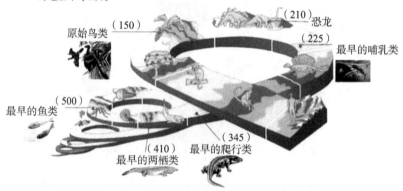

科学家通过对化石的研究发现，鱼类的化石在比较古老的地层中就出现了，而两栖动物、爬行动物和哺乳动物则依次在越来越晚的地层中才出现

（括号内的数字表示大约在多少百万年前）

图5-14　动物进化的历程（*摘自苏教版小学科学六年级下册教材第30页）

---

① CATLEY K M, NOVICK L R. Seeing the wood for the trees: an analysis of evolutionary diagrams in biology textbooks [J]. BioScience, 2008, 58（10）: 981+983.

第6章　常见的进化树迷思概念及其辨析

进化树本质是一种视觉表征，不同视觉表征的意义存在着不同的解读方式。迷思概念是指与科学理解相悖的前概念。由于学生不具备完整的进化树知识体系和基于视觉表征的问题解决的能力[1]，极易形成进化树迷思概念，这是阻碍学生正确理解进化的根本障碍。学者梅尔（Meir）等人[2]、格雷戈里（Gregory）[3]、奈格尔（Naegle）[4]和哈文森（Halverson）等人[5]通过实证研究、文献法等方法共描述了数十种进化树的迷思概念。这些迷思概念主要体现在解读进化树所示的亲缘关系，以及解读进化树所示的生命进化历程两方面（表6-1）。本章将依据上一章的调查结果并结合前人关于进化树迷思概念的研究结果，对常见的进化树迷思概念进行梳理与辨析，以帮助学生逐步完善进化树的知识体系，进而形成正确解读进化树的能力。

表6-1　进化树迷思概念及其正确解读

迷思概念的分类	迷思概念的具体表现	进化树的正确解读
错误解读进化树上物种的亲缘关系	形态相似的物种之间亲缘关系较近	进化树上物种之间所共享的最近共同祖先是判断进化树上物种之间亲缘关系远近的依据
	进化树上物种之间内节点的数量越多其亲缘关系越远	
	进化树末端节点的排列顺序显示了物种之间的亲缘关系远近	

① HALVERSON K L, PIRES C J, ABELL S K. Exploring the complexity of tree thinking expertise in an undergraduate systematics course［J］. Science Education, 2011, 95（5）: 802.

② MEIR E, PERRY J, HERRON J C, et al. College students' misconceptions about evolutionary trees［J］. The American Biology Teacher, 2007, 69（7）: 73.

③ GREGORY T R. Understanding evolutionary trees［J］. Evolution: Education and Outreach, 2008, 1（2）: 131.

④ NAEGLE E. Patterns of thinking about phylogenetic trees: a study of student learning and the potential of tree thinking to improve comprehension of biological concepts［D］. Idaho: Idaho State University, 2009: 50.

⑤ HALVERSON K L, PIRES C J, ABELL S K. Exploring the complexity of tree thinking expertise in an undergraduate systematics course［J］. Science Education, 2011, 95（5）: 810.

续表

迷思概念的分类		迷思概念的具体表现	进化树的正确解读
错误解读进化树所示的进化历程	进化时间顺序的错误解读	①进化树的分支有"主线"和"侧线";②进化树末端节点从左到右或者从右到左的方向为进化历程;③进化树上的连接外群的分支意味着没有发生变化或者认为外群是其他物种的原始祖先	进化树的根部为进化树上所有物种的最近共同祖先,进化树末端节点表示当代物种。进化树显示了从物种最近共同祖先到当代物种的进化历程。由于进化树常以分支图的形式呈现,分支图在保证拓扑结构不变的情况下,有多种表达方式,因此在分支图中,进化树的内节点以及分支的长短并无特殊含义
	进化树分支的错误解读	分支的长短对应着物种的谱系年龄	
	进化树节点的错误解读	①当代物种分"高级"与"低级",经历较多、较复杂变化的物种较为高级,反之亦然;②物种的形态改变仅仅只发生在进化树的内节点所指的时刻,分支上没有节点意味着物种没有发生形态改变;③姐妹群物种的最近共同祖先的形态必定看起来与姐妹群物种中的一种相似	

一、解读进化树上物种的亲缘关系

物种所共享的最近共同祖先是判断物种之间亲缘关系远近的依据。例如,图6-1显示了鳄鱼、鸟、蜥蜴等物种之间的亲缘关系。其中,鳄鱼与鸟之间的最近共同祖先是 D,而鳄鱼与蜥蜴之间的最近共同祖先是 B。由于鳄鱼与鸟享有更近的共同祖先,因而鳄鱼与鸟的亲缘关系比鳄鱼与蜥蜴的亲缘关系更近。而学生常使用不科学或者与亲缘关系并无关联的依据来判断进化树所示物种之间的亲缘关系,主要表现为以下 3 方面。

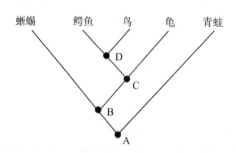

图6-1 末端节点为鳄鱼、蜥蜴等物种的进化树

（一）使用物种的形态相似性状作为判断物种之间亲缘关系的依据

这种方法存在着一定的局限性。一方面，判断物种之间亲缘关系的依据不仅限于物种的形态学特征，还可以使用物种的发育模式、行为特征，以及分子层面的数据等[①]，而使用形态学特征与使用其他依据得到的物种之间的亲缘关系可能并不一致；另一方面，物种的形态相似性状存在着同源相似性状与非同源相似性状之分，其中非同源相似性状不能作为判断物种亲缘关系的依据，比如鲸与鱼都拥有鳍，然而鲸与鱼的鳍并不是来源于同一祖先，而是趋同进化的结果。

（二）使用进化树内节点的数量作为判断物种亲缘关系的依据

以图 6-1 为例，青蛙与龟之间有 3 个内节点而青蛙与鳄鱼之间有 4 个内节点，做出青蛙与龟的亲缘关系比青蛙与鳄鱼的亲缘关系更近的判断。这种方法是不可取的。图 6-1 中青蛙与鳄鱼、青蛙与龟所共享的最近共同祖先均为内节点 A，故青蛙与龟和鳄鱼的亲缘关系相当。因此，物种之间的内节点数量与物种之间的亲缘关系并无联系。

（三）使用进化树末端节点的排列顺序作为判断物种亲缘关系的依据

以图 6-2 ①为例，青蛙与蜥蜴在进化树上的位置相邻，而青蛙与龟并不相邻，

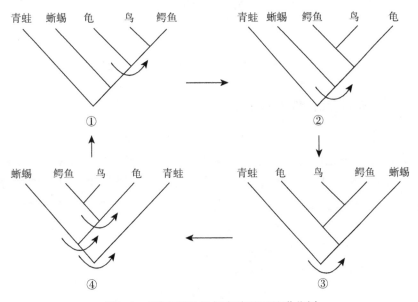

图6-2　4种表现物种间亲缘关系的进化树

---

① KONG Y, THAWANI A, ANDERSON T, et al. A Model of the Use of Evolutionary Trees（MUET）to inform K-14 biology education［J］. The American Biology Teacher, 2017, 79（2）: 81-90.

做出青蛙与蜥蜴的亲缘关系比青蛙与龟的亲缘关系更近的判断，这种方法也是不可取的，理由同上。另一方面，进化树显示的是一种拓扑结构，分支可以随意旋转而并不改变其意。例如，图6-2①—④所示的4种进化树均表达了相同的亲缘关系。从这个角度来看，使用进化树末端节点的排列顺序也是不可取的。

二、解读进化树所示的进化历程

解读进化历程必须首先正确理解进化树各组成部分的含义，即树根表示所有物种的共同祖先，是最古老的祖先；分支仅作为连接各物种间的线段，并不代表进化时间的长度及方向；内节点表示与之相连的末端节点所示物种的共同祖先；末端节点表示当代物种。图6-3显示了物种从古至今的进化历程，即从树根所示的最古老的祖先到进化树末端节点所示的当代物种的进化历程。在解读进化历程时，学生由于不理解进化树各组成部分的内涵，常赋予内节点及分支特殊的意义进而形成迷思概念，具体体现在错误解读进化时间顺序、分支长度及内节点三方面。

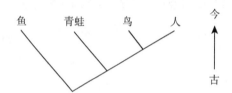

图6-3　末端节点为鱼、青蛙等物种的进化树

（一）关于进化时间顺序的解读

1.将进化树上的分支人为区分为"主线"与"侧线"

这种观点将进化树的分支分为"主线"与"侧线"。例如图6-3，连接树根与人的分支易被认为是"主线"，而其他分支则是"侧线"。然而进化树的分支并无"主线"与"侧线"之分，所以使用分支长短，以及分支上内节点数量的多少来判断"主线"与"侧线"并无意义。

2.认为末端节点的排列顺序显示了进化历程

当进化树属于阶梯状的进化树时，如图6-3所示，认为末端节点从左到右或从右到左的方向为进化历程，尤其当进化树最左侧或最右侧的末端节点处为高等或低等动、植物时，更容易出现这样的解读。然而，这种解读是错误的，因为末端节点均表示当代物种，当代物种都是通过共同祖先进化而来，不存在当代物种之间的进化。

3. 认为外群为其他物种的原始祖先

这种观点认为进化树上的连接外群的分支意味着没有发生变化或者认为外群是其他物种的原始祖先。例如，认为图 6-3 中的鱼并未发生进化，或者认为鱼是青蛙、鸟与人的原始祖先。这种解读是错误的，混淆了树根与外群所在末端节点的含义。因为树根表示原始祖先，而末端节点表示当代物种。当代物种由原始祖先进化而来，两者并不能混为一谈。

（二）关于进化分支长度的解读

分支图是一种常见的进化树，分支的长度易被作为判断当代物种谱系年龄的依据。这种解读是错误的。其一，谱系年龄是指物种从地球上最原始祖先开始直至今日的时间总长度，故所有当代物种的谱系年龄是相同的；其二，如前所述，进化树有分支图与系统发生图之分，其中分支图的分支长短并无特殊含义，而系统发生图是带有比例尺的，分支长度可表示物种的进化时间或物种之间的差异程度。因此，不应混淆分支图与系统发生图中分支的含义。

（三）关于进化树内节点的解读

1. 认为内节点较多的物种较高级

这种观点认为分支上存在较多内节点的物种在进化中经历了较多、较复杂的变化，较为"先进"或"高级"，而分支上内节点相对较少的物种在进化中经历了较少的变化甚至没有变化，较为"落后"或"低级"。这种解读是不可取的，因为所有的当代物种均源于最早的共同祖先，所有的当代物种都经历了相同时长的进化历程。因此从进化时间的角度来看，当代物种并无高低等级之分。

2. 认为物种形态改变仅发生在内节点处

这种观点认为物种的形态改变仅仅只发生在进化树的内节点所指的时刻，分支上没有节点意味着物种没有发生形态改变。这种观点是不正确的。一方面，内节点仅意味着新物种的产生，但是物种的形态改变既可能发生在内节点所指的时刻，也可能发生在此之后；另一方面，常见的进化树末端节点仅展示了部分当代物种，数以万计的物种以及数不清的祖先被省略，故不能认为分支上没有内节点意味着物种在进化过程中没有发生形态改变。

3. 姐妹群物种与其最近共同祖先形态相似

这种观点认为姐妹群物种的最近共同祖先的形态必定看起来与姐妹群物种中的一种相似。仅通过解读进化树来提出此观点是不严谨的，姐妹群物种的形态特征不能作为判断其最近共同祖先形态的依据。必须开展科学实验，通过采集可靠的实验数据并使用科学合理的方法与手段进行验证。

上述进化树迷思概念是错误解读进化树常见的具体表现。值得注意的是，学生常常存在多种迷思概念，这些迷思概念通常以组合的形式存在，起到了相互加强的效果，进一步加大了迷思概念转变为科学概念的难度。已有研究表明，进化树迷思概念的形成与进化树自身的复杂性、解读进化树时的知觉因素（如格式塔视觉识别原则中的连续性原则、空间邻近性原则等）和概念因素（如学生已有的知识和经验、生物学背景的强弱等）、教学方面的因素（如教科书中进化树的使用及表达方式、教学忽略宏进化、教师的教学因素等）相关。通过对进化树进行系统的介绍可以帮助学生了解进化树自身的复杂性，通过对进化树迷思概念进行辨析，可以引发学生对新概念和已有知识和经验的认知冲突、克服在解读图表时的感知觉因素在解读进化树时的影响，进而促进学生进行概念重构，帮助学生形成正确解读进化树的能力，促进学生进一步理解生物进化的本质，形成正确的生物进化观。

第7章 基础教育阶段进化树教学设计及实验研究

一、进化树教学设计

（一）教学目标和内容

本章以 MUET[1] 作为进化树教学的知识框架体系，结合哈文森（Halverson）等人[2] 基于实证研究对进化树的教学内容提出的具体建议，同时参考中小学科学课程标准的要求，以及皮亚杰的认知发展理论中小学阶段学生心理发展的具体特征，制定了进化树教学的目标（表 7-1）。其内容包含 3 个教学模块："认识进化树的组成部分""解读进化树""比较各进化树之间的关系"。各模块教学内容之间具备阶段性、关联性与连续性，前一个教学模块是后一个教学模块的基础。其中，"解读进化树"教学模块是进化树教学的核心。

表7-1 进化树教学的目标及内容

教学模块	教学目标	教学内容
认识进化树的组成部分	认识进化树的内涵，掌握常见进化树的各个组成部分及内涵	①进化树的来源、内涵、基本类型。②进化树的组成部分，根、节点、分支、末端及内涵
解读进化树	掌握进化树的姐妹群和外群的内涵，正确解读进化树所展现的物种间的亲缘关系	①进化树姐妹群和外群的内涵。②解读进化树上各物种之间的亲缘关系
比较各进化树之间的关系	掌握两种常见的进化树类型，理解不同表现形式的进化树之间的区别和联系	①比较进化树分支旋转后的异同。②比较常见的梯形与树形进化树之间的关系

---

[1] KONG Y, THAWANI A, ANDERSON T, et al. A model of the use of evolutionary trees（MUET）to inform K-14 biology education [J]. The American Biology Teacher, 2017, 79（2）：81-90.

[2] HALVERSON K L. Exploring the link between mental rotation and college student learning with phylogenetic trees [C]. Paper presented at the 2010 NARST Annual International Conference, Philadelphia, PA, March 21-24.

（二）教学过程及教学策略

1.教学模块一：认识进化树的组成部分

（1）结合生活情境，认识进化树的内涵。建构主义的学习理论表明，教学中要将学生已有知识作为新知识的生长点，强调学习的情境性[1]。因此，教学中可以借助生活化的例子帮助学生理解抽象的进化树概念。通过展示人类进化历程和黑猩猩、大猩猩、猕猴等现存人类近亲的图片，设问："什么方式既能展现我们人类的进化历程又能展示人类与黑猩猩、大猩猩、猕猴等物种之间的亲缘关系呢？"为了解学生的知识基础，引出展现人、黑猩猩、大猩猩、猕猴等物种之间亲缘关系的进化树。这样既帮助教师了解学生的学习基础，调节教学内容，又以学生熟悉的人类进化历程及近亲为例，引入进化树的抽象概念，使教学自然过渡到新知识的学习。

（2）运用视觉感知，认识进化树的组成部分。建构主义的学习理论强调学习是学生主动构建知识的过程。进化树是一种典型的视觉表征，学生需要观察进化树及组成部分，在教师指导下，联系已有知识经验，认识和解释新事物，认识和理解进化树组成部分及内涵。在教学中，教师先后展示图7-1所示的两棵进化树，先介绍进化树一般由根、分支、节点、末端4个部分组成，再分析各组成部分的基本内涵。图7-1①所示的进化树展现了甲、乙、丙之间的亲缘关系，进化树的末端甲、乙、丙表示现存物种，节点表示乙与丙的最近共同祖先，根表示进化树上所有物种的共同祖先，即甲、乙、丙的共同祖先，分支表示连接物种与节点及根的线段。在教学中，让学生先学习图7-1①再学习图7-2②，通过增加进化树的复杂性来帮助学生深入理解进化树各组成部分的内涵。

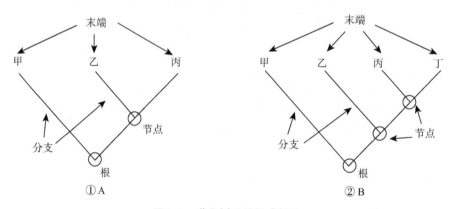

图7-1　进化树及其组成部分

---

[1] 莫雷.教育心理学［M］.北京：教育科学出版社，2007：64-65.

2. 教学模块二　解读进化树

（1）创设问题情境，引发学生的深度思考。建构主义的学生观认为，在知识学习和问题探索中，学生间的交流与质疑是重要的学习资源[①]。学生的学习和生活经验不同，一个问题可能会引出各种不同观点，进而激发学生思考与交流。教师展示图 7-2 所示的进化树，指出这棵进化树展现了鲸、人与鱼三者的亲缘关系，并询问学生鲸与谁的亲缘关系更近。鲸是生活在海洋里的哺乳动物，有学生根据自己已有的知识和经验，认为鲸和鱼的外形较为相似，因此认为鲸和鱼的亲缘关系比鲸和人的亲缘关系近，还有学生根据鲸与人都属于哺乳动物而持相反的观念，还有学生根据进化树所表达的亲缘关系进行解读。教师在此时引导持不同观念和思路的学生在尊重他人观念的基础上进行辩论，这有利于激发学生的好奇心，引发学生深度思考，同时也可锻炼学生在民主的氛围下学习与他人相处的能力。

图7-2　展现鱼、鲸与人亲缘关系的进化树

（2）关注前概念的影响，通过认知冲突促进科学概念的转变。"前概念"也称"前科学概念"，是学生在日常生活中对客观世界中自然现象产生的看法，认识和合理地运用学生的"前概念"是建构主义学习理论运用于科学教学的重要原则之一[②]。教师在教学中首先使用甲、乙、丙、丁等来代替进化树上具体的物种，这样可以排除前概念带来的干扰。然后引入姐妹群和外群的概念。姐妹群是指进化树上亲缘关系最近的两个物种，外群是指进化树上与其他物种亲缘关系最远的物种。教师以图 7-3 为例，引导学生识别丙与丁为姐妹群、甲为外群，引导学生依据物种之间最近的共同祖先来解读进化树上物种之间亲缘关系的远近。最后，再次展示图 7-2 所示的进化树，让学生依据最近共同祖先、姐妹群和外群等概念重新解读鱼、鲸与人之间的亲缘关系，得出鲸与人的亲缘关系最近，鱼与鲸和鱼与人之间的亲缘关系相当。这时教师让学生带入自己的前概念，例如，"鲸与鱼都生活在水里""鲸与人都属于哺乳动物"等，再次解读进化树，引发学生的认知冲突，通过新旧知识和经验之间的相互作用，促进学生从前概念向科学概念的转变，形成正确解读进化树的能力。

---

① 莫雷.教育心理学［M］.北京：教育科学出版社，2007：64-65.

② 袁维新.建构主义理论运用于科学教学的15条原则［J］.教育理论与实践，2004（19）：57-62.

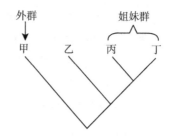

图7-3　进化树中的姐妹群与外群

3. 教学模块三：比较各进化树之间的关系

（1）通过动手操作，获取分支旋转的知觉经验。由于小学生正处于形象思维向抽象思维发展阶段，在理解抽象概念和意义时需要借助直接经验[①]。教学中使用合适的工具为学生提供可以将进化树转变为真实世界中可操作的事物，可以让学生获取知觉经验，从而为学生利用心理旋转在头脑中想象出进化树分支旋转的过程及结果打下基础。教师首先展示教具扭扭棒（图7-4①），将之类比为展现蛇、鳄、鸟、鸡亲缘关系的进化树，让学生知道每个颜色代表的物种，然后向学生展示分支旋转的方法，即分支绕节点旋转，得到的预期成果如图7-4②所示。教师要求学生按照分支旋转的方法，手动旋转扭扭棒，用黑笔在白纸上画出分支旋转后的进化树的表现形式，并挑选学生在黑板上分享自己所画的进化树，力求黑板上呈现进化树的各种表现形式。

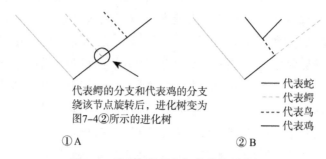

图7-4　进化树教具扭扭棒的旋转实例

（2）运用心理旋转，比较各进化树之间的关系。心理旋转是人在头脑中对表象进行旋转的过程[②]，利用心理旋转能力可以在头脑中对进化树的分支进行旋转，为比较不同进化树间的关系打下基础。通过上一阶段的动手操作，学生获得一定的知觉经验，本阶段需要引导学生运用心理旋转能力，想象进化树分支旋转

---

① 林崇德.发展心理学［M］.北京：人民教育出版社，2009：268-271.

② 林崇德，杨治良，黄希庭.心理学大辞典（上）［M］.上海：上海教育出版社，2003：1405.

的过程和结果，从而能够理解分支旋转后进化树的亲缘关系不变的概念。从上一阶段学生在分享的进化树中，教师任意挑选其中两棵（图7–5①和图7–5②）。并由学生描述图7–5①转换成图7–5②的分支旋转过程，然后引导学生从表现形式和亲缘关系两个角度，比较这两棵进化树间的异同，分析并得出"分支旋转后进化树展现的亲缘关系不变"的结论。在学生已掌握一种类型进化树的基础上，引导学生运用知识迁移能力，解读其他表现形式的进化树，从而理解进化树有多种表现形式。教师展示图7–5③和图7–5④，请学生比较这两棵进化树间的异同，教师引导学生观察黑板上所有的进化树，得出"黑板上所有的进化树都表达了相同的物种亲缘关系"的结论，从而帮助学生理解进化树有多种表现形式来展现相同的物种亲缘关系。

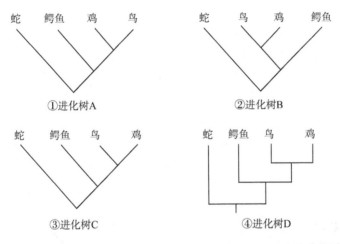

图7–5　展现蛇、鳄鱼、鸡与鸟亲缘关系的多种表现形式的进化树

（三）教学评价

1. 测验卷的编制

本评价采用终结性评价的方式，在课后采用自编测验卷对学生的进化树认知水平进行测验，进化树测验卷命题内容的选择和题目分值的确定以进化树教学的目标及内容（表7–1）为依据，并根据安德森修订的布鲁姆认知教育目标[①]确定测验内容的考查目标层次，最终形成10道测验题，包含判断题、简答题和作图题3个类型，总分24分（表7–2）。其中，"认识进化树的组成部分"考查分值

---

① 吴红耘. 修订的布卢姆目标分类与加涅和安德森学习结果分类的比较［J］. 心理科学, 2009, 32（4）: 994–996.

为 4 分，占总体分值的 16.67%；"解读进化树"考查分值为 12 分，占总体分值的 50%；"比较各进化树之间的关系"考查分值为 8 分，占总体分值的 33.33%。表 7-2 显示了该自编测验卷的测验内容与各教学模块中具体教学目标的对应情况。为确保学生能准确理解题意并能顺利地通过测试并表达自己的想法，该自编测验卷在施测前已邀请小学五年级学生进行预测试。

表7-2　进化树自编测验卷测验内容及例题

教学模块	认知目标	题型、题数及分值	测验内容及测验例题
认识进化树的组成部分	理解概念性知识	简答题2题，每题2分，共4分	考查学生对进化树组成部分中根、分支及内涵的掌握情况 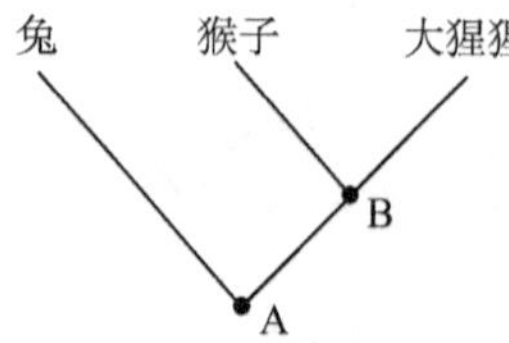 兔　猴子　大猩猩 B A 例题1：图中点A表示什么？（简答题）
解读进化树	理解概念性知识	简答题1题，每题4分，共4分	考查姐妹群和外群的内涵 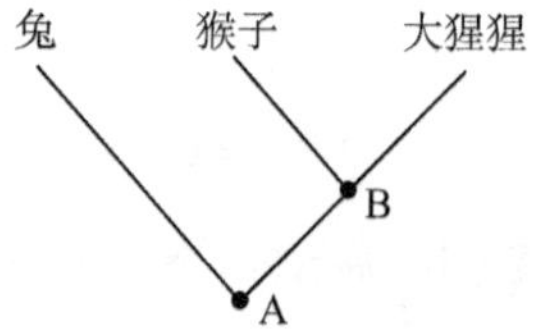 兔　猴子　大猩猩 B A 例题2：哪些物种属于姐妹群？哪些物种属于外群？（简答题）
	分析概念性知识	判断题4题，每题2分，共8分	考查学生对进化树上各物种之间的亲缘关系的认识  海豹　海狮　熊 例题3：图中海狮和海豹的亲缘关系比海狮和熊的亲缘关系更近。（判断题）

教学模块	认知目标	题型、题数及分值	测验内容及测验例题
比较各进化树之间的关系	分析概念性知识	判断题2题，每题2分，共4分	考查学生对不同类型、分支旋转前后的进化树之间的区别和联系的认识 例题4：左图与右图所表示的亲缘关系一致。（判断题）
	应用程序性知识	作图题1题，每题4分，共4分	考查学生对不同类型、分支旋转前后的进化树之间的联系的认识 例题5：此图展现了物种A、B、C、D之间的亲缘关系。请画出可以表示与上图一样的亲缘关系的树？（作图题）

2. 评分标准的制定

该套自编测验卷的简答题和作图题以 SOLO 分类评价理论作为依据。SOLO 分类评价理论表明学生的认知发展具有 5 个水平，即前结构、单点结构、多点结构、关联结构、抽象拓展。根据 SOLO 认知发展阶段研究[①]，5—6 年级的学生正处于发展多点结构水平，因而在评分标准设置中达到多点结构水平及以上的学生可获得满分。当学生所处的 SOLO 结构水平越高，其联系的相关知识就越多，得分就越高。具体来讲，在简答题中，处于前结构水平得 0 分，处于单点结构及以上水平的学生依据答案的完整性可得 1—2 分。例如，表 7-2 中的例题 1，"图中 A 点表示什么？"A 点为进化树的根。若学生回答无关知识，表现为处于前结构，得 0 分。若学生联系到进化树组成部分的知识，能识别出进化树的根部并明确指

---

① 李佳，高凌飚，曹琦明 .SOLO 水平层次与 PISA 的评估等级水平比较研究［J］.课程·教材·教法，2011，31（4）：91-96+45.

出根部的内涵，可得 2 分；若只回答出其中之一，只得 1 分。以表 7-3 的作图题例题 5 为例，学生联系进化树类型和旋转进化树分支的相关知识的程度不同，他们的得分也不尽相同。如学生表现为只旋转进化树的分支或只改变进化树类型，体现出单点结构，均只得 1 分。若学生表现为既旋转进化树的分支又改变进化树的类型，体现出多点结构，则可以得到 2—4 分，具体评分标准见表 7-3。

表7-3 进化树自编测验卷中简答题的评分标准及实例

SOLO认知发展阶段	特点	学生表现	
		例题5：此图展现了物种 A、B、C、D 之间的亲缘关系。请画出可以表示与上图一样的亲缘关系的树？(作图题)	
前结构	无法相关经验，或联系已有经验	末端　柳树　百合　松树　白杨树　A　B　根	0分：无法理解题意，联系相关知识
单点结构	仅能联系一种的已知经验	A　B　C　D	1分：仅能想起一种进化树类型或仅能旋转一个分支
多点结构及以上	能联系并罗列多种已有经验	A　B　C　D（两种树图）	2分：可以罗列出分支旋转的多种可能，或是罗列出多种进化树类型，或是既画出另一种进化树类型又旋转了一个分支
		B　C　D　A	3分：既画出了一种及以上进化树的类型，又旋转了进化树中较多的分支
		A　D　B　C　B　C　D　A　A　D　B　C	4分：画出了进化树的另一种类型，并旋转了进化全部分支。或是画出了2种以上进化树类型，旋转了较多的分支

二、小学进化树教学的实验研究

（一）实验设计

本文采用单因素等小组前后测验的模式，实验的自变量为基于心理旋转的教学活动，因变量为学生的测验成绩。实验程序分为四步：第一，对所有参与实验的学生进行第一次测验；第二，对实验组学生开展进化树教学，但对照组学生不参与教学；第三，对所有参与实验的学生采用同套测验卷进行第二次测验；第四，数据分析，通过比较前后测验的分数，从统计学上分析基于心理旋转的进化树的教学效果。

（二）实验样本

本文选取东南部某市两所市属公立学校 M 小学和 Q 小学 5—6 年级的小学生，以班级为单位参与实验。为控制无关变量的影响，本文选取的实验组与对照组需满足前测成绩并无显著性差异。前测结果显示只有 M 小学 5 年级和 Q 小学 6 年级的两对实验组和对照组符合实验要求，共计 73 名实验组学生和 68 名对照组学生。

（三）实验研究结果

1. 实验组与对照组的前后测成绩比较

通过比较实验组和对照组前后测成绩发现：实验组后测成绩（$M=16.62$，$SD=3.234$）显著高于前测成绩（$M=11.27$，$SD=3.660$）（$t=-10.163$，$\rho=0.000<0.01$），对照组前后测并无显著变化（$t=0.769$，$\rho=0.444>0.05$）。这表明进化树教学能显著提高学生的进化树认知水平，见图 7-6。

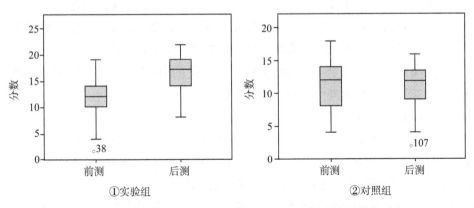

图7-6　实验组（$n=73$）和对照组（$n=68$）前测后测成绩对比

通过分析实验前后测各教学模块的成绩发现，实验组各个教学模块的后测成绩均显著高于前测成绩，而对照组各教学模块的前后测成绩无显著变化（表7-4）。表明进化树教学的各教学模块均能有效达成教学目标。其中，实验组在"认识进化树的组成部分"教学模块前后测表现中，平均分和标准差均有较大变化，学生的平均成绩提高了，但是学生的成绩分布相对来说更加离散，表明学生对认识进化树各组成部分的认知存在差异性。

表7-4　实验组、对照组前后测各模块成绩比较（$M \pm SD$）

教学模块	测验题目	实验组			对照组		
		前测分数	后测分数	t	前测分数	后测分数	t
认识进化树的组成部分	简答题第1、第2题	0.08 ± 0.49	2.33 ± 1.40	-13.59***	0.18 ± 0.83	0.10 ± 0.46	0.80
解读进化树	判断题第1、第2、第4、第5题 简答题第3题	8.27 ± 2.91	9.95 ± 2.08	-4.07***	7.74 ± 2.56	7.74 ± 2.56	0.00
比较各进化树之间的关系	判断题第3、第6题 作图题	2.92 ± 1.24	4.34 ± 1.35	-7.00***	3.21 ± 1.20	2.99 ± 1.24	1.40
进化树认知的整体水平	全部测验题	11.27 ± 3.66	16.62 ± 3.23	-10.16***	11.12 ± 3.29	10.82 ± 3.19	0.77

注：* $p < 0.05$，** $p < 0.01$，*** $p < 0.001$

2. 实验组学生不同认知目标层面的前后测成绩比较

通过比较实验组学生在不同认知目标层面的前后测得分情况发现，学生在各认知层面的后测成绩均显著高于前测成绩（表7-5）。理解概念性知识这一认知目标层面是以简答题作为考查类型，依据SOLO分类评价理论的评分标准，学生所处的进化树学习结果的结构层次越高，其得分越高。因此，实验组后测成绩显著高于前测成绩，表明经过教学干预，实验组学生中处于前结构水平的学生减少，处于单点结构及以上水平的学生增多，表明更多的学生已经掌握了进化树的基本概念并形成了解读进化树的能力。

在分析概念性知识这一认知目标层面，学生仅在判断不同类型进化树表达的亲缘关系（即判断题第6题）的后测表现比前测表现有了显著提高，而在"解读进化树"教学模块和判断同一类型分支旋转前后进化树表达的亲缘关系（即判断题第1—5题）的前后测表现并无显著变化（表7-5）。由此可见，本次教学干预对分析相同类型进化树上物种亲缘关系的认知水平并无显著提高，但是对分析不同类型进化树上物种亲缘关系的认知水平有显著提高。这可能是由于学生已有的前概念在起作用。例如，判断题第1题请学生判断海狮、海豹、熊三者亲缘关系，学生可能基于已有的知识和经验能准确判断出物种间的关系，从而导致学生对这道题的正确解答与解读进化树之间的能力并不对应。

学生在"应用程序性知识"认知目标层面成绩显著提高，但学生的整体平均分较低。这表明依据 SOLO 分类评价理论，处于单点结构和多点结构的学生数量有所增加，有部分学生能够在正确读懂进化树的基础上画出进化树，能理解各种不同表现形式的进化树之间的关系，具备绘制进化树的能力。分析获得 0 分学生的答题情况发现，部分学生可能未理解题意或者混淆了进化树与真实的树，例如表 7-3 中的 0 分答案。该题通过让学生画出不同表现形式的进化树来考查学生是否理解不同进化树之间的联系与区别，然而对题目的错误理解和学生已有的知识和经验影响了学生的答题表现。

表7-5　实验组进化树各教学目标的前后测成绩比较

认知目标	教学模块	测验题目（分值）	前测分数	后测分数	t
理解概念性知识	认识进化树的组成部分	简答题第1题（2分）	0.05 ± 0.33	1.27 ± 0.85	-11.97^{***}
		简答题第2题（2分）	0.03 ± 0.16	1.05 ± 0.74	-11.79^{***}
	解读进化树	简答题第3题（4分）	2.71 ± 1.78	3.75 ± 0.88	-4.71^{***}
分析概念性知识	解读进化树	判断题第1题（2分）	1.84 ± 0.55	1.84 ± 0.55	0.00
		判断题第2题（2分）	1.53 ± 0.85	1.67 ± 0.75	-1.09
		判断题第4题（2分）	1.40 ± 0.92	1.62 ± 0.79	-1.59
		判断题第5题（2分）	0.79 ± 0.99	1.07 ± 1.01	-1.49
	比较各进化树之间的关系	判断题第3题（2分）	1.62 ± 0.79	1.78 ± 0.63	-1.349
		判断题第6题（2分）	1.29 ± 0.96	1.89 ± 0.46	-4.964^{***}
应用程序性知识	比较各进化树之间的关系	作图题（4分）	0.01 ± 0.12	0.67 ± 0.99	-5.680^{***}

注：* $\rho < 0.05$，** $\rho < 0.01$，*** $\rho < 0.001$

三、总结与讨论

本部分运用学生已有的生活经验向他们介绍进化树的概念及基本组成部分，通过合理利用学生的前概念帮助学生科学地认知进化树上物种的亲缘关系，经历动手操作和心理旋转的过程使学生理解了不同表现形式的进化树之间的关系。采用传统测验卷的方式用于评价进化树教学的效果，帮助教师了解学生对进化树的认知水平。单因素等组前后测验的实验结果发现，依据本文的进化树教学设计进行教学能显著提高小学5—6年级学生的进化树认知水平，这为学生进一步理解生物进化打下基础。

虽然该进化树教学设计可显著提升学生的进化树认知水平，但是在教学实践中仍存在一定问题。第一，教具的使用问题。教学工具扭扭棒的使用虽然激发了学生参与课堂学习的热情，但是学生很难将分支正确围绕节点进行旋转，不能准确地画出分支旋转后进化树的表现形式，这不利于学习和理解该模块的知识。因此，教具的使用不能仅注重学生的亲身参与和体验，还应建立起教具和教学内容的进一步联系，以帮助小学生正确理解进化树的教学内容。第二，教学目标未重视对进化历程的解读。从学生的课堂和测验表现来看，出现了表示现代物种的进化树末端并未绘制在同一水平线上的问题，这可能与教学忽视了物种之间的进化历程有关。因此，教学不仅要重视进化树上物种之间亲缘关系的解读，还应注重解读物种之间的进化历程。第三，教学评价未完全排除前概念的干扰。在教学评价中出现了学生基于已有的知识和经验判断物种亲缘关系的可能，使教师无法准确掌握学生解读进化树的真实能力。因此，在对学生解读进化树的能力进行评价时，有必要使用代码或标记来代替真实的物种，以避免学生前概念所带来的干扰。同时，教师也应合理使用学生的前概念，引发学生的认知冲突，帮助学生转变错误的前概念。

进化树教学旨在通过使用进化树这类视觉表征帮助学生进一步理解生物进化。虽然当前国际上关于进化树教学的研究成果为本文开展进化树教学实践提供了知识框架和具体的教学建议，但如何为不同年龄段和不同发展阶段的学生制定合适的学习目标仍缺乏相应的指导依据。随着学生生物学科知识与素养的提升，进化树作为学习生物进化的重要工具，如何应对各个阶段学生发展的要求，如何与生物课堂教学紧密联系，教学的连续性和拓展性还应进一步研究。另外需注意的是，进化树的教学仅通过传统课堂教学的方式是不够的，还需利用自然博物馆、动植物园、水族馆、科技馆等非正式教学环境，让学生运用进化树这一工具，深入认识物种之间的相互关系及理解生物的多样性，促进学生科学知识的系统化和结构化，发展学生的科学思维能力，进而提高其科学素养。

第8章 "树式思维"能力培养策略

围绕"我国生物科学专业本科生的进化树迷思概念的转变策略有哪些"和"结合当前国际上'树式思维'能力培养的研究成果，可以采取哪些措施来提升我国学生的'树式思维'能力水平"这两个问题来提出"树式思维"能力培养的策略。第一，基于生物科学专业本科生"树式思维"能力现状调查的实证研究结果，结合常见的进化树迷思概念的辨析及基础教育阶段进化树教学设计及实验研究的结果，归纳总结适用于课堂教学的进化树迷思概念的转变策略；第二，通过分析我国生物科学专业本科生进化树迷思概念的成因，结合当前关于"树式思维"迷思概念的研究成果，提出培养我国学生"树式思维"能力的对策及建议。

一、基于概念转变的进化树教学策略

（一）探知学生的进化树迷思概念

探测学生已有的认知结构是进行概念转变学习的前提条件。本书在第二章梳理了当前可用于检测"树式思维"能力水平的调查工具，例如，鲍姆（Baum）等人的"树式思维"选择题、学者梅尔（Meir）等人采用七步法开发的"树式思维"测试题、学者纳格尔（Naegle）编制的《"树式思维"概念清单》（TTCI）选择题、学者史密斯（Smith）等人设计的一种开放式回答的"树式思维"能力评估工具（*A Phylogeny Assessment Tool*，PhAT）等。上述调查工具可单独使用或结合访谈法进一步探测学生的进化树迷思概念。

（二）引发认知冲突

研究表明，进化树的科学概念与学生的知觉因素，以及学生已有的知识和经验产生冲突是形成常见的进化树迷思概念的主要原因，这些因素可引发学生的认知冲突，促进学生形成科学的认知。具体来讲，格式塔心理学原理中的连续性原则与空间邻近性原则对解读进化树有消极作用，使用这些原则对进化树的解读与进化树的正确解读之间的差异可引发学生的认知冲突。部分已有的知识和经验也会造成对进化树的错误解读，例如，在解读鱼、鲸与人之间亲缘关系的进化树时，学生基于自己已有的认知可能会得出"人类有四肢，而鱼和鲸没有，因此鱼和鲸的亲缘关系更近"的结论，教师向学生展示正确的进化树解读结果，即鲸与人的亲缘关系更近，就能引发学生的认知冲突，学习课堂讨论随之产生。本书第六章总结了常见的进化树迷思概念，这些迷思概念可作为引发学生进化树认知冲突的教学参考。

（三）解决认知冲突的教学策略

常见的解决认知冲突的教学策略有比喻和类比、小组合作学习以及巩固练习等。例如，利用心理旋转能力进行进化树的教学可以从头脑中对进化树的分支进行旋转，加深对进化树本质的理解。然而部分学生在头脑中旋转进化树分支较为困难，借助教具扭扭棒可能是一种有效的方式，这一类策略主要借助实物演示的手段帮助学生认识进化树拓扑结构的本质。这一进化树教学策略的有效性在第七章的进化树教学实证研究中得到了验证。另外，小组合作学习也是一种有效的教学方式，可以让学生在合作中交流、讨论，使自己的进化树迷思概念得以暴露进而在思考和讨论中得以纠正。在进化树教学中，还可以通过练习、问答等形式进行阶段性的复习与巩固，促进学生形成对进化树的正确认知。

（四）制定进化树学习进阶的教学目标

顺应当前国际科学概念学习的发展趋势，在进化树的教学中应根据概念发展的不同阶段来设定不同层次的概念发展目标，可依据学习进阶理论开展教学促进学生发展。"树式思维"MUET模型[①]列出了全面系统地掌握"树式思维"能力所必备的知识模块，依据 MUET 模型可以为不同年级的学生制定不同的进化树学习目标。以低年级生物科学专业本科生的进化树学习目标（表8-1）为例，考虑到进化树的构建方法为生物科学专业本科高年级课程《生物信息学》的学习内容，在制定低年级生物科学专业本科生的学习目标时对"树的构建"的学习目标进行了简化，定位为从高中阶段到生物科学专业本科高年级阶段之间的过渡阶段。

表8-1　低年级生物科学专业本科生的进化树学习目标

MUET教学模块	各教学模块的具体学习目标
1.树的表现形式	1.1理解进化树的定义及各组成部分的含义，即根部、节点、分支，以及末端 1.2能识别进化树上的姐妹群和外群并了解演化支的含义 1.3知道进化树可以通过多种类型和多种形式呈现出来

---

① KONG Y, THAWANI A, ANDERSON T, et al. A model of the use of evolutionary trees（MUET）to inform K-14 biology education［J］. The American Biology Teacher, 2017，79（2）：81-90.

续表

MUET教学模块	各教学模块的具体学习目标
2.树式推理	2.1能够使用支序分类学阅读和解读进化树所示物种的特征 2.2理解同源和异形同源，并当这两种性状在进化树上呈现时能准确区分出来 2.3能够识别进化树从根部到当今物种所体现出来的年代学
3.数据资源	3.1理解物种里合适的数据是可以被生物学家用来构建进化树的 3.2知道生物有机体分子的层面数据、行为特征、发育模式和形态学性状可被用作数据资源来构建进化树
4.树的构建	4.1知道构建生命树的主要方法有距离法、最大简约法、最大概率法 4.2当被提供一些简单的物种数据资源时，能运用构建进化树的方法和原则建构进化树

二、推动"树式思维"能力培养的建议

（一）将进化树列入基础教育阶段生物（科学）学科课程标准

基础教育阶段生物（科学）学科课程标准作为国家层面的教学指导性文件，对基础教育阶段生物（科学）学科的课程性质、课程目标、课程内容、教学策略都有明确的规定和建议。若能将进化树列入基础教育阶段生物（科学）学科课程标准中，从政策层面提升进化树在生物（科学）教学中的地位，进而引导教材编写者将进化树纳入教材内容或是在原有基础上适当增加进化树内容所占教材的比重，引导教师重视课堂中的进化树知识讲解、引导学生认识进化树对于理解生物进化历程的重要性。在进化树学习目标的制定方面，应依据学习进阶理论，根据学生发展的不同阶段设定不同层次的概念发展目标，促进学生概念发展的学习进阶。具体而言，在小学阶段，可将进化树列入"生命科学"的教学主题，要求学生了解进化树可以表达生物的进化历程；在初中阶段，可将进化树列入"生物的多样性"的教学主题，要求学生学会使用进化树来理解生物的多样性和生物的进化历程；在高中阶段，可将进化树列入必修课程"遗传与进化"，要求学生理解进化树的不同表达形式。通过上述步骤，循序渐进地在基础教育阶段加强对进化树的学习，为学生进入生物科学专业本科阶段打下基础。

（二）确保教材中生物进化树的呈现方式和表述符合学生认知

本研究和国外已有研究均表明，教材中进化树的呈现方式不利于形成学生对

进化树的正确理解。一方面，由于进化树自身的复杂性，进化树在教材中的呈现方式不利于学生理解进化树；另一方面，部分进化树在教材中并未提供注释。具体来讲，我国部分生物（科学）教材在涉及生物进化历程内容时多采用简单的直线式描述进化历程的图片和文字，部分教材使用了进化树但是并未提供注释。国外教材较多以阶梯状进化树的形式出现，而学生较难正确理解阶梯状进化树。因此，我国教材在涉及生物进化历程、生物多样性的部分应提供符合学生认知的进化树表现形式并提供详细的注释，避免因进化树表现形式选取不当，或缺乏注释等原因使学生对教材内容产生误解。

综上所述，我国在"树式思维"能力培养方面应注重基础教育阶段的进化树教学，一方面将进化树列入课程标准，另一方面确保教材中生物进化树的呈现方式和表述符合学生认知。在教学中，教师应吸收利用进化树教学研究的成果，基于现有的概念转变的理论，选取恰当的概念转变的教学模式与教学策略，从而提升我国生物科学专业本科生"树式思维"的能力与水平。

参考文献

一、图书、学位论文

［1］CHARMAZ K. Constructing grounded theory：A practical guide through qualitative analysis［M］. London：Sage，2008.

［2］DARWIN C R. On the origin of species by means of natural selection，or the preservation of favoured races in the struggle for life［M］. London：John Murray，Albemarle Street，1859.

［3］DUBZHANSKY T，GOULD S J. Genetics and the origin of species（classics of modern evolution series）［M］. Columbia：Columbia University Press，1982.

［4］FREYBERG P，OSBOURNE R. Learning in science：the implications of children's science［M］. London：Heinemann，1985.

［5］FUTUYMA. 生物进化：第3版［M］. 葛颂，等，译. 北京：高等教育出版社，2016.

［6］GLASER B，STRAUSS A. The discovery of grounded theory［M］. Chicago：Aldine，1967.

［7］GLASER B G. Theoretical sensitivity［M］. Mill Valley，C A：The Sociology Press，1978.

［8］HAECKEL E H. Anthropogenie［M］. Leipzig，Germany：W. Engelmann，1874.

［9］HENNIG W. Phylogenetic systematics［M］. Urbana：University of Illinois Press，1966.

［10］KONG Y. Biologists' and Chinese pre-service biology teachers' understanding and application of evolutionary trees［D］. Indiana：Purdue University，2015.

［11］LIMON M，MASON L. Reconsidering conceptual change：Issues in theory and practice［M］. Norwell：Kluer Academic Publishers，2002，3–27.

［12］MAYR E. Populations，Species and Evolution［M］. Cambridge MA：Harvard University Press，1997.

［13］MAYR E. The growth of biological thought：Diversity，evolution，and inheritance［M］. Cambridge，MA：Harvard University Press，1982.

［14］NAEGLE E. Patterns of thinking about phylogenetic trees：A study of student learning and the potential of tree thinking to improve comprehension of biological concepts［D］. Idaho：Idaho State University，2009.

［15］National Research Council. A framework for K-12 science education：practices，crosscutting concepts and core ideas［M］. Washington, DC：National Academies Press，2011.

［16］PATTON M Q. Qualitative research & evaluation methods［M］. 3rd ed. CA：Thousand Oaks，2002.

［17］SCHNOTZ W, VOSNIADOU S, CARRETERO N. New perspectives on conceptual change［M］. New York：Elsevier Science Ltd，1999.

［18］STRAUSS A, CORBIN J. Basics of qualitative research：grounded theory procedures and techniques［M］. Newbury Park：Sage Publications，1990.

［19］WANDERSEEJ H, MINTZES J J, NOVAK J D. Research on alternative conceptions in science［M］. GABLE D.Handbook of Research on Science Teaching and Learning.［S.L.］：MacMillan Publishing Company，1994.

［20］巴顿，布里格斯，艾森，等.进化［M］.宿兵，等，译.北京：科学出版社，2010.

［21］蔡铁权，姜旭英，胡玫.概念转变的科学教学［M］.北京：教育科学出版社，2009.

［22］陈敬朴.基础教育概论［M］.苏州大学出版社，2000.

［23］陈向明.质的研究方法与社会科学研究［M］.北京：教育科学出版社，2000.

［24］翟海源，毕恒达，刘长萱，等.社会及行为科学研究法（二）质性研究法［M］.北京：社会科学文献出版社，2013.

［25］胡中锋.教育科学研究方法［M］.北京：清华大学出版社，2011.

［26］黄光扬.教育测量与评价［M］.上海：华东师范大学出版社，2012.

［27］姜旭英.科学教学概念转变策略之研究［D］.金华：浙江师范大学，2007.

［28］教育部高等学校教学指导委员会.普通高等学校本科专业类教学质量国家标准（上）［M］.北京：高等教育出版社，2018.

［29］金瑜.心理测量［M］.上海：华东师范大学出版社，2005.

［30］金哲华，俞爱宗.教育科学研究方法［M］.北京：科学出版社，2011.

［31］李广洲，任红艳.化学教学测量与评价［M］.北京：科学出版社，2014.

［32］李晓凤，佘双好.质性研究方法［M］.武汉：武汉大学出版社，2006.

［33］林崇德，杨治良，黄希庭.心理学大辞典（上）［M］.上海：上海教育出版社，2003.

［34］林崇德.发展心理学［M］.北京：人民教育出版社，2009.

［35］米歇尔·刘易斯－伯克，艾伦·布里曼，廖福挺.社会科学研究方法百科全书：第二卷［M］.沈崇麟，赵锋，高勇，主译.重庆：重庆大学出版社，2017.

［36］刘影，曾琬婷.数学教育测量与评价［M］.北京：北京大学出版社，2015.

［37］罗伯特·F.德维利斯.量表编制：理论与应用：第2版［M］.魏勇刚，等，译.重庆：

大学出版社，2010.

　　[38] 梅松竹.国际视野下试卷质量评价研究：理论、方法与实践 [M].北京：科学出版社，2015.

　　[39] 莫雷.教育心理学 [M].北京：教育科学出版社，2007.

　　[40] 裴娣娜.教育研究方法导论 [M].合肥：安徽教育出版社，1995.

　　[41] 彭雅莉.格式塔心理学对图形设计的影响 [D].南昌：南昌大学，2006.

　　[42] 漆书青，戴海琦，丁树良.现代教育与心理测量学原理 [M].北京：高等教育出版社，2002.

　　[43] 乔纳森.技术支持的思维建模：用于概念转变的思维工具 [M].顾小清，译.上海：华东师范大学出版社，2008.

　　[44] 沈银柱.进化生物学 [M].北京：高等教育出版社，2002.

　　[45] 孙自强，王标.国外经典教学模式论 [M].北京：科学出版社，2017.

　　[46] 王后雄，李佳.化学教育测量与评价 [M].北京：北京大学出版社，2013.

　　[47] 王艳.基于项目反应理论的项目功能差异检验 [D].北京：北京语言大学，2006.

　　[48] 谢强，卜文俊.进化生物学 [M].北京：高等教育出版社，2010.

　　[49] 张昀.生物进化（重排版）[M].北京：北京大学出版社，1998.

　　[50] 中华人民共和国教育部.普通高中生物学课程标准（2020年版）[M].北京：人民教育出版社，2020.

　　[51] 中华人民共和国教育部.普通高中生物学课程标准 [M].北京：人民教育出版社，2017.

　　[52] 中华人民共和国教育部.义务教育生物学课程标准（2011年版）[M].北京：北京师范大学出版社，2011.

　　[53] 中华人民共和国教育部.义务教育小学科学课程标准（2017年版）[M].北京：北京师范大学出版社，2017.

　　[54] 朱德全.教育测量与评价 [M].北京：高等教育出版社，2016.

二、期刊论文

　　[1] ASGHAR A，WILES J，ALTERS B. Canadian pre-service elementary teachers' conceptions of biological evolution and evolution education [J]. McGill Journal of Education，2007，42（2）：189-209.

　　[2] BALDAUF S L. Phylogeny for the faint of heart：a tutorial [J]. Trends in Genetics，2003，19（6）：345-351.

　　[3] BAUM D A，OFFNER S. Phylogenies & tree-thinking [J]. The American Biology

Teacher, 2008, 70（4）: 222–229.

［4］BAUM D A, SMITH S D, DONOVAN S S S. The tree–thinking challenge［J］. Science, 2005, 310（5750）: 979–980.

［5］BLACQUIERE L D, HOESE W J. A valid assessment of students' skill in determining relationships on evolutionary trees［J］. Evolution: Education and Outreach, 2016, 9（5）: 1–12.

［6］BOUJAOJAOUDE S, ASGHAR A, WILES J R, et al. Biology professors' and teachers' positions regarding biological evolution and evolution education in a middle eastern society［J］. International Journal of Science Education, 2011, 33（7）: 989–995.

［7］BROWN D E. Using examples and analogies to remediate misconceptions in physics: Factors influencing conceptual change［J］.Journal of Research in Science Teaching, 2010（1）: 17–18.

［8］BURKS R L, BOLES L C. Evolution of the chocolate bar: A creative approach to teaching phylogenetic relationships within evolutionary biology［J］. The American Biology Teacher, 2007, 69（4）: 229–237.

［9］CATLEY K M, NOVICK L R, SHADE C K. Interpreting evolutionary diagrams: When topology and process conflict［J］. Journal of Research in Science Teaching, 2010, 47（7）: 861–882.

［10］CATLEY K M, NOVICK L R. Seeing the wood for the trees: an analysis of evolutionary diagrams in biology textbooks［J］.BioScience, 2008, 58（10）: 976–987.

［11］CATLEY K M, PHILLIPS B C, NOVICK L R. Snakes and eels and dogs! Oh, My! Evaluating high school students' tree–thinking skills: An entry point to understanding evolution［J］. Research in Science Education, 2013, 43（6）: 2327–2348.

［12］CATLEY K M. Darwin's missing link–a novel paradigm for evolution education［J］. Science Education, 2006, 90（5）: 767–783.

［13］CHI MTH, SLOTTA JD, DE LEEUW N. From things to processes: A theory of conceptual change for learning science concepts［J］.Learning and Instruction, 1994, 4（1）: 27–43.

［14］CRISP M D, COOK L G. Do early branching lineages signify ancestral traits?［J］. Trends in Ecology & Evolution, 2005, 20（3）: 122–128.

［15］DAVENPORT KD, MILKS K J, VAN TASSELL R. Using evolutionary data in developing phylogenetic trees: A scaffolded approach with authentic data［J］. The American Biology Teacher, 2015, 77（4）: 274–283.

［16］DRIVER R, OLDHAM V A. A constructivist approach to curriculum development in science［J］. Studies in Science Education, 1986, 13（1）: 105–122.

［17］DEES J, MOMSEN J L. Student construction of phylogenetic trees in an introductory biology course［J］. Evolution: Education and Outreach, 2016, 9（3）: 1–9.

［18］DOBZHANSKY T. Nothing in biology makes sense except in the light of evolution［J］. The American Biology Teacher, 1973, 35（3）: 125–129.

［19］DRIVERR, OLDHAM V A. A constructivist approach to curriculum development in science［J］. Studies in Science Education, 1986, 13（1）: 105–122.

［20］EDDY S L, CROWE A J, WENDEROTH M P, et al. How should we teach tree-thinking? An experimental test of two hypotheses［J］. Evolution: Education and Outreach, 2013, 6（13）: 1–11.

［21］EISENKRAFT A. Expanding the 5E model: a proposed "7E" model emphasizes "transfer of learning" and the importance of eliciting prior understanding［J］. The Science Teacher, 2003, 70（6）: 56–59.

［22］GENDRON R P. The classification and evolution of caminalcules［J］. The American Biology Teacher, 2000, 62（8）: 570–576.

［23］GIBSON J P, HOEFNAGELS M H. Correlations between tree thinking and acceptance of evolution in introductory biology students［J］. Evolution: Education and Outreach, 2015, 8（1）: 1–17.

［24］GOLDSMITH D W. The great clade race［J］. The American Biology Teacher, 2003, 65（9）: 679–682.

［25］GOLDSTEIN A M. Exploring phylogeny at the tree of life web project［J］. Evolution: Education and Outreach, 2010, 3: 668–674.

［26］GOLDSTONE R L, BARSALOU L W. Reuniting perception and conception［J］. Cognition, 1998, 65（2–3）: 231–262.

［27］GONTIER N. Depicting the tree of life: the philosophical and historical roots of evolutionary tree diagrams［J］. Evolution: Education and Outreach, 2011, 4（3）: 515–538.

［28］GOSLING S D, GRAYBEAL A. Tree thinking: A new paradigm for integrating comparative data in psychology［J］. The Journal of General Psychology, 2007, 134（2）: 259–277.

［29］GREGORY T R. Understanding evolutionary trees［J］. Evolution: Education and Outreach, 2008, 1（2）: 121–137.

［30］HALVERSON K L, PIRES C J, ABELL S K. Exploring the complexity of tree thinking expertise in an undergraduate systematics course［J］. Science Education, 2011, 95（5）: 794–823.

［31］HALVERSON K L. Using pipe cleaners to bring the tree of life to life［J］. The American

Biology Teacher, 2010, 72（4）: 223-224.

［32］HEWSON P W. A conceptual change approach to learning science［J］. European Journal of Science Education, 1981, 3（4）: 383-396.

［33］HOBBS F C, JOHNSON D J, KEARNS K D. A deliberate practice approach to teaching phylogenetic analysis［J］. CBE-Life Sciences Education, 2013, 12（4）: 676-686.

［34］HUXLEY J. Clines: An auxiliary taxonomic principle［J］. Nature, 1938, 142（3587）: 219-220.

［35］HUXLEY T H. On the application of the laws of evolution to the arrangement of the Vertebrata and more particularly of the Mammalia［J］. Proceedings of the Zoological Society of London, 1880, 43: 649-662.

［36］KONG Y, ANDERSON T, PELAEZ N. How to identify and interpret evolutionary tree diagrams［J］. Journal of Biological Education, 2016, 50（4）: 395-406.

［37］KONG Y, THAWANI A, ANDERSON T, et al. A model of the use of evolutionary trees （MUET）to inform K-14 biology education［J］. The American Biology Teacher, 2017, 79（2）: 81-90.

［38］KOWALSKI P, TAYLOR A K. The effect of refuting misconceptions in the introductory psychology class［J］. Teaching of Psychology, 2009, 36（3）: 153+157.

［39］LAEKIN J H, SIMON H A. Why a diagram is（sometimes）worth ten thousand words［J］. Cognitive Science, 1987, 11: 65-99.

［40］LAWSON A E. What is the role of introduction and deduction in reasoning and scientific inquiry?［J］.Journal of Research in Science Teaching, 2005, 42（6）: 716-740.

［41］LEE G, KWON J, PARK S, et al. Development of an instrument for measuring cognitive conflict in secondary-level science classes［J］. Journal of Research in Science Teaching, 2003, 40（6）: 585-603.

［42］LEMEY P. SPREAD: spatial phylogenetic reconstruction of evolutionary dynamics［J］. Bioinformatics, 2011, 27（20）: 2910-2912.

［43］MCLENNAN D A. How to read a phylogenetic tree［J］. Evolution: Education and Outreach, 2010, 3（4）: 506-519.

［44］MEIR E, PERRY J, HERRON J C, et al. College students' misconceptions about evolutionary trees［J］. The American Biology Teacher, 2007, 69（7）: 71-76.

［45］MEISEL R P. Teaching tree-thinking to undergraduate biology students［J］. Evolution: Education and Outreach, 2010（3）: 621-628.

［46］MORABITO N P, CATLEY K M, NOVICK L R. Reasoning about evolutionary history:

post-secondary students' knowledge of most recent common ancestry and homoplasy [J] . Journal of Biological Education, 2010, 44 (4): 166-174.

[47] NADELSON L S, NADELSON S. K-8 educators perceptions and preparedness for teaching evolution topics [J] . Journal of Science Teacher Education, 2010, 21 (7): 851-854.

[48] NOVICK L R, CATLEY K M. Reasoning about evolution's grand patterns: college students' understanding of the tree of life[J]. American Educational Research Journal, 2013,50(1): 138-177.

[49] NOVICK L R, CATLEY K M. Understanding phylogenies in biology: the influence of a gestalt perceptual principle [J] . Journal of Experimental Psychology: Applied, 2007, 13 (4): 197-223.

[50] NOVICK L R, CATLEY K M. When relationships depicted diagrammatically conflict with prior knowledge: An investigation of students' interpretations of evolutionary trees [J] . Science Education, 2014, 98 (2): 269-304.

[51] NOVICK L R, FUSELIERB L C. Preception and conception in understanding evolutionary trees [J] . Cognition, 2019 (192): 1-19.

[52] NUSSBAUMJ, NOVICK N. Alternative frameworks, conceptual conflict, and accommodation: Toward a principled teaching strategy[J] . Instructional Science, 1982, 11 (3): 183-200.

[53] O'HARA R J. Homage to Clio, or, toward an historical philosophy for evolutionary biology [J] . Systematic Zoology, 1988 (37): 142-155.

[54] O'HARA R J. Population thinking and tree thinking in systematics [J] . Zoologica Scripta, 1997, 26 (4): 323-329.

[55] OMLAND K E, COOK L G, CRISP M D. Tree thinking for all biology: the problem with reading phylogenies as ladders of progress [J] . BioEssays: news and reviews in molecular, cellular and developmental biology, 2008, 30 (9): 854-867.

[56] PERRY J, MEIR E, HERRON J C, et al. Evaluating two approaches to helping college students understand evolutionary trees through diagramming tasks [J] . CBE-Life Sciences Education, 2008, 7 (2): 193-201.

[57] PHILLIPS B C, NOVICK L R, CATLEY K M, et al. Teaching tree thinking to college students: It's not as easy as you think [J] . Evolution: Education and Outreach, 2012, 5 (4): 595-602.

[58] PINTRICH P R, MARX R W, BOYLE R A. Beyond cold conceptual change: The role of motivational beliefs and classroom contextual factors in the process of conceptual change [J] .

Review of Educational Research, 1993, 63 (2): 167–199.

［59］POSNER G J, STRIKE K A, HEWSON P W, et al. Accommodation of a scientific conception: Toward a theory of conceptual change ［J］. Science Education, 1982, 66 (2): 211–227.

［60］SANDVIK H. Tree thinking cannot taken for granted: Challenges for teaching phylogenetics ［J］. Theory in Biosciences, 2008, 127: 45–51.

［61］SCHÖNBORN K J, ANDERSON T R. A model of factors determining students' ability to interpret external representations in biochemistry ［J］. International Journal of Science Education, 2009, 31 (2): 193–232.

［62］SCOTT P H, ASOKO H M, DRIVER R H, 等. "为概念转变而教" 策略综述 ［J］. 物理教师, 2003, 24 (5): 1–3.

［63］SHE H C. Facilitating changes in ninth grade students' understanding of dissolution and diffusion through DSLM Instruction ［J］. Research in Science Education, 2004, 34 (4): 503–525.

［64］SINATRA G M, BREM S K, EVANS E M. Changing minds? Implications of conceptual change for teaching and learning about biological evolution ［J］. Evolution: Education and Outreach 2008 (1): 189–195.

［65］SMITH J J, CHERUVELIL K S, AUVENSHINE S. Assessment of student learning associated with tree thinking in an undergraduate introductory organismal biology course ［J］. CBE–Life Sciences Education, 2013, 12 (3): 542–552.

［66］STATON J L. Understanding phylogenies: constructing and interpreting phylogenetic trees ［J］. Journal of the South Carolina Academy of Science, 2015, 13 (1): 24–29.

［67］STRATFORD S J, KRAJCIK J, SOLOWAY E. Secondary students's dynamic modeling processes: Analyzing, reasoning about, synthesizing, and testing models of stream ecosystems ［J］. Journal of Science Education and Technology, 1998, 7 (3): 215–234.

［68］TYSON L M, VENVILLE G J, HARRISON A G, et al. A multidimensional framework for interpreting conceptual change events in the classroom ［J］. Science Education, 1997, 81 (4): 387–404.

［69］VOSNIADOU S, IOANNIDES C. From conceptual development to science education: A psychological point of view ［J］. International Journal of Science Education, 1998, 20 (10): 1213–1230.

［70］VOSNIADOU S. Capturing and modeling the process of conceptual change ［J］. Learning and Instruction , 1994, 4 (1): 45–69.

［71］VOSNIADOU S, BREWER W. Theories of knowledge restructuring in development ［J］.

Review of Educational Research, 1987, 57（1）：51-67.

[72] WILEY E O. Why trees are important [J]. Evolution：Education and Outreach, 2010, 3（4）：499-505.

[73] YOUNG A K, WHITE B T, SKURTU T. Teaching undergraduate students to draw phylogenetic trees：performance measures and partial successes [J]. Evolution：Education and Outreach, 2013, 6（1）：1-15.

[74] 艾廷华, 郭仁忠. 基于格式塔识别原则挖掘空间分布模式 [J]. 测绘学报, 2007（3）：302-308.

[75] 边家胜, 董玉琦. 学科学习中的"概念转变"策略探析——基于日本概念转变研究的综述 [J]. 外国教育研究, 2016（3）：94-107.

[76] 蔡铁权, 陈丽华. 从世界观的培养探讨我国的科学教育 [J]. 全球教育展望, 2011, 40（4）：38-43.

[77] 曾友良, 肖小明. "化学键"学习前学生的前概念调查与转变策略探析 [J]. 化学教育, 2014, 35（13）：27-30.

[78] 陈珊. 在高中生物进化教学中渗透科学教育与人文教育 [J]. 生物学教学, 2008, 33（10）：19-21.

[79] 邓辉. 核心素养背景下生物学前概念成因和转化对策 [J]. 中学生物学, 2018, 34（7）：70-71.

[80] 傅燕. "生命起源和生物进化"专题的复习建议 [J]. 生物学通报, 2002, 37（12）：32-35.

[81] 高潇怡. 促进学生科学概念转变的心理学研究进展与启示 [J]. 中国特殊教育, 2009（2）：86-90.

[82] 韩凤侠. 共同祖先原则和系统发育树的解读 [J]. 生物学通报, 2008, 43（9）：14-15.

[83] 韩宇. "生命起源与生物进化"中蕴含的科学世界观 [J]. 生物学教学, 2017, 42（11）：73-74.

[84] 韩宇. 达尔文思想与生物进化论的辩正 [J]. 生物学教学, 2018, 43（5）：79-80.

[85] 郝家胜. 生物进化研究的回顾与展望 [J]. 微体古生物学报, 2003（3）：325-332.

[86] 郝俊冉, 邴杰, 郝晓冉. 美国教材中"生物进化"内容对高中生物学教学的启发 [J]. 生物学教学, 2019, 44（5）：77-78.

[87] 何穗, 吴慧萍. 基于教育测量理论的中学数学试卷质量评价研究 [J]. 教育测量与评价（理论版）, 2012（8）：49-53.

[88] 胡卫平, 刘建伟. 概念转变模型：理论基础、主要内容、发展与修正 [J]. 学科教育, 2004（12）：34-38.

［89］胡卫清.近代来华传教士与进化论［J］.世界宗教研究，2001（3）：63-73.

［90］李高峰，刘恩山."前科学概念"的术语和定义的综述［J］.宁波大学学报（教育科学版），2006（6）：43-45.

［91］李红，陈安涛，冯廷勇，等.个体归纳推理能力的发展及其机制研究展望［J］.心理科学，2004（6）：1457-1459.

［92］李佳，高凌飚，曹琦明.SOLO水平层次与PISA的评估等级水平比较研究［J］.课程·教材·教法，2011，31（4）：91-96+45.

［93］李明玉，李红菊，刘恩山.前科学概念诊断技术研究概述［J］.生物学教学，2019，44（10）：18-20.

［94］李雁冰，刁彭成.科学教育中"迷思概念"初探［J］.全球教育展望，2006，35（5）：65-68.

［95］梁前进，邴杰，张根发.达尔文——科学进化论的奠基者［J］.遗传，2009，31（12）：1171-1176.

［96］刘孝华.引发学生认知冲突的教学策略［J］.江西教育科研，2007（2）：118-119.

［97］卢姗姗，毕华林.从"概念转变"到"概念理解"——科学概念学习研究的转向［J］.化学教育（中英文），2018，39（1）：15-18.

［98］罗莹，张墨雨.科学概念转变教学的新视野与新思路［J］.教育学报，2018，14（2）：49-54.

［99］马功平.一咏三叹　且行且思——高中物理概念迷失现象及教学策略［J］.教学月刊·中学版（教学参考），2013（9）：34-35.

［100］闵海丽."生物进化的历程"一节的体验式教学设计［J］.生物学教学，2018，43（6）：38-39.

［101］谭永平.生物进化内容与我国中学生物教育［J］.课程·教材·教法，2004（5）：93-96.

［102］唐晓春.可视化思维工具在"生物的进化"教学中的运用［J］.生物学教学，2017，42（6）：51-52.

［103］陶晓东.基础教育及其对高等教育的作用［J］.文教资料，2007（18）：4-5.

［104］王孟雨.概念图在高中生物学概念转变中的应用［J］.生物学教学，2016，41（8）：16-18.

［105］王忠欣.进化论在美国150年——兼谈宗教与科学［J］.南京理工大学学报（社会科学版），2010，23（1）：1-12.

［106］吴红耘.修订的布卢姆目标分类与加涅和安德森学习结果分类的比较［J］.心理科学，2009，32（4）：994-996.

[107] 吴婉."生物进化的原因"（第一课时）的教学设计 [J]. 生物学教学, 2018, 43（3）：38-39.

[108] 吴娴, 罗星凯, 辛涛. 概念转变理论及其发展述评 [J]. 心理科学进展, 2008（6）：880-886.

[109] 吴银银, 陈志伟. 认知冲突理论对生物教学的启示 [J]. 教学与管理, 2009（15）：104.

[110] 谢敏英."生物进化的学说"一节基于经验与思维的教学设计 [J]. 生物学教学, 2019, 44（3）：23-24.

[111] 殷常鸿, 张义兵, 高伟, 等."皮亚杰—比格斯"深度学习评价模型构建 [J]. 电化教育研究, 2019, 40（7）：13-20.

[112] 于海波. 如何打造一堂好课——基于前科学概念、课堂水平分层与教学时间观的思考 [J]. 天津师范大学学报（基础教育版）, 2013, 14（1）：25-28.

[113] 余嘉元. 经典测量理论和项目反应理论的比较研究报告 [J]. 南京师大学报（社会科学版）, 1989（4）：93-100+104.

[114] 袁维新. 概念转变学习的内在机制探析 [J]. 教育研究与实验, 2003（2）：49-54.

[115] 袁维新. 建构主义理论运用于科学教学的 15 条原则 [J]. 教育理论与实践, 2004（19）：57-62.

[116] 袁维新. 生物教学中错误概念的诊断与矫治 [J]. 课程·教材·教法, 2003（5）：46-50.

[117] 张尚智."标准人体"与生物进化模型的构建 [J]. 生物学通报, 2008（8）：14-16.

[118] 张文韬, 拉娜·达贾尼. 为什么要传授穆斯林学生进化论？ [J]. 世界科学, 2015（7）：14.

[119] 张迎春, 刘畅, 孙海飞. 初中生物学教学中前科学概念的转变策略——以"两栖动物"概念的形成为例 [J]. 生物学教学, 2017, 42（4）：15-16.

[120] 张媛媛. 利用"树式思维"辨析进化论教育中的常见误区 [J]. 生物学教学, 2019, 44（7）：63-64.

[121] 张昀. 进化论的新争论与认识论问题 [J]. 北京大学学报（哲学与社会科学版）, 1991, 2：104-112.

[122] 张昀. 生物进化理论：近期探索和争论的若干热点 [J]. 科学通报, 1997（22）：2353-2360.

[123] 赵婷婷. 达尔文进化论理论核心分析 [J]. 生物学教学, 2016, 41（6）：9-11.

[124] 赵玉. 基于情境创设之教学模式的探究 [J]. 中国电化教育, 2001（6）：17-19.

[125] 郑挺谊. 化学学习中前概念的解构与转化策略 [J]. 教学与管理, 2014（13）：63.

［126］周余清.用数学方法实现思维课堂的构建——以"现代生物进化理论的主要内容"为例［J］.中学生物教学，2013（8）：52-54.

［127］朱立祥."生物进化-Ⅱ"的教学组织［J］.生物学通报，2010，45（1）：24-27.

［128］朱晓燕，郭文峰.核心素养导向下的生物概念教学——以"现代生物进化理论的由来"为例［J］.生物学教学，2018，43（5）：9-10.

［129］朱新宇.几个重要进化概念的辨析——以脊椎动物的系统发育为例［J］.生物学通报，2009，44（11）：13-15.

附录一 "树式思维"能力测试题

第一部分：背景信息调查

请勾选对你的背景信息描述准确的选项。

1. 你的性别。

A. 男　　　　　　　B. 女

2. 你所在的年级。

A. 大一　　B. 大二　　C. 大三　　D. 大四　　E. 研一　　F. 研二

G. 研三　　H. 其他（请进行说明：_____）

3. 你就读的专业。

A. 生物科学（师范类）专业　　B. 生物技术专业　　C. 生物工程专业

D. 其他（请进行说明：_____）

4. 你的家乡所在地：_____省_____市_____区 / 县级市 / 县

5. 你的家乡属于什么地区？

A. 大城市　　B. 中小城市　　　　C. 城镇　　D. 农村

6. 你从哪类高中学校毕业？

A. 国家级或省级示范性高中　　　B. 市级示范性高中

C. 私立高中　　　　　　　　　　D. 非重点高中

7. 以下哪一项准确描述了你的宗教信仰？

A. 佛教　　　　B. 基督教　　　C. 印度教　　　D. 伊斯兰教

E. 犹太教　　　F. 道教　　　　G. 锡克教　　　H. 无宗教信仰

I. 其他（_____）

8. 你在大学修读了哪些生物课程？请选出你已经修读和正在修读的课程。

A. 植物学　　　　　B. 动物学　　　　　C. 进化生物学　　　　D. 遗传学

E. 微生物学　　　　F. 生理学　　　　　G. 生态学　　　　　　H. 普通生物学

I. 分子生物学　　　J. 环境生物学　　　K. 发育生物学　　　　L. 高级生理学

M. 植物生理学　　　N. 生物信息学　　　O. 其他（请进行说明：_____）

9. 你在高中的时候学过进化的知识吗？

A. 学过　　　　　　B. 没有　　　　　　C. 不清楚 / 不记得了

10. 你在大学课程中学过进化的知识吗？

A. 学过　　　　　　B. 没有　　　　　　C. 不清楚 / 不记得了

第二部分："树式思维"能力测试

本部分由 20 道题目构成，其中第 1—16 道题为单选题，第 17—18 道题为作图题，第 19—20 道题为简答题。

一、单选题，请从下列选项中勾选出你认为最恰当的一个选项。

1. 参照附图 1-1 所示的进化树，以下哪个选项是对此图所示物种之间亲缘关系的准确描述？

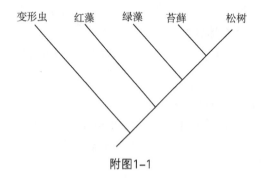

附图1-1

A. 绿藻与红藻的亲缘关系比绿藻与苔藓的亲缘关系更近

B. 绿藻与苔藓的亲缘关系比绿藻与红藻的亲缘关系更近

C. 绿藻与苔藓和红藻的亲缘关系相当

D. 绿藻和红藻有亲缘关系，但是和苔藓没有亲缘关系

E. 以上描述都不准确

2. 参照附图 1-2 所示的进化树，以下哪个选项是对此图所示物种之间亲缘关系的准确描述？

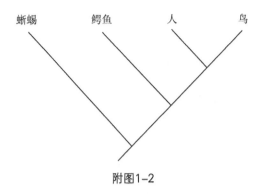

附图1-2

A. 鳄鱼与蜥蜴的亲缘关系比鳄鱼与鸟的亲缘关系更近
B. 鳄鱼与鸟的亲缘关系比鳄鱼与蜥蜴的亲缘关系更近
C. 鳄鱼与蜥蜴和鸟的亲缘关系相当
D. 鳄鱼与蜥蜴有亲缘关系，但是和鸟没有亲缘关系
E. 以上描述都不准确

3. 参照附图 1-3 所示的进化树，以下哪个选项是对此图所示物种之间亲缘关系的准确描述？

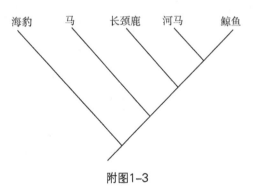

附图1-3

A. 海豹与马的亲缘关系比海豹与鲸的亲缘关系更近
B. 海豹与鲸的亲缘关系比海豹与马的亲缘关系更近
C. 海豹与马和鲸的亲缘关系相当

D. 海豹和鲸有亲缘关系，但是和马没有亲缘关系

E. 以上描述都不准确

4. 参照附图 1-4 所示的进化树，以下哪个选项是对此图所示物种之间亲缘关系的准确描述？

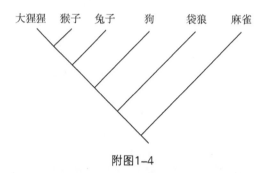

附图1-4

A. 麻雀与猴子的亲缘关系比麻雀与大猩猩的亲缘关系更近

B. 麻雀与大猩猩的亲缘关系比麻雀与猴子的亲缘关系更近

C. 麻雀与大猩猩和猴子的亲缘关系相当

D. 麻雀和猴子有亲缘关系，但是和大猩猩没有亲缘关系

E. 以上描述都不准确

5. 附图 1-5 所示进化树的 5 个标记中，哪个是大竺葵和蕨类亲缘关系最近的共同祖先？

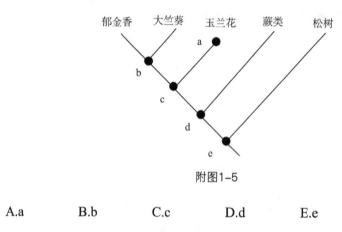

附图1-5

A. a   B. b   C. c   D. d   E. e

6. 附图 1–6 所示进化树的 5 个标记中，哪个是海绵和蘑菇亲缘关系最近的共同祖先？

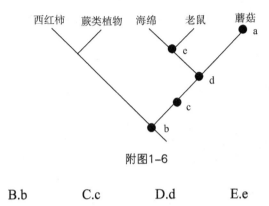

附图1–6

A.a   B.b   C.c   D.d   E.e

7. 参照附图 1–7 所示的进化树，以下哪个进化树是对此图的错误表述？

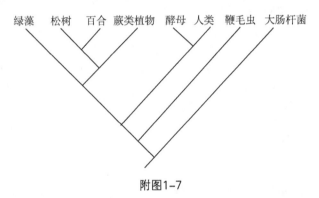

附图1–7

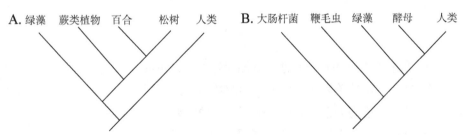

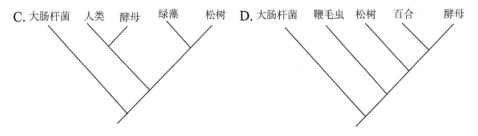

E. A、B、C、D 4 个选项所示图片全都是所参照图片的错误表述

F. A、B、C、D 4 个选项所示图片全都是所参照图片的正确表述

G. 我无法对此题进行判断

8. 对于以下 4 幅图所示的进化树（附图 1-8），以下哪个选项是对这 4 幅图之间关系的最准确描述？

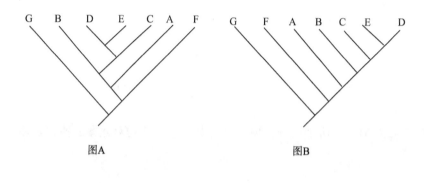

图A   图B

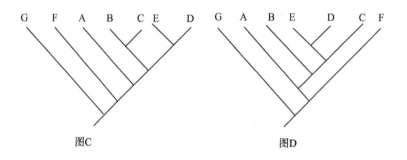

图C   图D

附图1-8

A. 图 A 表达的关系与其他 3 幅图表达的关系不同

B. 图 B 表达的关系与其他 3 幅图表达的关系不同

C. 图 C 表达的关系与其他 3 幅图表达的关系不同

D. 图 D 表达的关系与其他 3 幅图表达的关系不同

E. 图 B 与图 C 表达的关系相同

F. 4 幅图所表达的关系各有不同

G. 我无法对此题进行判断

9. 对于以下 4 幅图所示的进化树（附图 1–9），以下哪个选项是对这 4 幅图之间关系的最准确描述？

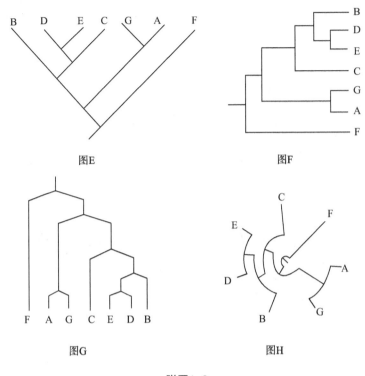

图E

图F

图G

图H

附图1–9

A. 图 E 表达的关系与其他 3 幅图表达的关系不同

B. 图 F 表达的关系与其他 3 幅图表达的关系不同

C. 图 G 表达的关系与其他 3 幅图表达的关系不同

D. 图 H 表达的关系与其他 3 幅图表达的关系不同

E. 4 幅图所表达的关系各有不同

F. 我无法对此题进行判断

10. 对于以下 4 幅图所示的进化树（附图 1–10），以下哪个选项是对这 4 幅图之间关系的最准确描述？

A. 图 I 表达的关系与其他 3 幅图表达的关系不同

B. 图 J 表达的关系与其他 3 幅图表达的关系不同

C. 图 K 表达的关系与其他 3 幅图表达的关系不同

D. 图 L 表达的关系与其他 3 幅图表达的关系不同

E. 4幅图所表达的关系各有不同

F. 我无法对此题进行判断

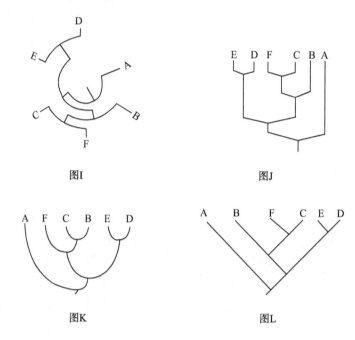

图I

图J

图K

图L

附图1-10

11. 参照附图1-11所示的进化树，以下哪个选项是对它们从古至今进化时间顺序的准确排列？

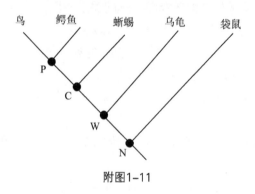

附图1-11

A. 鸟，点P，鳄鱼，点C，蜥蜴，点W

B. 点P，点C，点W，点N

C. 袋鼠，乌龟，蜥蜴，鳄鱼，鸟

D. 点 N，点 W，点 C，点 P，袋鼠

E. 该图并未体现从古至今的进化时间顺序

12. 参照附图 1-12 所示的进化树，以下哪个选项是对它们从古至今进化顺序的准确排列？

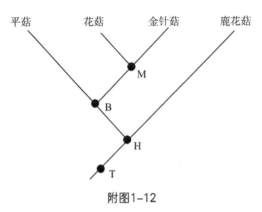

附图 1-12

A. 平菇，花菇，金针菇，鹿花菇

B. 鹿花菇，点 H，点 B，点 M，花菇

C. 花菇，点 M，点 B，点 H，点 T

D. 点 T，点 B，点 M，金针菇

E. 该图并未体现从古至今的进化顺序

13. 如附图 1-13 所示的进化树，假设祖先有长尾、外耳、腹部终端和固定的爪。根据进化树和假设所有进化改变在这些性状中都有显示，海狮应有哪些性状？

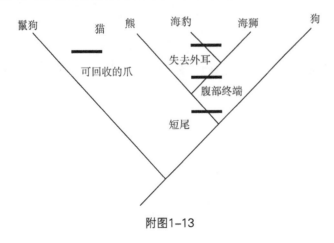

附图 1-13

A. 长尾、外耳、腹部终端和固定的爪

B. 短尾、无外耳、腹部终端和固定的爪

C. 短尾、无外耳、腹部终端和固定的爪

D. 短尾、外耳、腹部终端和固定的爪

E. 长尾、外耳、腹部终端和可收回的爪

14. 如附图 1-14 所示的进化树，假设祖先是没有叶子和种子的草本植物。根据进化树和假设所有进化改变在这些性状中都有显示，以下哪个具有木本植物的性状而且没有真叶？

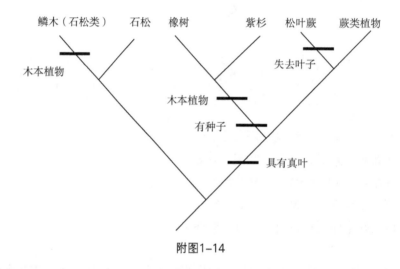

附图1-14

A. 鳞木（石松类）   B. 石松

C. 橡树   D. 松叶蕨

E. 蕨类植物

15. 如果要将鳟鱼添加到附图 1-15 所示的进化树中，鳟鱼这个分支应与此图的哪部分相连接？

A.a   B.b

C.c   D.d

E.e

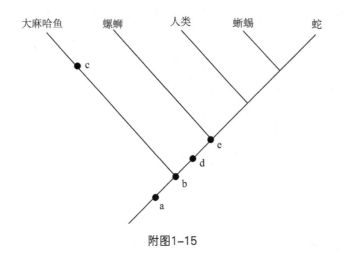

附图1-15

16. 如果要将蝙蝠添加到附图1-16所示的进化树中，蝙蝠这个分支应与此图的哪部分相连接？

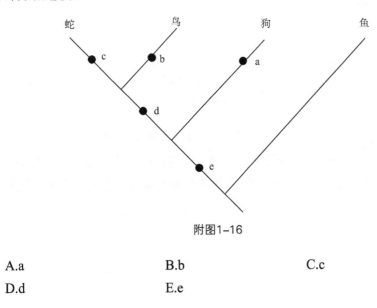

附图1-16

A.a   B.b   C.c

D.d   E.e

二、作图题，请根据题目要求在方框内画出进化树。

17. 下列左侧图显示了4个虚构的现存鱼类物种与它们共同的祖先（附图1–17）。某些现存物种显示了一些未在共同的祖先中显示的特征，如图中所显示的斑点、黑色鱼尾、鱼刺和"胡须"。假设这些特征只进化一次，而且进化后的特征不会丢失。请在方框内画一个最能表示这4种生物之间的亲缘关系的进化树，并在树枝上标记每一个新特性的进化情况。

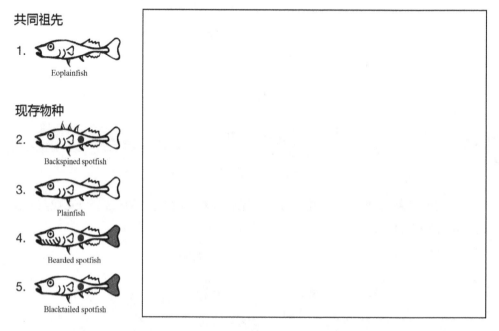

附图1–17

18. 左侧方框中显示了甲、乙、丙、丁4种生物的DNA序列，假设这些基因只突变一次，而且突变后的特征不会丢失。请以所提供的DNA序列为依据，在方框内画一个最能表示这4种生物之间的亲缘关系的进化树，并在树枝上标记基因的突变情况。

甲：ATGCTTA
乙：AAGCTTA
丙：AAGGTTA
丁：AAGGTTC

三、简答题。

19. 已知鲑鱼和鲸鱼都是没有四肢的动物，鲑鱼与鲸鱼的亲缘关系比鲸鱼与人类的亲缘关系更近吗（附图1-18）？为什么？

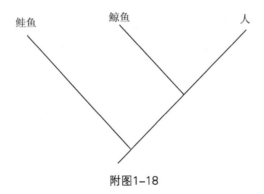

附图1-18

20. 附图 1–19 所示物种之间的亲缘关系是基于这些物种的分子数据所构建的。我们知道狗和鸟都是恒温动物,这是由于它们的共同祖先也是恒温动物的缘故吗?为什么?

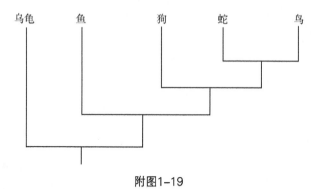

附图1–19

附录二 "树式思维"能力访谈提纲

阶段一： 生成与学生概念知识相对应的数据

1.你听说过进化树吗？

A1 有。那你在哪里学过解读进化树？学校、家里、电视、其他。请具体解释你在哪里学的，学了多长时间，是哪门课的老师教你的，用的是什么样的材料？

A2 没有。你所认识的进化树是什么样的？你可以试着画一棵进化树，这样也能帮助我理解你想表达的意思。你觉得什么是进化树？你可以举个例子吗？

［如果进化树上没有数字、字母之类的标注，让他们添上，便于以下的交流］

［根据他们提供的进化树，问以下问题］

2.［指着末端节点］你知道这个表示什么意思吗？

3.［指着内部节点］你知道这个表示什么意思吗？

4.［指着分支］你觉得这表示什么意思？

5.［指着根］你认为这里所指的表示什么意思？

6.这个树显示了时间走向吗？若显示了，你认为时间如何在进化树上表示？

7.能具体说说你是怎么通过这棵进化树表示它们之间的亲缘关系（或者表达为"血缘关系远近"）（预设：根据线段是否相交，末端邻近度，亦或是节点数……）

8.如果你不介意，我们可以翻转这个进化树的分支吗？

A1 可以，你愿意画出翻转后的进化树吗？或者你希望我画出来？请比较这两棵进化树，翻转后这两棵树还是一样吗？

A1.1 一样，为什么？

A1.2 不一样，如果两者不一样，你认为什么改变了？

A2 不可以，好的！你能说说为什么吗？你认为什么改变了？

9.同样是这个进化树，你能换另外一种方式画出吗？［如果他们没有画阶梯式的进化树，自己画出一个］你觉得这两棵树所表达的意思还是一样吗？

A1 一样，那你是怎么看出来一样的？

A2不一样，如果两者不一样，你认为什么改变了？

10.在你所画的进化树上，你如何决定哪些生物分在一组？

A1因为形态（性状）。

A2因为生态环境（7.1.2节）。为什么？它们分别生活在哪？

A3其他。

阶段二：生成与学生推理过程相对应的数据

从"树式思维"能力测试题中随机选择对应进化树知识点的问题。

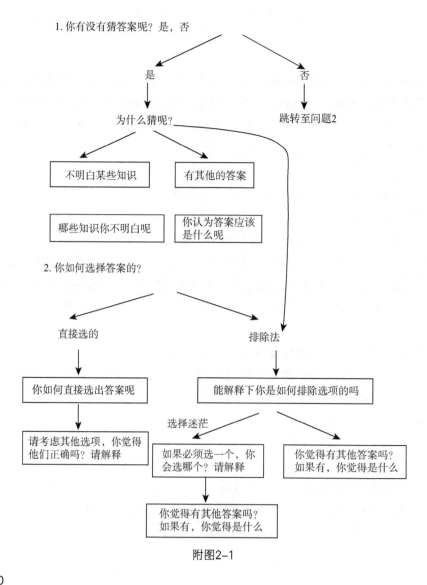

附图2-1

阶段三：生成与表示方式相对应的数据

1. 在整个"树式思维"能力测试题中，有没有什么地方你觉得不明白或者感到迷惑的？

2. 这份"树式思维"能力测试题中有没有什么字或词语你觉得不明白或者不熟悉的。可以写在这里。

3. 你觉得这份"树式思维"能力测试题的问题或者图表中还有哪些没有表达出来的？请解释。

4. 如果你是图表设计师或者教科书的作者，如果你想对这份"树式思维"能力测试题的表达形式做出改进，如果有的话，你会改进什么？

5. 你觉得这份"树式思维"能力测试题好吗，有清楚的表达形式吗？请给出理由。

6. 请整体评论下"树式思维"能力测试题里的图表，并为这份"树式思维"能力测试题打分，从0—10。0表示不满意，10表示非常满意。当你在解释这些图表的时候，请说一下你的感受。

附录三　生物科学专业本科生的进化树迷思概念

迷思概念所属类别及编码	具体迷思概念及编码	出现错误的受访者编号	频数
A错误解读进化树上物种的亲缘关系	A1使用非同源相似的形态学特征、物种的生活方式等特征作为判断物种亲缘关系的依据。例如，认为形态相似的物种之间亲缘关系较近	F4、F5、F6、F7、F10、F11、F12、F13、F15	9

1. 受访者 F4

T：再看（"树式思维"能力测试题）第16题。

F4：首先想到蝙蝠和鸟比较接近。按照那种联想，觉得不可能是 a。然后，e 这个点，它也有可能代表蝙蝠，但感觉不够具体，因为与其他相比，比如比狗的那种范围更大。然后到 d 这个节点的话，它分成了蛇和鸟嘛，因为我觉得蝙蝠会飞，第一反应就想到它只是和鸟类有相似之处，就觉得它应该和鸟在一个分支上，所以选择 B。

2. 受访者 F5

T：你刚刚把鲸鱼和鱼划分到一起，划分的依据是什么？

F5：外在形态，有鱼鳍之类的。

T：所以你认为外在形态是进行分类的一个比较重要的依据？

F5：嗯。

3. 受访者 F6

T：我们注意到你在（"树式思维"能力测试题）第2题上做了一些标志，想了解一下你的想法。

F6：慢慢排除吧，因为我觉得它说鳄鱼和鸟的亲缘关系比鳄鱼和蜥蜴更近不对。因为鳄鱼和蜥蜴都是爬行的动物，而鸟是会飞的，所以亲缘关系是它们（鳄鱼和蜥蜴）更近一点。其他选项也是这样考虑的。

……

T：那我们再看看（"树式思维"能力测试题）客观题第16题，确认一下是选择 B 是吧？

F6：嗯，对。我觉得蝙蝠虽然不是鸟，但是它好歹能飞吧，跟鸟的关系应该近一点。

T：所以你分类的依据，其实也是根据它的外貌形态，是吗？

F6：对，根据已知知识。

T：那（"树式思维"能力测试题）第 15 题呢？鳟鱼，也是觉得它会游？

F6：对。

4. 受访者 F7

T：好的，那我们再看看客观题的最后一题，"树式思维"能力测试题第 16 题。当时是基于什么样的考虑呢？

F7：就记得蝙蝠是属于那种会飞的哺乳动物，狗也是哺乳动物，所以就加在中间了。

T：好的，所以你觉得 D 是比较合理的？

F7：嗯。

5. 受访者 F10

T：那（"树式思维"能力测试题）第 16 题，但是你选的是可以添加在这个 d 节点上。

F10：因为蝙蝠是哺乳动物，跟狗的亲缘关系比较近，而且它会飞，有翅膀。综合考虑它又是哺乳动物又会飞，所以把它放置在鸟和狗的中间。

6. 受访者 F11

T：……在这份进化树（附图 3-1）上标有 A、B、C，分别表示 3 个物种，它们是鲸鱼、鱼和人……把这三者对应到不同的字母上。

F11：作图（附图 3-1）

附图3-1

T：那这样的分类是基于怎样的考虑呢？

F11：人有四肢，还有其他的性状和它们（鱼和鲸鱼）都不相同。

T：你认为外表特征是你分类的主要依据是吗？

F11：对。

T：如果现在我想把这个 B 和 C 翻转一个方向的话，你会介意吗？

F11：觉得不会……

T：为什么你会觉得和原来还是一样的？

F11：我感觉如果性状在树枝上的话，就是鲸鱼和鱼都有鱼鳍之类的，翻转也不会改变。

……

T：（"树式思维"能力测试题）第 16 题。

F11：我一直觉得蝙蝠就是老鼠长了两个翅膀。

T：最主要的依据是什么呢？就是把蝙蝠画到 b 这里……

F11：没有什么思路吧，反正它不可能和鱼是共同祖先，也不可能和狗是共同祖先。也不能这么说，就是说它们的关系肯定没有那么近。但是，鸟和蝙蝠给人感觉性状是差不多的。因为都有翅膀，都会飞。然后，不可能和蛇会是一个节点，在 C 那个地方。

……

T：……第 19 题（附图 3-2）我们刚刚聊过，就是关于鱼、鲸鱼、人的分类，想听听你当时对这道题的想法。（下图中的"相同性"是笔误，应为"相同"）

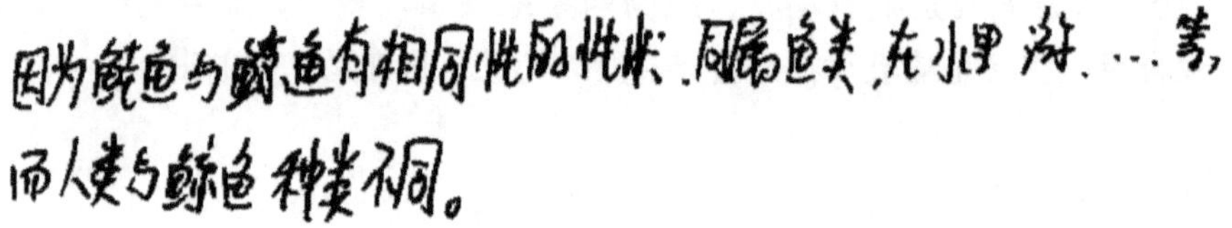

因为鲸鱼与鲫鱼有相同性的性状，同属鱼类，在水里游……等，而人类与鲸鱼种类不同。

附图3-2

F11：我看一下。我前面应该是弄错了。

T：其实，这个基于不同的思路会有不同的画法。就是对不同的思路、不同的问题，其实可以画出对于这 3 种画在不同的位置，你说你是根据它的形状，比如说外貌特征的这一类区分的？

F11：嗯

7. 受访者 F12

T：那最后看（"树式思维"能力测试题）第 16 题。

F12：因为我觉得蝙蝠和鸟在这4个里面应该是特征相近，它们的外表或者会飞的特征是比较相似的。

T：所以，你觉得 B 选项相当于体现了蝙蝠和鸟的亲缘关系比较近。

8. 受访者 F13

T：你认为鲸鱼和鱼的关系是比较近的，你是怎么判断的呢？

F13：它们与人的差别会更大。

T：那这个差别具体是在什么地方呢？

F13：首先是外观，然后还有名字，鲸鱼和鱼更像。

9. 受访者 F15

T：（"树式思维"能力测试题）第16题呢。

F15：鸟，还是一样会选 B。

T：理由是？

F15：我那时候想的蝙蝠会飞，鸟也会飞，所以就选 B。

迷思概念所属类别及编码	迷思概念及编码	出现错误的受访者编号	频数
A 错误解读进化树上物种的亲缘关系	A2使用两个物种共同经历的内节点数量作为判断物种亲缘关系远近的依据。例如，认为进化树上物种之间内节点的数量越多其亲缘关系越远	F1、F3、F8、F13、F14	5

1. 受访者 F1

T：我们假设这4个字母（附图3-3）表示4种生物，你是如何来判断它们的亲缘关系的？

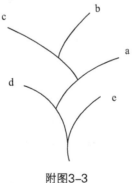

附图3-3

F1：通过进化树，我觉得我可能判断不出来。但我知道，C和B的共同特征应该是最多的，如果是从这个方面来判断的话，它们的血缘关系应该比较近吧。

T：因为它们共同经历的节点比较多，是吗？

F1：对对对。

2. 受访者 F3

T：嗯，好的，那你在这幅图上（附图3-4），是根据什么来表示它们三者的亲缘关系？

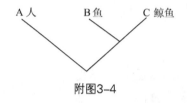

附图3-4

F3：交点，它和它是没有交集的。

T：你认为这个B和A没有交集，所以觉得它们的亲缘关系是比较远的。鲸鱼和人有一个交点，所以亲缘水平近一点。

……

T：那你能根据这幅图（附图3-5），画一个和它意思相同，但是另一种形状的进化树吗？

F3：（附图3-5）人跟鲸鱼有一个共同点，鲸鱼和鱼也有一个。

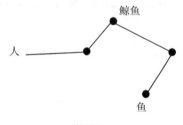

附图3-5

3. 受访者 F8

T：……（"树式思维"能力测试题）第1题……回忆一下当时是怎样思考的……

F8：这一题我依然是看节点。这里的苔藓和绿藻有3个共同节点…

……

T：那（"树式思维"能力测试题）第2题呢？

F8：……鳄鱼到蜥蜴有两个分支点，然后从鳄鱼再到鸟也有两个分支点，鸟是直接分出去的，所以我觉得蜥蜴、鳄鱼和鸟是差不多的。

……

T：那你觉得这幅图（附图3-6）是怎么体现它们亲缘关系的远近呢？

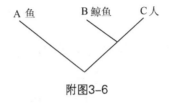

附图3-6

F8：反正我是看这个树枝的节点越多，交合的节点越多，它们相似性就越大。

4. 受访者 F13

T：如果用另外一种形状来表达这棵进化树（附图3-7）的意思，你可以尝试画一个吗？

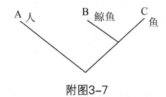

附图3-7

F13：作图，见附图3-8。

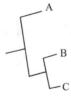

附图3-8

F13：我觉得不太一样。

F13：我觉得它们（鲸鱼和鱼）这样画的关系会变得疏远，原本就一个节点，现在有两个。

5. 受访者 F14

T：……（"树式思维"能力测试题）第 1 题你当时是怎么想的？

F14：这道题只有绿藻和苔藓，我想就类似两个节点，绿藻和红藻也应该有两个左右，所以它的亲缘关系可能就不会相近。

T：你是通过一个节点的数量来判断的，是吧？但是（"树式思维"能力测试题）第 2 题呢？

F14：这里的确是这样子。

T：嗯，也是一样的思路，对吧？那我们再往后看（"树式思维"能力测试题）第 3 题。

F14：海豹与鲸鱼有 4 个节点，海豹与马有两个节点，所以海豹与鲸鱼的亲缘关系更近。

T：这下面也是基于上面的看法，是吗？你可以再确认一下的。

F14：基本上是这样的。

迷思概念所属类别及编码	迷思概念及编码	出现错误的受访者编号	频数
A 错误解读进化树所示的物种亲缘关系	A3 使用进化树末端节点之间的邻近程度作为判断物种亲缘关系远近的依据。例如，认为进化树末端节点的排列顺序显示了物种之间的亲缘关系远近	F3、F5、F6、F7、F11、F13、F14、F15	8

1. 受访者 F3

T：第 19 题呢？可以对这个答案（附图 3-9）稍做一下解释。这其实和你最早画的那个进化树表达过类似的想法，是吗？就是你觉得如果这个物种与它两端的距离是一样的话，那它们的亲缘关系也是一样的。

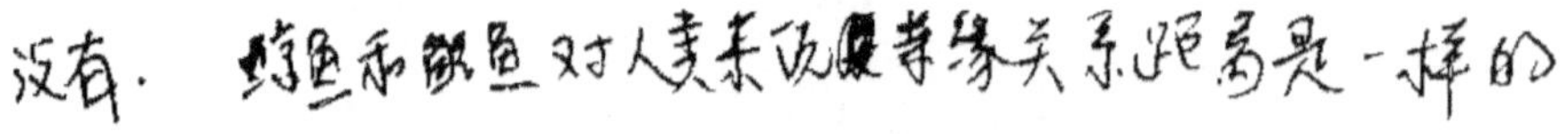

没有. 鲸鱼和鲵鱼对人类来说是亲缘关系距离是一样的

附图3-9

F3：嗯。

2. 受访者 F5

T：然后再看这个（"树式思维"能力测试题）第 5 题呢？

F5：哦，想起来了，我之前做题的时候好像都是用距离，大竺葵和蕨类处于同一条直线上面，它们两个离玉兰花距离等同，我当时是这么觉得。

3. 受访者 F6

T：那你觉得这幅图（附图 3-10）怎样表示它们（B 和 C）的亲缘关系更近呢？

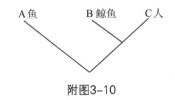

附图3-10

F6：它们的距离更近。

……

T：……（"树式思维"能力测试题）第 3 题呢？

F6：我当时觉得海豹和马比海豹和鲸，这两个隔得太远了。

T：这一题你是从图上的距离来看，海豹和马会近一点是吗？

F6：是的，但是我总觉得有别的思路。

T：没有关系，你可以再思考一下。

F6：我觉得应该是海豹跟鲸鱼亲缘关系会更近一点吧，毕竟都生活在海里。然后，这个（马）是在陆地上的。我觉得我会选 B，因为它们俩都是生活在海洋里的。但这样的话，我就觉得树状图有点看不懂了，我觉得生活得近一点就亲缘关系就近一点，但是它们（海豹和鲸鱼）这相距挺远的，就不知道要怎么判断了。

4. 受访者 F7

T：……（"树式思维"能力测试题）第 2 道题……你当时是怎么想的？

F7：看远近。

T：远近是指？横向的对吧？

F7：嗯，对。

T：那你会觉得蜥蜴和鳄鱼会靠得近一点？

F7：就是有的只隔了一条，有的隔了两条。

T：是说这个节点之间的距离是吧？

F7：对的。

5. 受访者 F11

T：那（"树式思维"能力测试题）第 4 题呢？你认为麻雀和猴子比麻雀和猩猩的亲缘关系是更近的。

F11：我看一下题目……

T：你觉得它们的共同祖先是在哪里呢？

F11：我发现我做错了，如果按照现在的思路的话，麻雀与大猩猩和猴子的亲缘关系相当。应该会选 C。

T：你会选择更改答案是吗？还是坚持选择 A？

F11：你好像给我提供了思路，就是看它们的节点。如果说豹和马的共同祖先应该是在这个地方（大猩猩和麻雀的共同祖先），然后海豹和鲸鱼也是在这个地方（大猩猩和麻雀的共同祖先），所以给我感觉它们是相等的。但是，我当时选可能是把这条线看作是从古到今，因为它们（大猩猩和麻雀）隔得比较远一点，所以我选的这两个。

6. 受访者 F13

T：……（"树式思维"能力测试题）第 1 题……你当时是猜的呢，还是直接选的呢？

F13：……是根据排除法做的。觉得这边（根部）是根源，然后往上发展的。我觉得先发展出红藻，然后是绿藻，再是苔藓。它们两个的距离相等，所以我选了 C。

T：（"树式思维"能力测试题）第 2 题你也是相同的想法是吗？

F13：对。

T：（"树式思维"能力测试题）第 4 题。

F13：我觉得还是一样的，看距离。它们（麻雀与猴子）之间的距离更短一点，它们（麻雀与大猩猩）之间的更长一点，所以我选择 A。

T：你刚刚提到的距离是指？

F13：指末端节点到末端节点的距离。

7. 受访者 F14

T：（附图 3-11）就比如人和鲸鱼还有鱼，三者之间你会认为人和鲸鱼的亲缘关系怎样？

附图3-11

F14：更接近。

T：那你为什么会把它们（鲸鱼、人）放在这个枝上面而不放在这两个枝上面？

F14：因为这两个枝点更近。

T：你认为它们的节点更近，对吗？

F14：嗯。

8. 受访者F15

T：如果我现在要想把（附图3-12）这个B和C给它调转一个方向，或者说把这个枝给它翻转一下的话，你会介意吗？

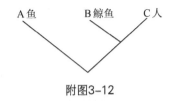

附图3-12

F15：可能会。

T：你觉得这可能会改变他们什么关系呢？

F15：鱼和鲸鱼的关系相对于人的关系比较近一点。

T：你觉得鲸鱼和人的关系在这三者之间是相对来说比较近的是吧？那你是觉得这幅图上面会有哪些地方可以表示出这样相对来说比较近的一个特征？

F15：距离。就从一个方向出来的分叉。

……

T：（"树式思维"能力测试题）第2题呢？你会按照同样的思路。

F15：……因为这个鳄鱼和蜥蜴还有鳄鱼和鸟他们的间隔其实是相对来说比较大的。

T：所以可以说你在判断这种类型的题目的时候，其实会更倾向于依据他们这个末端的这个距离来进行判断。

F15：嗯

迷思概念所属类别及其编码	迷思概念及其编码	出现错误的受访者编号	频数
A 错误解读进化树所示的物种亲缘关系	A4依据物种所属类别来判断物种亲缘关系远近。	F3、F6、F7、F10、F15	5

1. 受访者 F3

T：那现在我给你一张图，A、B、C 表示的是 3 个不同的物种，分别是鲸鱼、鱼还有人。那现在你认为这个鲸鱼、鱼还有人可以对应哪个字母？

F3：（受访者做的标记如附图 3–13 所示）

附图3–13

T：你可以说明一下吗？

F3：就是鲸鱼不是也是哺乳动物嘛，它和人应该比较接近……

2. 受访者 F6

T：我这里有一棵比较简单的进化树，上面的末端标有 A、B、C。这里提供 3 个不同的物种，你觉得它们可以分别对应这个字母？

F6：作图（附图 3–14）我觉得人是最后出现的，然而我不记得鲸鱼是不是哺乳动物，好像是。首先是出现鱼，然后鲸鱼和人都是哺乳动物，出现在两个不同的方向。

附图3–14

3. 受访者 F7

T：好的，那我们再看看客观题的最后一题，（"树式思维"能力测试题）第 16 题。当时是基于什么样的考虑呢？

F7：就记得蝙蝠是属于那种会飞的哺乳动物，然后这狗也是哺乳动物，所以就加在中间。

T：好的，所以你觉得 D 是比较合理的？

F7：嗯。

4. 受访者 F10

T：你刚刚认为鲸鱼和人的亲缘关系会更近一点，那么你是依据什么来进行判断的呢？

F10：就是根据它们两个都是哺乳动物。

5. 受访者 F15

T：那我这里有一份比较简单的一个进化树（附图3-15），A、B、C 分别是3个不同的物种，鱼、鲸鱼还有人，把这三者给它分类进去。

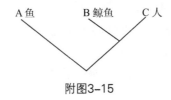

附图3-15

F15：……鱼、鲸鱼、人的共同点都是它们可以呼吸，可以活动，所以它们都是动物，而且从鱼到鲸鱼和人都是哺乳动物。然后就是从这点开始放，比如说这个点可以代表哺乳动物……

迷思概念所属类别及编码	迷思概念及编码	出现错误的受访者编号	频数
B错误解读进化树所示的进化历程B1进化时间顺序的错误解读	B1-1认为进化树有"主线"和"侧线"之分	F1、F9、F10、F12、F13、F15	6

1. 受访者 F1

T：（附图 3-16）我们可以翻转一下这个分支吗？就是 B 和 C 对调，你介意吗？

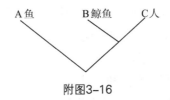

附图3-16

F1：我可能会介意，但我现在不是很确定在这个生物进化的过程当中，是谁先进化出来的。但我猜测是鲸鱼先进化出来的，如果我得到的资料是鲸鱼先进化出来的，那我觉得 B 和 C 不能对调。

T：那可以说越排在左边的，你认为越早进化是吗？

F1：我觉得从这里过来，节点先分支出去就是先进化的。

2. 受访者 F9

T：那比如说这个（"树式思维"能力测试题）第 3 题呢？

F9：当时以为从鲸鱼开始进化，进化出来不一样的（物种），进化到这里（由根部向上数第二个节点），产生马，海豹在最后面，所以觉得它们两个亲缘关系更近一点。

……

T：……（"树式思维"能力测试题）第 11 题。

F9：当时判断起源的话，会更倾向于两边，就是 P、C、W、N 这个顺序会比较准确一点。

T：你当时为什么会排除掉选项 A 呢？因为我注意到它好像也是从这个方向来的。

F9：感觉鳄鱼跟 C 应该是不同的方向吧，我觉得往鳄鱼走是一种跳跃。

……

T：……（"树式思维"能力测试题）第 15 题。

F9：就感觉这个鱼（鳟鱼）应该跟这个（大马哈鱼）是差不多的关系。但跟其他这些应该没什么关系，所以感觉应该选 B 点。

T：那为什么不选 C 呢，感觉 C 会更近一点。

F9：不是很确定，觉得会在枝干中间这个地方。

3. 受访者 F10

T：……（"树式思维"能力测试题）第 2 题……你当时是猜的呢，还是直接选的呢？

F10：直接选的，鳄鱼和蜥蜴的亲缘关系比鳄鱼和鸟的亲缘关系更近……它们两个离得比较近，分化的时候，先分化出蜥蜴，再分化出鳄鱼，然后慢慢就变成另一个物种，最后就变成鸟了。

T：你觉得它们是从不同的物种进化而来的，那么你说距离的话就是这个（末端节点）距离和这个（末端节点）距离，我没有理解错误吧？

F10：嗯，就是同一个物种分化出来的蜥蜴，然后接着是鳄鱼，所以它们俩之间应该会比较近。

T：（"树式思维"能力测试题）第 3 题。

F10：是和上一题差不多的思路。也是根据这个海豹和马比较近一点，海豹和鲸鱼就相对远一点。

4. 受访者 F12

T：……（"树式思维"能力测试题）第 11 题呢？

T：你现在也可以改选你的答案。

F12：我认为可能没有答案。

T：你觉得还可以再加个选项？比如 F：上述答案都没有准确表达，是吗？

F12：嗯，我觉得 D 选项中袋鼠改成鸟或者鳄鱼。

T：你的依据还是说从这个根到末端，它如果是一条线能连上去的话，你就会更倾向于去选。

F12：对的。

……

T：（"树式思维"能力测试题）第 19 题的答案（附图 3-17），你可以稍微解释一下吗？

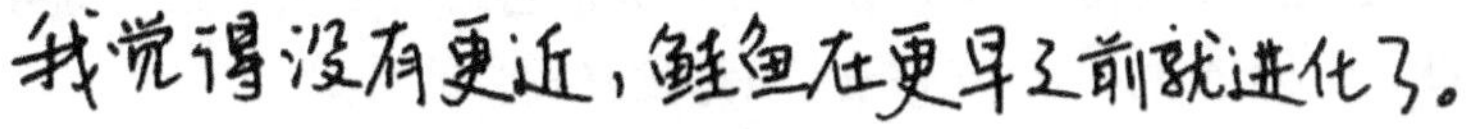

我觉得没有更近，鲑鱼在更早之前就进化了。

附图3-17

F12：鲸鱼跟人类的关系更近，因为鲑鱼先进化了，后面这一段才分化出鲸鱼和人，所以鲸鱼和人会更近。如果以节点来看的话，可以看出它们的进化顺序，鲑鱼在前面是先进化的，然后鲸鱼和人在后面，是比较晚进化的。

5. 受访者 F13

T：你有没有觉得这一整棵进化树有没有显示一个时间的走向？

F13：我觉得有。

T：那你用箭头来标注一下吗？

F13：画图（附图 3-18）

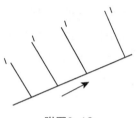

附图3-18

6. 受访者 F15

T：（"树式思维"能力测试题）第 5 题呢？

F15：我觉得我会选 C？

T：你是出于怎样的考虑呢？

F15：因为它毕竟是说共同祖先可能是在这条干道上，就也是通过这种距离，可是还是很想去选 C。

T：你之前有没有考虑过这个 D 或者 B 呢？

F15：没有。

T：你觉得它们分别都离可能这个 D，离这个大竺葵太远了，B 距离这个蕨类太远了是吗？

F15：嗯

……

T：（"树式思维"能力测试题）第 11 题关于时间顺序？

F15：我还是那种想法，就是越靠近根部，它的层级相对比较低等一点。我当时选 E 就是觉得 A、B、C、D 的选项都没有我要的答案。

T：如果你觉得 A、B、C（D）当中有个比较接近你理想的答案的话，你会觉得是选哪一个？

F15：比如说 D 的话，W、C、P（袋鼠）就换成鸟了。

T：袋鼠就换成鸟，这样会比较符合你的思考的逻辑，那这样的话也就是说你还是认为说它们的时间顺序是从根部出发到末梢的是吧？

……

T：（"树式思维"能力测试题）第 16 题呢？

F15：鸟，还是一样会选 B。

T：理由是？

F15：我那时候想的蝙蝠会飞，鸟也会飞，所以就选 B。

T：而且好像一些特征或者说外貌形态的话来作出判断。

F15：但是，如果把它们放到 A 也是有可能的，因为它们都是哺乳动物。

T：你觉得这会给你产生一个比较难判断的局面。就是觉得蝙蝠可能不符合哺乳动物，它又会飞，那你当时为什么不选 D？

F15：因为我觉得干道上放生物不太行。

迷思概念所属类别及编码	迷思概念及编码	出现错误的受访者编号	频数
B 错误解读进化树所示的进化历程 B1 进化时间顺序的错误解读	B1-2 进化树末端节点从左到右或从右到左的方向为进化历程	F4、F6、F13	3

1.受访者 F4

T：（附图 3-19）刚刚说过 A、B、C 是表示物种，那现在出示 3 种具体的物种，鲸鱼、鱼还有人，你认为它们可以怎么对应？

附图3-19

F4：嗯，我觉得这个（A）是鱼。如果按时间点来出发的话，先有了鱼，然后鲸鱼和人的话，都是哺乳类，因为更高级，所以它需要更长的时间，也就是时间往后延迟它们才能出现。那就先有鲸鱼，然后人吧。

T：按照你说的，其实它们的位置，也表示它们（进化）的先后顺序是吗？如果我把它们（A 和 C）两个翻转的话，你是会介意吗？

F4：如果按照时间来说的话，我会介意。因为从时间上来看的话，从这个方向（从左到右）上去看。

2.受访者 F6

T：（附图 3-20）假如现在我想把 B 和 C，也就是鲸鱼和人调换一个位置，翻转一个方向，你会介意吗？

附图3-20

F6：介意，因为我觉得先是出现鲸鱼，再出现人。

T：你觉得这个方向（从 B 到 C）也是有体现时间先后顺序的是吗？

F6：对。

3.受访者 F13

T：你能告诉我，你是怎么根据这幅图（附图 3-21）来表示它们三者之间的亲缘关系呢？

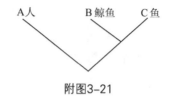

附图3-21

F13：好像有一种说法是人最早也是鱼，所以我觉得鱼是这两种生物（鲸鱼和人）的根源，然后经过一段时间的发展，鱼变成了鲸鱼，再往上就变成了人。

T：刚刚你提到过你觉得根部是它们的共同祖先，现在你觉得末端也可能是它们是共同祖先是吗？

F13：也不是，我是觉得这个跟我画的是反过来的，方向可以再变化。

T：如果我把这个B和C的分支翻转一个方向，你会介意吗？

F13：会。

T：翻转过后你觉得它们的关系还会是一样的吗？

F13：不一样，我会觉得变了一个意思。

T：具体是哪个方面呢？

F13：因为本来鱼是根源，但是翻转了就变成鲸鱼是根源。

……

T：（"树式思维"能力测试题）第5题呢？

F13：我觉得我当时可能看得不够仔细，没有看到祖先。

T：你现在也可以改选，没有关系的。

F13：我想选郁金香（大竺葵和蕨类亲缘关系最近的共同祖先）。

T：可以啊，你认为这道题目还可以再添加一个选项，是吧？

F13：对的。是和前面的想法比较一致，觉得起源是在两端。

迷思概念所属类别及编码	迷思概念及编码	出现错误的受访者编号	频数
B错误解读进化树所示的进化历程B1进化时间顺序的错误解读	B1-3进化树上的连接外群的分支意味着没有发生变化或者认为外群是其他物种的原始祖先或认为某一现代物种是其他物种的祖先	F4、F5、F6、F7、F8、F9、F10、F11、F12、F13、F15	11

1. 受访者 F4

T：那换一种说法，你认为这幅图（附图3-22）当中哪个地方是最古老的？哪个地方是最现代的？

附图3-22

F4：就是最先起源的意思吗？

T：就是从古到今的一个时间的走向。

F4：A 吧，因为我觉得如果说把它这样看（横向）的话，我觉得它应该已经是从这个点分出去，已经进化很长时间的那种感觉。

T：所以，你觉得 A 是最古老的是吗？

F4：嗯。

T：那 B 和 C 呢？相对来说哪个更早，还是一样的？

F4：B 和 C 我其实看不出来。如果按照刚刚那种思路，A 是最古老的话，那接下来就是 B 了，但是又感觉没那么合理。

T：因为最早的时候，你可能认为这里（根部）可能是它们的共同祖先是吗？

F4：嗯。

T：那就是你认为它可能是有两种走向的？

F4：嗯，一种是从这（根部）一起发源出去；另外一种的话就是感觉向这个方向（从左到右）延伸出去。可以正看，也可以侧看。

T：好，你认为它有不同的走向是吗？

F4：对。

……

T：……（"树式思维"能力测试题）第 2 题，你当时是怎么想的？……

F4：嗯，我当时的思路的话，如果按照节点去分析的话，就可能是鳄鱼和鸟（亲缘关系更近），但是按照对这种物种的认识，凭生活所知，觉得不太对。就应该是按照这种走向（从左到右），是先有蜥蜴，然后有鳄鱼，然后人，再到鸟。蜥蜴和鳄鱼，它们出现的时间段很近，所以我就觉得它们有亲缘关系。

……

T：（"树式思维"能力测试题）第 3 题呢？

F4：我和前面是一样的思路，就是从这个（左边）逐渐逐渐地出现的。

T：所以，你觉得海豹和马都是出现都是比较早的？

F4：嗯，它们先出现的话就是时间上近，然后它们的亲缘关系更近。后面才进化出来的话变异的概率就更多更大，所以亲缘关系没那么近。

......

T：（"树式思维"能力测试题）第 11 题呢？

F4：这个就是按照最初的想法，这边（最左边）是最古老，然后这边（最右边）是最新的。

2. 受访者 F5

T：（"树式思维"能力测试题）第 18 题（附图 3-23）呢？

F5：我当时就是只看到这 4 个，根据字母的变化，以丙为最原始的，甲跟乙，然后跟丁分别在两个不同的方向，然后丁在这条进化路线上，它的最后一个碱基 A 又变成 C。（下图中 3 个括号中的字为"突变"）

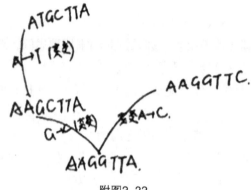

附图3-23

T：所以，你把丙当作它们的共同祖先？或者说模板？

F5：对，从丙开始进行划分。

3. 受访者 F6

T：（"树式思维"能力测试题）第 18 题呢（附图 3-24）？

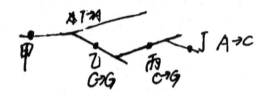

附图3-24

F6：这一题就看是谁先变化的。我是把甲看成是最原始的，然后把乙和甲对比，跟甲只相差一个，然后后面的跟它相差挺大的。就是这样一个个分出来的。

T：就是你把甲当成它们的共同祖先，然后其他的乙、丙、丁都是在它的基础上进行进化的。

F6：对。

4. 受访者 F7

T：……（"树式思维"能力测试题）第 17 题（附图 3-25）你当时的解题思路是什么？

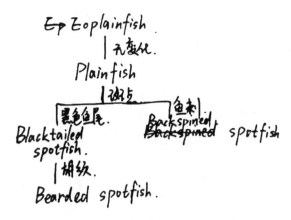

附图3-25

F7：我当时分成了这 4 种，然后对比这些有什么变化，找不同，1 和 2 是一样的，就放在一起，然后在 2 的基础上又多了一个 4，这里又有一个 3。

T：所以，你觉得 5 是什么情况？

F7：5 是从 1 和 3 进化过来的，1 和 3 没有变化。我是按照它们的特征排下来的，然后一个一个叠加上去。

T：那就是它们之间的关系，是后者从前者进化过来的？

F7：嗯，是的。

T：所以，你是觉得这些鱼类是有一个先后顺序是吗？

F7：有吧，因为它们说进化的特征不会消失，所以特征是叠加的。

5. 受访者 F8

T：关于主观题的话，比较想了解这个（"树式思维"能力测试题）第 18 题（附图 3-26），是你当时的想法。

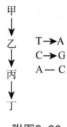

附图3-26

F8：我感觉乙对于甲、丁对于丙，都只有一个基因的不同，我就觉得这是它们的一个线性的变化。

T：也就是说，你觉得丁是从丙进化过来的？

F8：嗯，就是它们只有一个基因的变化。

6. 受访者 F9

T：你觉得在这棵进化树（附图 3-27）上，哪一边是最古老的，哪一边是最靠近现代的？……它会往一个怎样的顺序递进到现代？

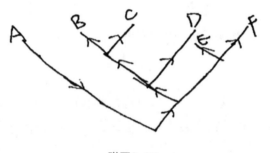

附图3-27

F9：从 A 到 F，从下到上过来的。

T：你觉得更具体来说，箭头应该会怎么标呢？

F9：会顺着这个顺着枝条去行走。

T：那么到这两个分支呢？它会这么走？

F9：分开向两个方向走。

T：你觉得 B、C、D 之间有时间的先后顺序吗？

F9：有，越靠近 A 就是越古老的。

7. 受访者 F10

T：那你能谈谈（"树式思维"能力测试题）第 18 题（附图 3-28）更具体的

说明吗？

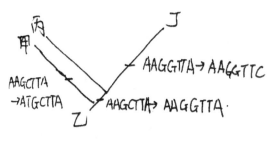

附图3-28

F10：就是甲、乙、丙、丁 4 个基因序列里面，看有几种不同的改变，比如说这里（甲）的 T 和其他的 A，首先找一种变化最少的，把它作为最原始的，然后往上分化的时候，一个一个去改变他的基因。

T：所以，你当时认为乙可以算是它们的共同祖先，或者说是它们的起源对吗？

F10：对。从乙开始分化。

T：那你觉得其他 3 个哪两个更相近一些？

F10：我觉得看哪两个的基因序列更相近一些。丙和丁之间比较相似。

8. 受访者 F11

T：……（"树式思维"能力测试题）第 1 题…你当时是猜的呢，还是直接选的呢？

F11：这道题是做的，当时做第 1、第 2、第 3 道题，感觉题型好像都是一样的，所以我当时有怀疑是不是做错了，思路对不对。当时也没有别的办法，就判断它们是不是有共同的节点。

T：你选择了绿藻与苔藓和红藻的亲缘关系相当，那你是基于什么样的考虑会觉得它们的亲缘关系相当呢？

F11：我觉得从这一点（变形虫）出发，先分化出红藻，再分化出绿藻和苔藓，觉得它们的关系比较相当。

9. 受访者 F12

T：那（"树式思维"能力测试题）第 18 题（附图 3-29）呢？这题是没有体现共同祖先的。

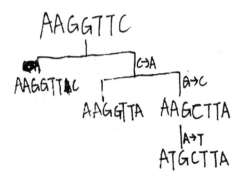

附图3-29

F12：就是先一排一排对下来，然后甲的 T 和别人不一样，乙的 C 和别人不一样。就是进化一次会突变一次，每个的变化次数都不一样，我认为丁可能是共同祖先，其他的都是在它的基础上变化的。

10. 受访者 F13

T：那你能告诉我，你是怎么根据这幅图（附图 3-30）来表示它们三者之间的亲缘关系呢？

附图3-30

F13：好像有一种说法是人最早也是鱼，所以我觉得鱼是这两种生物（鲸鱼和人）的根源，然后经过一段时间的发展，鱼变成了鲸鱼，再往上就变成了人。

……

T：（"树式思维"能力测试题）第 18 题（附图 3-31）的思路呢？我发现你有把乙当成共同祖先是吗？

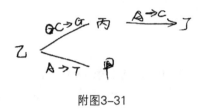

附图3-31

F13：对。

T：理由是什么呢?

F13：从第 2 位看的话，只有他（甲）是 T，就把它画出来了，然后再到第 3 位都是 G，好像乙是唯一没有让我觉得有差异的，所以我就把它看成了祖先。

T：那假设我把甲当成祖先，你觉得还会成立吗?

F13：我觉得可以，只是图会画得不一样。

11. 受访者 F15

T：（"树式思维"能力测试题）第 18 题（附图 3-32）这道题其实它没有给原始的祖先，那你为什么会把丙选作它的共同祖先? 如果我把乙当成它的共同祖先，你觉得它还成立吗? 就是，用乙出发，然后去对比这个甲、丙、丁跟乙都不同。或者说，甲、丙、丁在乙的基础上发生了变化。

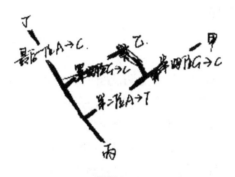

附图3-32

F15：可以。

T：你觉得都可以当成共同祖先，就看你的切入点是怎样的。

F15：感觉会变得更多一点。

迷思概念所属类别及编码	迷思概念及编码	出现错误的受访者编号	频数
B错误解读进化树所示的进化历程	B2进化树分支的错误解读。例如，认为分支的长短对应着物种的谱系年龄。或认为外群的进化时间更长。	F2、F3、F5、F6、F7、F8、F9、F10、F11、F13、F14、F15	12

1. 受访者 F2

T：好，那（附图 3-33）这些分支，你认为表示什么意思?

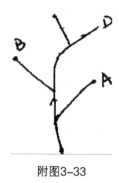

附图3-33

F2：分支是应该有长短的，越长的话可能亲缘关系就越远，从我们的角度是这样子的，不然你就要标那个亲缘距离嘛，就是在那边写数字。

T：好的，我复述一下，你认为这个分支的长度，就代表了亲缘关系的远近是吗？

F2：正常情况是这样子的。

2.受访者 F3

T：……比如说（"树式思维"能力测试题）第 5 题吧，你可以再看一下题目，回想一下你是怎么出于怎样的考虑？是猜的还是通过其他的思考来解决的？

F3：嗯，因为这里是看共同祖先，然后觉得应该是分别离它们的距离都算是比较短的，因为分别都要短，而不是偏向一边的短、一边的长。感觉 C 是倾向于这两边都比较短的，A肯定比较长，而D就是跟蕨类差不多，跟大竺葵差好远。E 也是这个样子，所以我就选了 C。

T：好的，那可以理解为（"树式思维"能力测试题）第 6 题你也是这么想的对吗？因为 D 相当于处于它们两个中间。

F3：对的。

3.受访者 F5

T：那你觉得（附图 3-34）这些分支会表示什么呢？

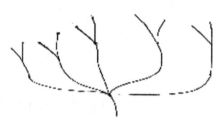

附图3-34

F5：就是除了物种之外还能表示什么，是吗？

T：就是针对这一个枝条来说。

F5：嗯，还是关于进化方面的？表示时间节点，就是每一个物种，比如一开始的这两个物种，它们有一个共同的分支点，然后分化出两个分化方向，形成两种物种。或者是（根）最早开始的，然后经过一定的时间演变，再朝这两个方向演变，（分支）是时间节点吧。

T：你就认为这个枝条可能是表示一个时间？

F5：对，从最早到现在，然后到之后。就是相同时间，不同的演变，不同的变化。

……

T：那你觉得它们三者（附图 3-35 中的 A、B、C）的亲缘关系是怎样的，你在这棵树上是怎么来表示的？

附图3-35

F5：亲缘关系的话，我觉得 B 跟 C 的亲缘关系会比较亲近，觉得它们是同一个祖先演变而来的。然后，B 跟 C 的共同祖先，我觉得它们和 A 的祖先对比，A 的祖先演变时间比较长。但是，它们共同又归于同一个节点，A 跟 B 的亲缘关系和 A 跟 C 的亲缘关系我觉得是差不多的，因为我没有用长度去测量，我觉得 A 的进化时间是比较长的，觉得它们两个（B 和 C）是源于同一个祖先，然后又经过了一次演变，我能感觉到 B 跟 C 的亲缘关系比较近。但是它们跟 A 的关系，我就不能比较出 A 跟 B 比较亲近，还是跟 C 比较亲近。

4. 受访者 F6

T：（附图 3-36）分支……你认为它表示什么？

附图3-36

F6：就每个大物种分支出来小的（物种），比如说鸟类可以分为很多种，根据各个特征的不同，是一个分化的方向。

5.受访者F7
T：那你认为（附图3-37）枝干会表示什么呢？

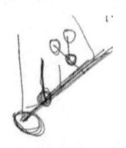

附图3-37

F7：从枝干会分化出不同的物种，鱼类啊，鸟类啊。
T：你会觉得这个枝干它表示时间的走向，还是进化的进程？
F7：嗯，都可以这么理解。可能我会觉得时间的走向这一点会比较模糊，就是生物的进化。

6.受访者F8
T：好的，那这种（附图3-38）分支你会表示什么呢？
F8：是演化的过程。

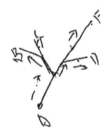

附图3-38

7. 受访者 F9

T：你觉得这个（附图 3-39）分支会表示什么？

F9：（物种进化的）时间长短吧。

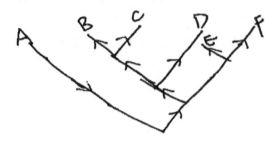

附图3-39

8. 受访者 F10

T：那你觉得这种（附图 3-40）枝条会表示什么呢？

附图3-40

F10：表示时间，然后慢慢地变化。

T：你觉得它是表示一个时间的过程是吗？

F10：对。

9. 受访者 F11

T：那这些（附图 3-41）分支（表示什么）呢？

附图3-41

F11：比如说走这里（分支）它就是有翅膀的，然后这条（分支）它是没有翅膀的，就是性状的分化。

T：可以理解为分支相当于进化的一个趋势或者说方向吗？

F11：对。

10. 受访者 F13

T：像这样的（附图 3-42）枝条你认为它表示什么？

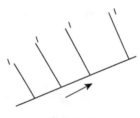

附图3-42

F13：代表不同种类的生物，一类的生物在一整个枝条上。

T：你刚刚提到你觉得末端代表一种生物，你觉得这个末端的生物和枝条上的生物有什么关系呢？

F13：它们是一个大类的。

T：如果一定要从这个大类里面选一个放在末端，你觉得放在末端的生物和这个大类的其他生物有什么区别呢？

F13：进化得最完善的吧，较祖先来说进化得比较多。

11. 受访者 F14

T：你认为（附图3-43）这些分支它会表示一些什么？

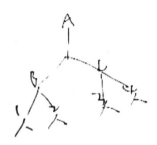

附图3-43

F14：一些因素，可能是它的一些进化因素，它具有的一些特征性状。

12. 受访者 F15

T：你认为（附图3-44）这样的分支它表示什么呢？

附图3-44

F15：比如说，这边是植物的方向，那边是往动物的方向，我就讲这一个大分化就是两种不一样的生命活动方式吧。

T：你认为这个枝条它是一个生命活动方式，那可以理解为它是一个相当于进化的一个进程？

F15：对。

……

T：（"树式思维"能力测试题）第1题的话，当时是怎么想的？

F15：如果我现在做我会选 A……

T：就是绿藻和红藻的关系会比绿藻和苔藓它们的关系近是吗？

F15：嗯，对于问题就是这个（分支的）长度代表什么？

T：你对这个长度，每条的长度你是有疑惑的，对吧？那你认为它代表什么？

F15：就是进化的那个过程时间比较长吧，我是这么想。

迷思概念所属类别及编码	迷思概念及编码	出现错误的受访者编号	频数
B错误解读进化树所示的进化历程B3错误解读进化树的内部节点	B3-1当代物种有"高级"与"低级"之分，经历较多、较复杂变化的物种较为高级，反之亦然	F3、F4、F13、F15	4

1. 受访者 F3

T：那（"树式思维"能力测试题）第12题呢？当时是马上选出答案的吗？

F3：差不多吧。可是我当时是觉得靠右边的比较像，因为我看这题（"树式思维"能力测试题第11题），觉得袋鼠就是比较老，然后我觉得这边（右边）应该生活的比较老，从这边开始由古到今分出来的。

T：比如这个A的话，就觉得平菇可能是属于那种年轻的物种。如果我给它反一个顺序的话，你当时会选A吗？

F3：应该也不会吧，因为它不是花菇，然后金针菇，我觉得金针菇还会先到这边来，花菇更年轻一点。

2. 受访者 F4

T：（附图3-45）刚刚说过A、B、C是表示物种，那现在出示3种具体的物种，鲸鱼、鱼还有人，你认为它们可以怎么对应？

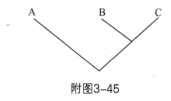

附图3-45

F4：嗯，我觉得这个（A）是鱼。如果按时间点来出发的话，先有了鱼，然后鲸鱼和人的话，都是哺乳类，因为更高级，所以它需要更长的时间，也就是时间往后延迟它们才能出现。那就先有鲸鱼，然后才有人吧。

3. 受访者 F13

T：（"树式思维"能力测试题）第11题呢？

F13：我这一题应该把"鸟"当成起点，然后慢慢发展过来。

T：那么你把哪一端当成起点，是基于什么来判断出来的呢？

F13：我觉得起源可能是最靠末支的一个点，我觉得不可能在分支这种地方。一般都是看生物，哪一种生物我觉得更早进化出来，哪一端就是起源。

4. 受访者 F15

T：（"树式思维"能力测试题）第 7 题，我有注意到你有做些记号，你当时为什么会选择 C 呢？

F15：我是觉得这毕竟是从这条路一直往上走，就觉得肯定越靠近根部的，比如说它是低等的往高的方向走向。因为大肠杆菌、绿藻在这，人类和酵母也存在在这，我是这么想的。

T：你认为它这个逻辑不通，是吧？如果把这边当成最低等的生物往这边的话，应该是越走越高等才对，不能在中间插入一些相对来说更低。

F15：嗯……

……

T：（"树式思维"能力测试题）第 11 题关于时间顺序的题目。

F15：我还是那种想法，就是越靠近根部，它的层级相对比较低等一点。我当时选 E 就是觉得 A、B、C、D 的选项都没有我要的答案。

T：如果你觉得 A、B、C 当中有个比较接近你理想的答案的话，你会觉得是选哪一个？

F15：比如说 D 的话，W、C、P（袋鼠）就换成鸟了。

T：袋鼠就换成鸟是吧，这样会比较符合你的一个思考的逻辑。那这样的话也就是说，你还是认为它们的时间顺序是从根部出发到末梢的，是吧？

迷思概念所属类别及编码	迷思概念及编码	出现错误的受访者编号	频数
B错误解读进化树所示的进化历程B3错误解读进化树的内部节点	B3-2物种的形态改变仅仅只发生在进化树的内节点所指的时刻，分支上没有节点意味着物种没有发生形态改变	F6、F9、F10、F12、F15	5

1. 受访者 F6

T：那你觉得（附图 3-46）内部这个节点表示什么？

附图3-46

F6：从这里（内部节点）开始的每个物种，就开始发生变化了。

2. 受访者 F9

T：那你觉得这个（附图 3-47）内部节点会表示什么？

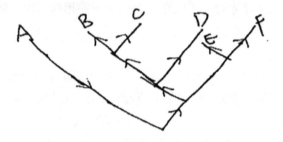

附图3-47

F9：产生变化的一个点，分化的点。

3. 受访者 F10

T：……那你觉得这种（附图 3-48）内部的节点会表示什么呢？

附图3-48

F10：基因的变化，就是基因发生变化之后形成了两个物种。

4. 受访者 F12

T：那你觉得这样（附图 3-49）的节点，内部的这个节点，你认为它会表示什么东西呢？

附图3-49

F12：就是开始发生变化的时候的那个点吧。就从这个点开始，它们就不太一样了。它们在这个点发生了分化。

5. 受访者 F15

T：那你认为这个（附图 3-50）内部的这个节点表示什么呢？

附图3-50

F15：就像我记得上次做试卷最后一题就是有鱼吗？有那个黑斑，比如说它进化出一种新的性状，分叉点的那次那个就跟他区别出来了。

迷思概念所属类别及编码	迷思概念及编码	出现错误的受访者编号	频数
C不认识进化树	C1将进化树当作物种分类图、食物链等其他可视化思维工具	F4、F7、F14、F15	4

1. 受访者 F4

T：嗯，还是这一幅图（附图 3-51），你觉得这幅图可以换一种形状画出来吗？但是可以表达一样的意思。

附图3-51

F4：可以。（作出图，见附图 3-52）

附图3-52

F4：嗯，但是这么画的话，我感觉表示不出时间的先后，B 和 C 感觉在同等位置。就 A 和它们 B、C 这里应该有个点，然后再到 B、C。或者说 A 这个范围甚至比 B、C 这个节点要大得多。就是应该还有个什么东西，然后再到它们。

T：好，那你现在觉得这两幅图（附图 3-43 和附图 3-44）表达的关系或者说表达的意思是差不多的？

F4：嗯，从节点上说，那我就举个一个物种起源的例子吧。就比如说我说这（根部）是细菌，然后从这儿开始分出去，这个（A）是什么物种，然后从这一大类（B、C 的共同节点），比如说两栖类，然后两栖类再分出去，再次分开分成了 B 和 C。那么从这个图上来看的话，就是首先有个共同的起点，然后分成了 A 和 B、C 两大类，它们有共同的地方，就是这个点（A）和这个点（B、C 的共同节点）是一样的，然后这个枝干（A 处）和这个枝干（B、C 的共同节点处）一样，然后 B、C 再次分出去。

2. 受访者 F7

T：……这一整份问卷中，你有没有什么感觉最疑惑的地方？

F7：就是不知道这些图是表示时间轴还是怎样？这个节点就很怪。如果拿去给学生做的话，没有一个统一的标准，他不知道怎么做，就像我们一样。

T：那你觉得它可以有更清楚的一个表达方式吗？

F7：嗯，就比如你规定这个轴是一个时间，然后其他是分类。

3. 受访者 F14

T：嗯，你现在会认为这两幅图（附图 3-53 和附图 3-54）是一样的对吗？那假设说，嗯，我不认为这两幅图一样的话，我想让你说服我，你会通过哪些点来说服我……

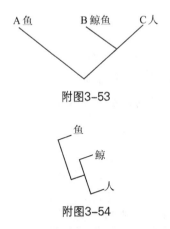

附图3-53

附图3-54

F14：B、C 相关联，B、C 的共同祖先与 A 相关联吗？
T：你觉得它们有相关联的地方？有一一对应的地方？
F14：嗯，包含和被包含的关系。

4. 受访者 F15
T：你认为这样的（附图 3-55）分支它表示什么呢？

原始

附图3-55

F15：比如说这边是植物的方向，这边是往动物的方向，我就讲这个大分化就是两种不一样的生命活动方式吧。

……

T：那我这里有一份比较简单的一个进化树（附图 3-56），A、B、C 分别是 3 个不同的物种，鱼、鲸鱼还有人，把这三者给它分类进去。

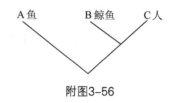

附图3-56

F15：……鱼、鲸鱼、人的共同点都是它们可以呼吸，可以活动，所以它们都是动物，然后鱼到这边鲸鱼和人都是哺乳动物。比如说，这个点（根部向上数第二个节点）可以代表哺乳动物，鲸鱼（和鱼）它们都是水生的嘛，所以我就觉得它在B，我是这么想的。

迷思概念所属类别及编码	迷思概念及编码	出现错误的受访者编号	频数
C不认识进化树	C2认为进化树上并不是所有物种都有亲缘关系	F9、F11	2

1. 受访者 F9

T：……（"树式思维"能力测试题）15题。

F9：就感觉这个鱼（鳟鱼）应该跟这个（大马哈鱼）是差不多的关系。但跟其他这些应该没什么关系，所以感觉应该在B点。

2. 受访者 F11

T：你是如何用这个进化树（附图3-57）来表示它们三者之间的关系呢？

附图3-57

F11：……刚刚给我的3个物种，我感觉有关系的只是鱼和鲸鱼，人和它们没有多大的关系。

迷思概念所属类别及编码	迷思概念及编码	出现错误的受访者编号	频数
C不认识进化树	C3认为进化树未显示物种的进化历程	F2、F10、F14	3

1. 受访者 F2

T：那你觉得这棵进化树（附图3-58）上有显示时间的走向吗？

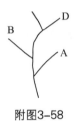

附图3-58

F2：没有。

2.受访者 F10

T：你觉得这一整棵的进化树（附图 3-59）有显示时间的走向吗？

附图3-59

F10：没有。

3.受访者 F14

T：那一整棵进化树（附图 3-60）你觉得它有显示一个时间的走向？

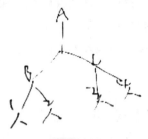

附图3-60

F14：在这上面可能并没有。但是如果给它一点文字描述可能就是现在的这样。

迷思概念所属类别及编码	迷思概念及编码	出现错误的受访者编号	频数
D 使用错误的知识和经验	D1 使用错误的知识和经验来判断物种的亲缘关系。例如，根据物种的生活环境来判断物种的亲缘关系	F3、F5、F6、F8、F9、F11、F12、F13、F15	9

1. 受访者 F3

T：那现在我给你一张图，A、B、C 表示的是 3 个不同的物种，分别是鲸鱼、鱼还有人。那现在你认为这个鲸鱼、鱼还有人可以对应哪个字母？

F3：（受访者做的标记见附图 3-61）

附图3-61

T：你可以说明一下吗？

F3：……B 跟 C 比较接近，鲸鱼和鱼也比较接近，因为鲸鱼也是在水里生活的，所以它里面有些结构和鱼也比较近。

……

T：（"树式思维"能力测试题）第 15 题呢？当时是猜的还是直接选的？

F3：当初觉得这个鱼非常地老，听这个名字就觉得很老。就感觉应该不是鱼，感觉应该是爬行类生物。这个（连接共同祖先和蛇的分支上的节点）不是相当于它们（指物种）的共同祖先吗？就觉得不是它们（连接共同祖先和蛇的分支上的节点）之间的，感觉应该在体系外面，但是跟鱼会比较近一点。

2. 受访者 F5

T：（"树式思维"能力测试题）第 16 题呢？

F5：我当时觉得蝙蝠属于鸟类，就是从鸟类的分支点进化出了一个方向，把它看成是鱼类、狗类、鸟类、蛇类，觉得蝙蝠跟其他的不是一个种类，是经过这一点的演变，从鸟的这个分支点跑出去。

3. 受访者 F6

T：（"树式思维"能力测试题）第 3 题呢？

F6：我当时觉得海豹跟马比海豹跟鲸，这两个隔得太远了。

T：就是这一题你是从图上的距离来看，海豹跟马会近一点是吗？

F6：是的，但是我总觉得有别的思路。

T：没有关系，你可以再思考一下。

F6：我觉得应该是海豹跟鲸鱼亲缘关系会更近一点吧，毕竟都在海里的。然后这个（马）是在陆地上的。我选B，因为它们俩都是在海洋里的。但这样的话，我就觉得树状图有点看不懂了，我觉得隔得近一点就是亲缘关系更近一点，但是它们（海豹和鲸鱼）隔得挺远的，我就不知道要怎么判断了。

4. 受访者 F8

T：（"树式思维"能力测试题）第3题你当时选了E，你是觉得我们选项可能不太完整，是吗？

F8：主要是用排除法，从马这里分支出去，海豹和鲸鱼都是水生生物，我觉得没有证据说明谁和谁更近，不能判断吧，我觉得 A、B、C 都不好判断。然后，D 的话也是一样的道理，当时是这样想的。

5. 受访者 F9

T：这边也有一个比较简单进化树（附图 3-62）……你觉得这个鲸鱼、鱼还有人要进行怎样的分配？

附图3-62

F9：感觉 B 和 C 更近一点，因为它们共同是往这个方向（右边）的。相比 A 的话，它们两个共同的点更多一点。

T：生物之间的共同点是你分类的依据，是吗？

F9：对。

T：你觉得这个共同的点更倾向于什么方面？

F9：比如说人是陆地上的生物，就是生活的环境还有运动的方式之类的。

6. 受访者 F11

附图 3-63 为 F11 在"树式思维"能力测试题第 19 题的回答，答案显示其认为鲸鱼属于鱼类。（下图中的"相性"是笔误，应为"相同"）

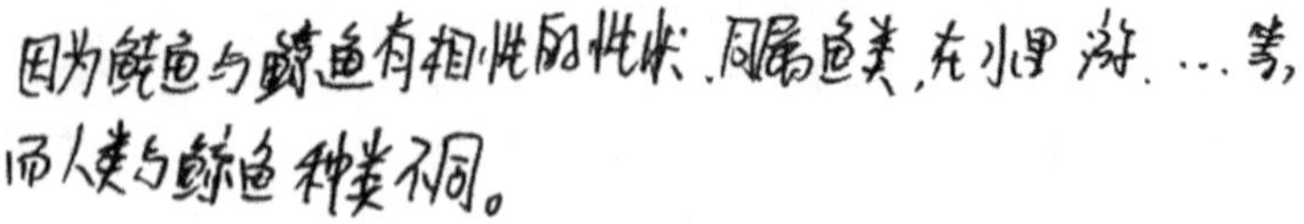

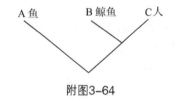

因为鲸鱼与鲨鱼有相似的性状，同属鱼类，在水里游……等，而人类与鲸鱼种类不同。

附图3-63

7. 受访者 F12

T：你刚刚说过你觉得鲸鱼和鱼肯定是会比较相近的，那么你做出这个判断的依据是什么？

F12：它们都在海洋里面的。

T：就是因为它们生活环境相同，是吗？

F12：对。

8. 受访者 F13

T：你认为鲸鱼和鱼的关系是比较近的，你是怎么判断的呢？

F13：它们与人的差别会更大。

T：这个差别具体是在什么地方呢？

F13：首先是外观，然后还有名字，鲸鱼和鱼更像。

9. 受访者 F15

T：那我这里有一份比较简单的一个进化树（附图3-64），A、B、C分别是3个不同的物种，鱼、鲸鱼还有人，把这三者给它分类进去。

A鱼　　　B鲸鱼　　　C人

附图3-64

F15：……鱼、鲸鱼、人的共同点都是它们可以呼吸，可以活动，所以它们都是动物，鱼到这边鲸鱼和人都是哺乳动物。就是从这点开始放，比如说这个点可以代表哺乳动物，鲸鱼（和鱼）它们都是在水生的，所以我就觉得它在B，我是这么想的。

迷思概念所属类别及编码	迷思概念及编码	出现错误的受访者编号	频数
D 使用错误的知识和经验	D2错误使用专有名词如"分化""水生生物"等，或使用错误的原因来解释生物的进化	F4、F5、F6、F7、F8、F9、F10、F11、F12、F15	10

1. 受访者 F4

T：那你印象中的进化树应该是怎样的呢？你可以画一个。

F4：印象中的进化树，那我觉得应该就是产生生物的那种来源，然后开始出现分支，把不一样的种类分出来，然后按它们之间的差别接着分。就是从它们的根源开始分，逐渐的到现在分化的细节。

2. 受访者 F5

T：你认为每个末端（附图 3-65）都是表示什么？

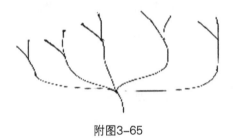

附图3-65

F5：每个末端都是表示一个物种，就是从这个点然后到分化成两个物种，每个末端都表示一个物种。

……

T：你刚刚提到过这个（附图 3-66）内部的节点，你认为是它们的一个？

F5：共同的，就是从这个点，然后再进行分化。

T：就相当于分化的一个节点？

F5：嗯。

……

T：那我手头上有 3 个比较具体的物种，这 3 个物种可以对应到这个上面（附图 3-66），你觉得它们可以怎样去对应？

附图3-66

F5：这个鱼，是广义上的鱼吗？

T：你可以把它看成一种具体的鱼。

F5：那应该是人在A，然后鱼在B，鲸鱼在C。

T：可以说说为什么吗？

F5：因为我觉得一开始是同一个分支点，它们是处在最原始的状态。比如只有海洋或者一些外在的环境因素，然后经过演变的话，人朝着语言、行动力方面一直进化，鱼朝不同的方式去进化。人是陆地生物，而它们（鱼和鲸鱼）是海里的生物。还有人在思想、行动力方面有一个演变。然后鱼的话，为了应对环境变化，为了适应环境，长出鱼鳞，表现出外在的一种差异。

3. 受访者 F6

T：你可以用其他的形状来表示这棵进化树（附图 3-67）吗？

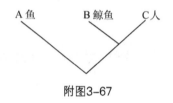

附图3-67

F6：作图（附图 3-68）按时间关系来，先出现鱼，然后再鲸鱼，再是人。因为先出现海洋生物，再出现陆生生物。

鱼→鲸鱼→人

附图3-68

T：也就是说，这一幅图不一定说人是从鲸鱼进化过来的，只是说人比鲸鱼进化得晚？

F6：是的。

T：（附图 3-69）分支……你认为它表示什么？

附图3-69

F6：就每个大物种分支出来小的（物种），比如说鸟类可以分为很多种，根据各个特征的不同，各自是一个分化的方向。

4. 受访者 F7

T：那你认为（附图 3-70）枝干会表示什么呢？

F7：从枝干会分化出不同的物种，鱼类啊，鸟类啊。

T：你会觉得这个枝干它表示时间的走向，还是进化的进程？

F7：嗯，都可以这么理解。我觉得时间的走向这一点会比较模糊，就是生物的进化。

附图3-70

5. 受访者 F8

T：（"树式思维"能力测试题）第 3 题你当时选了 E，你是觉得我们设计的选项可能不太完整，是吗？

F8：主要是用排除法，从马这里分支出去，海豹和鲸鱼都是水生生物，我觉得没有证据说明谁和谁更近，不能判断吧。我觉得 A、B、C 都不好判断，然后 D 的话也是一样的道理，当时是这样想的。

6. 受访者 F9

T：你觉得这个（附图3-71）内部节点会表示什么？

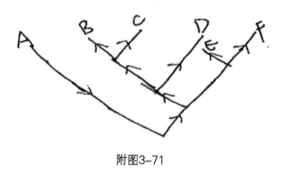

附图3-71

F9：产生变化的一个点，分化的点。

7. 受访者 F10

T：那你能谈谈（"树式思维"能力测试题）对第 18 题（附图 3-72）更具体的说明吗？

F10：就是甲、乙、丙、丁 4 个基因序列里面，看有几种不同的改变，比如说这里（甲）的 T 和其他的 A，首先找一种变化最少的，把它作为最原始的，然后往上分化的时候，一个一个去改变它的基因。

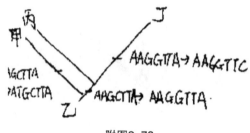

附图3-72

T：所以你当时认为乙可以算是它们的共同祖先，或者说是它们的起源，对吗？

F10：对。从乙开始分化。

8. 受访者 F11

T：……（"树式思维"能力测试题）第 1 题…你当时是猜的呢，还是直接选的呢？

F11：这道题是做的，当时做第 1、第 2、第 3 道题，感觉题型好像都是一样的，所以我当时怀疑是不是做错了，思路对不对。当时也没有别的办法，就判断它们是不是有共同的节点。

T：你选择了绿藻与苔藓和红藻的亲缘关系相当，那你是基于什么样的考虑会觉得它们的亲缘关系相当呢？

F11：我觉得从这一点（变形虫）出发，先分化出红藻，再分化出绿藻和苔藓，觉得它们的关系比较相当。

……

T：那这些（附图3-73）分支（表示什么）呢？

F11：比如说走这里（分支）它就是有翅膀的，然后这条（分支）它是没有翅膀的，就是性状的分化。

T：可以理解为分支相当于进化的一个趋势或者说方向吗？

F11：对。

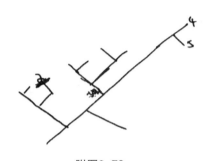

附图3-73

9. 受访者 F12

T：那你觉得这样的节点（附图3-74），内部的这个节点，你认为它会表示什么东西呢？

附图3-74

F12：就是开始发生变化的时候的那个点吧，就从这个点开始，它们就不太一样了。它们在这个点发生了分化。

10. 受访者 F15

T：你认为（附图3-75）这样的分支它表示什么呢？

附图3-75

F15：比如说这边是植物的方向，那边是往动物的方向。我就讲一个大分化就是两种不一样的生命活动方式吧。

T：你认为这个枝条它是一个生命活动方式，那可以理解为它相当于进化的一个进程吗？

F15：对。